城市轨道交通运营风险与保险

李红薇　武　博　主编

北京大学出版社
PEKING UNIVERSITY PRESS

内容简介

本书以我国城市轨道交通建设的时间为基础，全面地介绍了城市轨道交通运营中的风险管理技术，并从风险转移和风险管理的角度介绍了工程保险。本书主要分为两部分：一是风险管理部分，对城市轨道交通运营过程中的风险进行了较全面的分析，重点介绍了城市轨道交通地下车站及地下区间基本设施设备安全、行车安全等运营风险及其控制措施；二是保险部分，介绍了运营期保险的特征、作用和原则，对运营期保险实务进行了较全面的诠释，详细解析了城市轨道交通运营项目的保险条款，介绍了保险责任、费率影响因素、再保险，以及索赔实务。最后，对城市轨道交通运营管理过程中的典型事故案例进行了介绍与分析，并介绍了城市轨道交通运营中的保险中介服务。

本书内容较为全面、层次清晰、通俗易懂，具有较强的实用性，有益于读者系统地掌握城市轨道交通运营的风险管理与保险。本书可供从事城市轨道交通运营项目管理的有关人员参考使用，也可供保险从业人员了解城市轨道交通运营的风险管理。

图书在版编目(CIP)数据

城市轨道交通运营风险与保险/李红薇，武博主编．—北京：北京大学出版社，2023.12

ISBN 978-7-301-34321-0

Ⅰ.①城… Ⅱ.①李… Ⅲ.①城市铁路—交通运输安全—安全管理—研究 Ⅳ.①U239.5

中国国家版本馆 CIP 数据核字(2023)第 149864 号

书　　名	城市轨道交通运营风险与保险 CHENGSHI GUIDAO JIAOTONG YUNYING FENGXIAN YU BAOXIAN
著作责任者	李红薇　武博　主编
策划编辑	李婷婷
责任编辑	李婷婷
标准书号	ISBN 978-7-301-34321-0
出版发行	北京大学出版社
地　　址	北京市海淀区成府路 205 号　100871
网　　址	http://www.pup.cn　新浪微博：@北京大学出版社
电子邮箱	编辑部 pup6@pup.cn　总编室 zpup@pup.cn
电　　话	邮购部 010-62752015　发行部 010-62750672　编辑部 010-62750667
印 刷 者	三河市北燕印装有限公司
经 销 者	新华书店
	787 毫米×1092 毫米　16 开本　14.25 印张　339 千字
	2023 年 12 月第 1 版　2023 年 12 月第 1 次印刷
定　　价	75.00 元

前　言

近年来，我国城市轨道交通快速发展，截至 2022 年 1 月，全国共有 51 个城市开通运营城市轨道交通线路达 270 条，运营里程 8759 千米。

城市轨道交通是一个庞大而复杂的系统，其安全性直接关系到广大乘客的生命安全，城市轨道交通运营安全的重要性不言而喻。城市轨道交通运营中一旦出现问题，比如发生火灾、追尾等事故，后果将是灾难性的，不仅会带来城市交通的混乱，也会带来人员伤亡和恐慌。所以城市轨道交通运营安全是城市交通建设中必须关注的重要环节，在轨道交通运营过程中做好安全风险管理工作可以有效提高轨道交通运行的安全性和可靠性。

本书主要分为两部分：一是风险管理部分，以城市轨道交通项目为载体，按照城市轨道交通各个环节中的风险一一展开叙述，对地铁运营的基础设施、设备安全、行车安全、运营安全等各方面的风险进行逐步分析，并且在此基础上提出风险控制措施，使读者能够了解并掌握城市轨道交通项目运营的风险管理知识；二是保险部分，论述了工程保险的概念、特征、作用和原则，重点介绍了运营保险条款与实务，分析了运营保险费率的影响因素。同时，借助典型案例介绍了城市轨道交通运营保险的采购方案和保险索赔实务，使读者了解和掌握运营保险的相关知识。

本书面向城市轨道交通项目运营等环节的相关参与人员，以及保险公司运营保险相关从业人员，也可供相关专业的技术人员参考使用。

本书由李红薇、武博主编，杨娉、刘浪、詹启宇、岳路、张长伟、韩啸副主编，张馨月、孙楠、张诗宜、李顺、冯倩玉、高伟、马啸、马仲青、赵一霖、马东博、陈小亮、刘苏、张曦、牛彦静、杨洋参与编写。书中参考、引用了相关文献和资料，限于篇幅不能一一列出，在此一并向其作者表示感谢！

由于编者水平有限，书中疏漏和不足之处在所难免，敬请读者批评指正。

编　者

2023 年 3 月

目　录

第一章　城市轨道交通运营风险管理概述

1.1　我国城市轨道交通发展概况

1.1.1　城市轨道交通已开通运营的城市

随着城市化建设进程的不断加快，我国城市轨道交通项目逐渐增多，据统计，截至2020年年底，我国已有45个城市开通城市轨道交通运营线路，总里程达到7978.19km。《城市轨道交通分类》(T/CAMET 00001—2020) 于2020年11月开始生效，根据相关规定，株洲智轨A1线及宜宾智轨T1线也纳入统计范畴。2020年，我国新增3个城市轨道交通运营城市：三亚、太原及天水。其中，三亚和天水的运营线路为有轨电车，太原的运营线路为地铁。2020年，我国城市轨道交通运营线路新增1241.99km。其中，25个城市的城市轨道交通线路首次投入运行，新增运营线路多达36条。另外，新开延伸段共计20段。

通过查阅相关资料，截至2020年12月31日，中国45个城市所开通的城市轨道交通运营线路长度统计如图1.1所示。

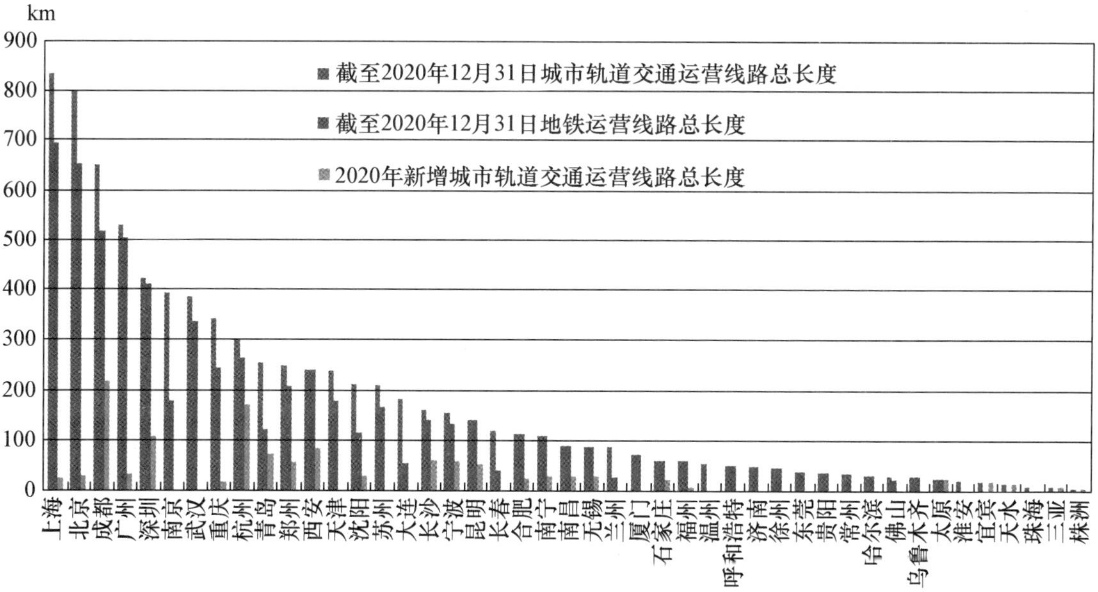

图1.1　统计期末中国45个城市所开通的城市轨道交通运营线路长度（截至2020年12月31日）

通过对系统制式进行分析，城市轨道交通运营线路总长7978.19km，地铁所占比重较大，共有6302.79km，占比79.00%；轻轨217.60km，占比2.73%；单轨98.50km，占比1.23%；市域快轨805.70km，占比10.10%；现代有轨电车485.70km，占比6.09%；磁浮交通57.70km，占比0.72%；APM（Automated People Mover System，自动旅客捷运系统）10.20km，占比0.13%。

2020年，新增城市轨道交通运营线路中包含三种制式。据统计，地铁1122.19km，市域快轨51.10km，现代有轨电车68.70km。

截至2020年12月31日，中国城市轨道交通运营线路制式结构如图1.2所示。

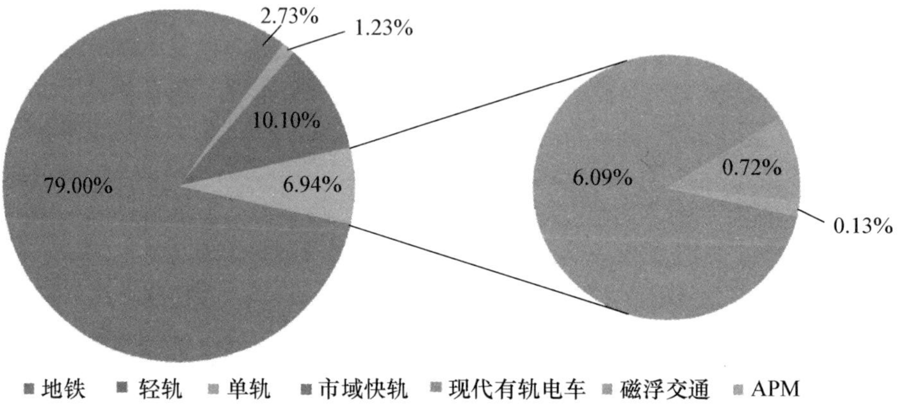

图1.2 统计期末中国城市轨道交通运营线路制式结构（截至2020年12月31日）

1.1.2 2020年轨道交通运营线路开通情况

2020年是我国“十三五”规划成功收官之年。在“十三五”期间，我国城市轨道交通运营线路长度逐年增加，新增城市轨道交通运营线路长度1241.99km。与“十三五”前相比，“十三五”期间，城市轨道交通新增运营线路长度总计达4360km，年均新开运营线路872km，我国新增城市轨道交通运营线路已超过原先城市轨道交通运营线路总长度。

1.1.3 尚在规划轨道交通运营的城市

2020年，国家开始实施新一轮城市轨道交通项目建设规划，新增4座城市（表1.1）。其中，徐州被纳入2019年至2024年城市轨道交通第二期建设规划中，合肥、济南被纳入2020年至2025年城市轨道交通第二期建设规划中，宁波被纳入2021年至2026年城市轨道交通第二期建设规划中。对这4座城市的轨道交通建设规划方案进行分析可知，新增路线总长度累计达到455.36km，投资规模高达3364.23亿元。另外，在城市轨道交通建设规划调整方案中，有4座城市获批，具体如下。①厦门：厦门市城市轨道交通第二期建设规划（2016—2022）调整方案；②深圳：深圳市城市轨道交通第四期建设规划（2017—2022）调整方案；③福州：福州市城市轨道交通第二期建设规划（2015—2021）调整方案；④南昌：南昌市城市轨道交通第二期建设规划（2016—2021）调整方案。新增城市轨道交通线路总长度为132.59km，新增投资总额达1345.63亿元。

表 1.1 2020 年当年中国内地新增城市轨道交通线路汇总表(截至 12 月 31 日,按开通时间排序)

序号	城市	线路名称	线路长度/km	开通时间	系统制式	车站数/座	备 注
1	石家庄	3 号线一期工程北段	5.40	2020 年 1 月 20 日	地铁	4	
2	杭州	杭临线(16 号线)	35.12	2020 年 4 月 23 日	市域快轨	12	
3	杭州	地铁 5 号线后通段	36.16	2020 年 4 月 23 日	地铁	26	上半年共开 26 站,其中,4 月 23 日开通 25 站,6 月 30 日开通火车南站 1 站
4	沈阳	10 号线一期	27.21	2020 年 4 月 29 日	地铁	21	
5	天水	有轨电车示范线一期	12.93	2020 年 5 月 1 日	现代有轨电车	11	共设 12 座车站,其中藉河景观公园站暂缓开通;天水为我国第 41 个城市轨道交通运营城市
6	宁波	2 号线二期首通段	5.60	2020 年 5 月 30 日	地铁	3	
7	长沙	3 号线一期	36.50	2020 年 6 月 28 日	地铁	25	
8	长沙	5 号线一期	22.50	2020 年 6 月 28 日	地铁	18	
9	广州	黄埔有轨电车 1 号线示范段	7.60	2020 月 7 月 1 日	现代有轨电车	10	
10	深圳	6 号线一、二期	49.47	2020 年 8 月 18 日	地铁	27	
11	深圳	10 号线一期	29.31	2020 年 8 月 18 日	地铁	24	岗厦北站暂缓开通
12	石家庄	2 号线一期	15.56	2020 年 8 月 26 日	地铁	15	
13	昆明	4 号线	43.38	2020 年 9 月 23 日	地铁	29	
14	昆明	6 号线二期	7.28	2020 年 9 月 23 日	地铁	4	
15	成都	18 号线首开段	55.95	2020 年 9 月 27 日	地铁	9	
16	宁波	3 号线鄞奉段	15.98	2020 年 9 月 27 日	市域快轨	6	原宁波至奉化城际铁路工程后通段;开通后与 3 号线一期工程贯通运营
17	呼和浩特	2 号线	27.30	2020 年 10 月 1 日	地铁	24	
18	三亚	有轨电车示范线	8.37	2020 年 10 月 10 日	现代有轨电车	15	第 42 个城市轨道交通运营城市

续表

序号	城市	线路名称	线路长度/km	开通时间	系统制式	车站数/座	备注
19	无锡	3 号线一期	28.50	2020 年年底	地铁	21	
20	深圳	2 号线三期	3.90	2020 年 10 月 28 日	地铁	3	
21	深圳	3 号线南延段	1.45	2020 年 10 月 28 日	地铁	1	
22	深圳	4 号线北延段	10.79	2020 年 10 月 28 日	地铁	8	
23	深圳	8 号线一期	12.34	2020 年 10 月 28 日	地铁	6	
24	南宁	2 号线东延	6.30	2020 年 11 月 23 日	地铁	5	
25	南宁	4 号线西段	20.70	2020 年 11 月 23 日	地铁	16	
26	广州	8 号线北延剩余段	16.10	2020 年 11 月 26 日	地铁	11	共设 13 座车站，其中两站暂缓开通
27	徐州	2 号线一期	24.25	2020 年 11 月 28 日	地铁	20	
28	成都	6 号线一、二、三期	68.88	2020 年 12 月 18 日	地铁	56	
29	成都	8 号线一期	29.10	2020 年 12 月 18 日	地铁	25	
30	成都	9 号线一期	22.18	2020 年 12 月 18 日	地铁	13	
31	成都	17 号线一期	26.15	2020 年 12 月 18 日	地铁	9	
32	成都	18 号线三岔站至天府机场北站段	14.04	2020 年 12 月 18 日	地铁	4	
33	宁波	4 号线	35.95	2020 年 12 月 23 日	地铁	25	
34	青岛	1 号线北段	21.90	2020 年 12 月 24 日	地铁	15	
35	青岛	8 号线北段	48.30	2020 年 12 月 24 日	地铁	10	共设 11 座车站，其中胶东机场站暂缓开通
36	上海	10 号线二期	9.83	2020 年 12 月 26 日	地铁	6	
37	上海	18 号线一期南段	14.47	2020 年 12 月 26 日	地铁	8	
38	合肥	5 号线南段	22.87	2020 年 12 月 26 日	地铁	20	
39	太原	2 号线	23.38	2020 年 12 月 26 日	地铁	23	第 43 个城市轨道交通运营城市

续表

序号	城市	线路名称	线路长度/km	开通时间	系统制式	车站数/座	备注
40	郑州	3 号线一期	25.49	2020 年 12 月 26 日	地铁	19	共设 21 座车站，其中两站暂缓开通
41	郑州	4 号线	29.21	2020 年 12 月 26 日	地铁	25	共设 27 座车站，其中两站暂缓开通
42	南昌	3 号线	28.50	2020 年 12 月 26 日	地铁	22	
43	福州	1 号线二期	5.01	2020 年 12 月 27 日	地铁	4	
44	西安	5 号线一期开段	21.78	2020 年 12 月 28 日	地铁	18	
45	西安	5 号线二期	19.87	2020 年 12 月 28 日	地铁	13	
46	西安	6 号线一期	15.60	2020 年 12 月 28 日	地铁	13	
47	西安	9 号线(临潼线)	25.30	2020 年 12 月 28 日	地铁	15	
48	广州	黄埔有轨电车 1 号线后通段	7.20	2020 年 12 月 28 日	现代有轨电车	9	
49	杭州	1 号线三期	11.17	2020 年 12 月 30 日	地铁	5	
50	杭州	6 号线一期	47.95	2020 年 12 月 30 日	地铁	29	
51	杭州	7 号线首通段	38.63	2020 年 12 月 30 日	地铁	19	
52	北京	16 号线中段	10.90	2020 年 12 月 31 日	地铁	5	共设 7 座车站，其中两站暂缓开通
53	北京	房山线北延	4.80	2020 年 12 月 31 日	地铁	4	
54	北京	亦庄有轨电车 T1 线	11.90	2020 年 12 月 31 日	现代有轨电车	14	共设 15 座车站，其中老观里站暂缓开通
55	重庆	国博线 6 号支线二期	13.99	2020 年 12 月 31 日	地铁	7	
56	重庆	1 号线(朝天门—小什字)	1.00	2020 年 12 月 31 日	地铁	1	
57	株洲	智轨 A1 线	3.00	2018 年 5 月 8 日	现代有轨电车	4	根据 2020 年 11 月 1 日生效的团标《城市轨道交通分类》(T/CAMET 00001—2020)相关规定补充纳入
58	宜宾	智轨 T1 线	17.70	2019 年 12 月 31 日	现代有轨电车	19	
合计			1241.99	/	/	833	/

通过上述分析可见，2020 年，我国积极推进城市轨道交通项目建设，城市轨道交通线路长度不断增加，长度共 587.95km，投资规模巨大，总额为 4709.86 亿元。所有新增城市轨道交通线路系统均采用地铁制式。2020 年当年中国新获批城市轨道交通建设规划方案如表 1.2 所示（截至 12 月 31 日，按获批时间排序，含调整规划）。

“十三五”期间，由国家发改委批复已获公示的新一轮城市轨道交通建设规划或建设规划调整方案中涉及新增规划线路长度总计 4001.74km，新增计划投资额总计 29781.91 亿元，总计划投资额略高于“十二五”期间批复项目的总计划投资额。

表 1.2　2020 年当年中国新获批城市轨道交通建设规划（含调整规划）汇总表
（截至 12 月 31 日，按获批时间排序）

序号	城市	批文	线路名称	起讫点	线路长度/km		总投资/亿元	建设期/年	备注
					总长度	其中地下线			
1	厦门	发改基础〔2020〕136 号《国家发展改革委关于调整厦门市城市轨道交通第二期建设规划（2016—2022 年）的批复》	3 号线二期调整	厦门火车站—厦门大学南门	7.35	7.35	57.69	4	终点从厦门火车站南延至厦门大学南门，增设车站 4 座，增加里程 7.35km，增加投资 57.69 亿元
			合计		7.35	7.35	57.69	/	
2	深圳	发改基础〔2020〕484 号《国家发展改革委关于调整深圳市城市轨道交通第四期建设规划方案的批复》	3 号线四期	双龙—坪地六联	9.35	7.42	107.85	5	
			6 号线支线二期	翠湖（原荔枝站）—光明城	4.90	4.25	37.30	4	
			7 号线二期	西丽湖—学府医院	2.45	2.45	28.06	4	
			8 号线三期	小梅沙—溪涌	4.26	4.26	83.18	5	
			11 号线二期	福田—红岭南	5.58	5.58	66.34	4	
			12 号线二期	海上田园东—松岗	8.16	8.16	90.94	5	
			13 号线二期	北延：上屋—公明北	18.80	18.80	229.18	5	
				南延：深圳湾口岸—东角头	4.47	4.47	49.62	5	
			16 号线二期	大运—西坑	9.53	9.53	109.95	5	
			20 号线一期	会议中心—机场北	8.43	8.43	112.06	5	
			合计		75.93	73.35	914.48	/	
3	福州	发改基础〔2020〕1050 号《国家发展改革委关于调整福州市城市轨道交通第二期建设规划方案的批复》	2 号线延伸段	鼓山—马尾港	16.88	16.88	126.21	4	
			6 号线东调段	万寿—国际学校	5.29	5.29	40.83	4	
			合计		22.17	22.17	167.04	/	

续表

序号	城市	批文	线路名称	起讫点	线路长度/km		总投资/亿元	建设期/年	备注
					总长度	其中地下线			
4	南昌	发改基础〔2020〕1776号《国家发展改革委关于调整南昌市城市轨道交通第二期建设规划方案的批复》	1号线北延	双港站北（不含）—昌北国际机场	16.62	11.86	103.41	5	
			2号线东延	辛家庵（不含）南—昌东	10.52	10.52	103.01	5	
			合计		27.14	22.38	206.42	/	
建设规划调整项总计					132.59	125.25	1345.63	/	

1.2 城市轨道交通运营风险管理概述

1.2.1 城市轨道交通运营风险管理的理念

近几年来城市轨道交通建设速度逐渐加快，各方面极其重视城市轨道交通工程的运营及运营中所蕴含的风险因素，要求在城市轨道交通运营管理中，针对各类风险因素制订科学、可行的防控方案。城市轨道交通工程线路长、投资规模大，并且在城市轨道交通工程的施工和城市轨道交通的运营中需应用多种先进技术和设备，对城市规划建设的影响较大。因此，在城市轨道交通运营风险管理中，应推广应用系统性风险防控的理念。

风险管理很难在较短时间内达到理想的防控效果，这就要求风险防控要具有持续性。在风险识别和控制过程中，应对地铁运营中的各个环节进行监控、评估；同时组织相关技术人员参加专业培训，提高其安全防范意识和能力；并针对各类风险因素实施有效的风险管理对策，据此制订完善的风险管控机制，保证地铁运营的安全性。通过采用科学合理的风险防控措施，能够有效规避地铁运营过程中的安全隐患，同时能提高各类危机事件的应对能力。

在一个项目建设运营生命周期中，项目管理人员对于各类风险因素的识别能力、反应能力和预防控制能力，均会对风险管理效果产生重大影响，具体表现如下。

（1）在没有暴露出风险因素时，项目管理人员应对各类数据进行收集、整理和分析，准确识别风险隐患，并采用有效的预防控制措施，合理转移风险或者规避风险，否则会造成巨大损失。

（2）一旦暴露出风险，项目管理人员应及时做出响应，快速启动风险应急预案，尽量降低风险事故造成的不良影响。

通过提高风险防控意识，并采取有效的风险管理措施，能够有效预防或者减少各类意外事件所造成的损失，减少风险管理方面的资源投入量，并有效转移风险损失。另外，通过提高风险防控意识，还可对风险所造成的损失进行准确计算和评估，适当自留风险，降低项目建设和运营过程成本，提高项目投资经济效益，使得企业各层管理人员及员工都能够获得安全感，激发员工工作的积极性和创造力。在企业管理人员决策中，风险管理发挥着十分重要的作用，可帮助决策人员了解企业各项决策所蕴含的风险因素和收益预期，据此提升决策的科学性和合理性，尽量减少项目建设运营中出现资金波动的情况，帮助企业规避财务风险。

1.2.2 城市轨道交通运营风险管理的内容

1. 城市轨道交通运营风险

城市轨道交通运营风险分为隧道结构本身的风险和非隧道结构本身的风险两大方面。

隧道结构本身的风险包括：隧道结构稳定性、隧道防水可靠性、隧道结构耐久性、地震对隧道的影响、长期循环荷载的作用。

非隧道结构本身的风险包括：人员因素、车辆因素、轨道因素、供电因素、社会灾害、信号系统因素。

2. 城市轨道交通运营风险管理应用

(1) 风险事故源的辨识。

在风险分析中，首先需准确识别城市轨道交通运营过程中的风险因素，在确定风险因素后，即可为风险管理的方案及风险防控决策的制订提供可靠依据。

在风险因素辨识分析中，要求对城市轨道交通运营客观环境中的多种不确定因素进行分析，同时对各类影响因素的产生原因、表现及可能产生的后果进行分析，并据此制订风险因素统计报告。

图 1.3 所示为上海地铁运营风险辨识与分类，图 1.4 所示为地铁运营安全风险辨识体系，供参考使用。

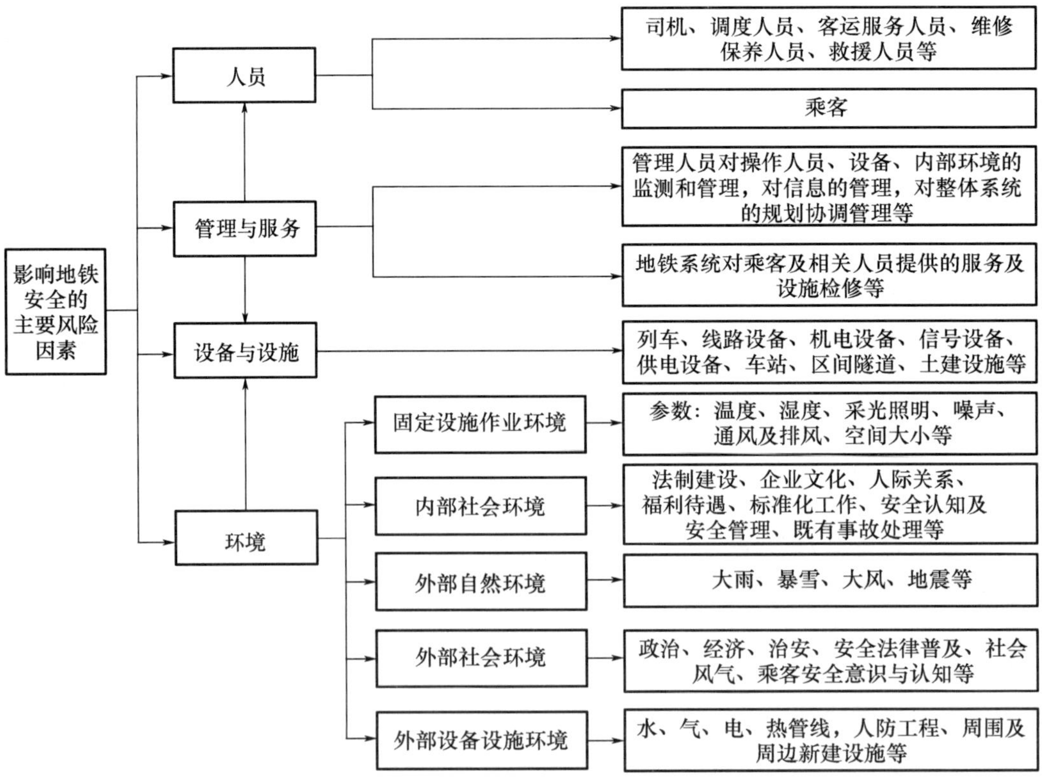

图 1.3 上海地铁运营风险辨识与分类

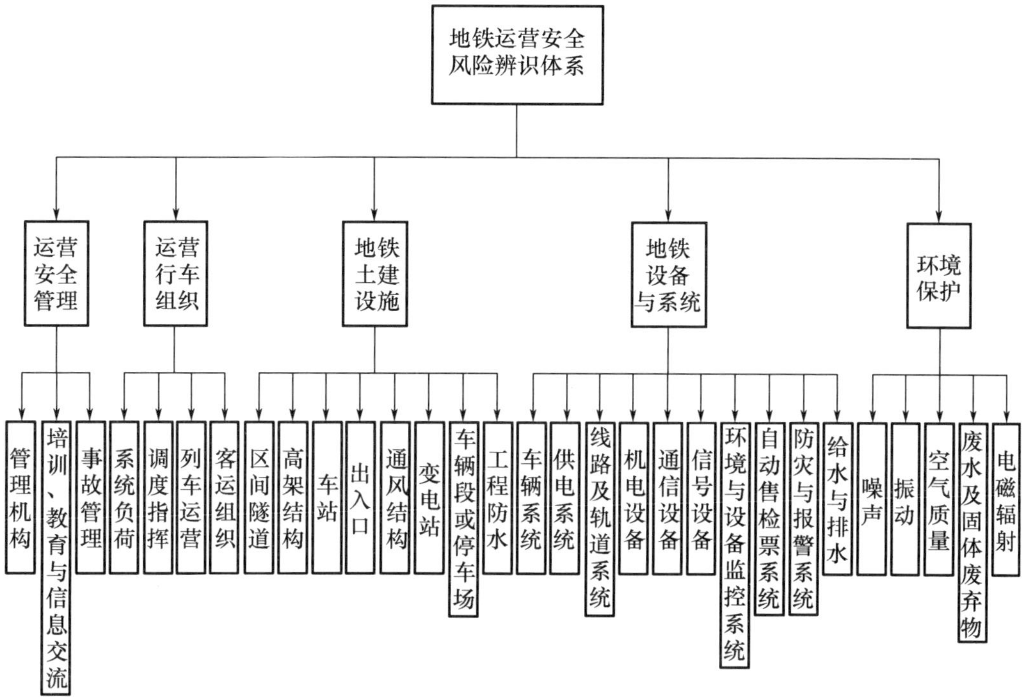

图 1.4　地铁运营安全风险辨识体系

（2）风险分析与评估。

风险分析要求以特定系统作为基础对危险进行准确辨识，同时对危险的发生频率及所造成的后果进行分析。具体而言，风险分析主要是对风险发生的可能性和后果进行合理预估。

对风险进行评估是保证系统安全的重要基础，评估时应联合应用安全系统工程原理及方法，对系统中的风险因素进行准确识别，同时判断系统事故发生的可能性及所造成的职业危害，进而为风险防控方案的制订和风险预防管理提供可靠的依据。

常见的风险评估方法有定量分析法和定性分析法。定量分析法专业性较强，要求有各类具备专业知识的工作人员参与，且具体的分析过程复杂程度也比较高，因此，在重大风险评估中，一般采用定量分析法。定性分析法要求对人的主观判断及行为习惯等进行评估。与定量分析法相比，定性分析法比较简单，在一般风险评估中比较常用。

（3）风险控制措施。

风险评估完成后即可根据评估结果采取针对性防控措施，即风险控制。

进行风险控制时，首先要求确定风险事故发生的影响因素，然后采用多种事故预测原理（包括直观预测、回归预测等），对人为因素、设备因素、环境因素等所引发的事故进行预防管理。在风险控制措施的实施过程中，应确保资金投入能与风险相平衡，保证将安全控制措施落实到实处，同时提高资金的利用率。

在地铁设备的运行与维护中，应根据设备运行环境因素、技术条件等制订检修周期，定期或不定期对各类设备进行检查和维护管理。一旦发生风险事故，运营人员应及时发现诱发原因，并启动应急预案，对风险发生过程进行有效控制，尽量缩小风险事故危害范围。

（4）风险控制再评估。

风险控制再评估又称风险监控，是指在风险控制全过程中进行密切监测和管控，确保在采取适宜的风险控制措施后，能够达到理想的效果。

在地铁运营过程中实施风险监控，需对各类风险措施的实施过程、实施方法及实施效果进行检查，判断是否能够达到预期目标，并根据监控所得结果对风险回避计划方案、风险管控方案进行优化调整，同时对所有反馈信息进行整理分析，进而为未来的决策服务。

第二章 城市轨道交通运营风险的分类及评估方法

2.1 城市轨道交通运营风险的分类

风险分类是风险管理的第一步，是有效评估风险的前提。

按照损失标的物，可以将城市轨道交通运营风险分为车辆风险、车站及附属设施风险、轨道线路风险、人员风险等。车辆风险是地铁列车本身面临的风险，既包括列车车厢，也包括列车的构成部件（机械系统设备、线路系统设备、信号系统设备等）。车站是地铁乘客集散和列车停靠的地点，许多基础设施也安装在车站处，人员密度大，易发生各种意外事故；停车场从某种意义来说也是车站的一部分，只不过没有乘客上下车，是地铁列车停放、维修、保养和调度的场所，其风险也可看作车站风险；轨道是地铁运行的基础，任何对地铁运行线路产生风险的因素都会影响城市轨道交通的运营。人员风险是指对人造成伤害的风险，主要有人员的损伤、死亡等。

按照运行特性，可将城市轨道交通运营风险分为以下几种类型。第一，环境风险，具体包括自然环境中的风险及社会环境中的风险。其中，自然环境风险可随自然环境的变化而发生转变，常见的有暴雨、地震等，轨道交通的运营环境大多在地下，受自然环境的影响较大；社会环境风险主要是指企业遇到的来自其经营环境的法律、社会、政治和经济等方面的风险，一般此类风险发生的概率低但影响范围较广。第二，人为风险，是指人的不安全行为所造成的风险，包括乘客风险和员工风险。第三，设备风险，即在轨道交通运行过程中由于设备技术问题所造成的风险。

按照风险的可控性，可将城市轨道交通运营风险划分为两种类型。第一，可控风险，即能够控制原因和结果的风险；第二，不可控风险，即无法控制原因和结果的风险。

综合不同风险因素的影响程度、发生频率和可控性等，城市轨道交通运营的管理者，需要关注的风险主要有：车辆风险、设备风险、人员风险、环境风险等。

2.2 城市轨道交通运营风险的评估方法

评估轨道交通运营风险因素的方法有很多，常见的有以下几种：定性评估法、半定量评估法、定量评估法、综合评估法。

一般来说，对于各类风险因素，如果采用定量评估法，则需收集大量数据，但有时数据的可靠性比较低，且在数据收集整理中需要投入大量成本，此时可采用定性评估法。与定性评估法相比，定量评估法所得结果准确性更高，但成本相对也更高。如果风险评估复杂程度较高，则可联合应用定性评估和定量评估两种方式。

2.2.1 定性评估法

常用的轨道交通运营风险定性评估法有专家评议法、专家调查法、“如果……怎么办”法以及失效模式和后果分析法。

1. 专家评议法

专家评议法是一种吸收专家参加，根据事物的过去、现在及发展趋势，进行积极的创造性活动，对事物的未来进行分析、预测的方法。城市轨道交通运营风险要采用专家评议法进行评估，必须遵守以下程序：第一，明确具体分析的风险问题；第二，由负责人组成一个经过专家审查评议的风险识别分析团队；第三，召开专家会议，分析并讨论提出的风险问题；第四，分析、归纳各位专家委员的研究结果。

向专家征求评价的内容分为两部分。一是各种风险因素对城市轨道交通建设和运营所产生的影响，二是由各种风险因素导致的风险等级及风险发生的可能性。风险因素对城市轨道交通运营的影响度评价采用五级计分制。一级表示影响极小；二级表示影响较小；三级表示影响一般；四级表示影响较大；五级表示影响非常显著。通过对评估结果进行分析，即可了解到高层、低层风险影响中的各类加权因子。在对各类风险因素的风险等级进行评估时，一般可应用七级制，即根据各类风险因素对于项目的影响程度，将其划分为七个风险等级，包括“非常大”“大”“比较大”“一般”“比较小”“小”和“非常小”，在确定各类风险因素的风险等级后，由专家对风险因素的发生概率进行评估。

专家评议法的应用方式简单，所得结果比较客观，通过广泛收集专家们提出的意见，并进行归纳总结，即可获得较全面的结论，对于各类不确定问题，均可做出相对准确、直观的回答。

2. 专家调查法

专家调查法是以专家作为索取信息的对象，依靠专家的知识和经验，由专家通过调查研究对问题作出判断、评估和预测的一种方法。采用专家调查法，能够及时发现潜在风险因素，据此进行结果分析和评估。但是，这一方法也有一定的弊端，即专家调查法所得结果容易受到主观因素的影响，客观性不足。专家调查法分为两种类型，即头脑风暴法和德尔菲法。

（1）头脑风暴法。

头脑风暴法是一种能够激发个人创造性，使人形成新意识、新思维的方法。专家之间加强沟通交流，可分享研究成果，同时还有利于在各自研究中获得启发，进而在合作研究中形成“思维共振”和“组合效应”，为数据预测分析及信息识别提供可靠依据。头脑风暴法作为一种具有高度创造性的头脑思考处理方法，特别适用于问题比较单纯，目标比较明确、单一的场景。

（2）德尔菲法。

德尔菲法是一种采用通信方式将所需解决的问题单独发送到各个专家手中，征询意见，然后回收汇总全部专家的意见，同时整理出综合意见，最后通过多次反复操作从而逐步取得比较一致的预测结果的方法。德尔菲法要求广泛利用专家的经验、知识，如果所需分析的内容信息量大、具有很多不确定因素，则可充分发挥所有专家的集体智慧，采用信息交换的方式对复杂问题进行全面细致的分析，并制订完善的解决方案。在应用德尔菲法时，可编制匿名函进行调查，在调查完成后，对所有反馈结果进行分析。为保证调查结果的可靠性，可采用多轮调查方式，在一轮调查完成后，再次返回调查。具体而言，对所有专家提供的信息进行收集、整理分析，为专家再次发送第二轮调查函及第一轮调查结果，便于专家全面了解每次调查情况。通过多次反馈，能够促进专家之间进行信息交流和讨论研究。德尔菲法的系统性比较强，比传统的数据分析方式优势明显，能够为各类决策提供可靠依据。

3. "如果……怎么办"法

"如果……怎么办"法也称故障假设分析法，是一种针对系统中各种工艺流程或者操作环节进行创造性分析的方法。该方法通常被认为是由有经验的技术人员来准确地识别各种可能在实践中发生的安全事故状态及结果，并提出相应的控制风险的措施和降低风险的建议。运用该方法时，首先需要提出一系列"如果……怎么办"的研究问题，然后去回答这些问题，分析的主要内容应当包括所有提出的研究问题、研究问题可能产生的后果、风险的防范及控制措施、降低或者能有效消除风险的方法。

4. 失效模式和后果分析法

失效模式和后果分析法又称系统故障影响类型与失效影响后果分析法，是一种基于系统归纳法的分析方法，研究目的之一是对系统的各个主要组成部分（即整个系统结构中的主要元件、构成部分、子系统等）的功能故障进行归纳分析，并找出它们之间存在的、可能直接导致系统产生功能故障的主要原因及其影响范围，查明每种功能故障对系统安全可能造成的直接影响，以便及时采取相应的危害预防和故障控制对策，保证系统运行的安全性和稳定性。

失效模式和后果分析法实际应用的关键步骤如下。

（1）将系统整体划分为多个子系统。

（2）对各个子系统可能发生的失效模式进行分析。

（3）分析各类失效模式对于系统整体及各个子系统所产生的影响，并采用定性评估法或者半定量评估法分析各类风险的危害程度，并将系统失效模式划分为如表 2.1 所示的 4 个等级。

表 2.1 系统失效模式等级划分

故障等级	影响程度	可能造成的损失
Ⅰ	致命	可造成死亡或系统毁坏
Ⅱ	严重	可造成严重伤害、严重职业病或主系统损坏
Ⅲ	临界	可能造成轻伤、轻度职业病或次要系统损坏
Ⅳ	可忽略	不会造成伤害和职业病，系统不会受到损坏

2.2.2 半定量评估法

半定量评估法可将定量分析法和定性分析法进行有效结合。在项目评估分析中，如果资料比较少，或者对评估结果的要求比较低，则可应用半定量评估法对整个项目进行分析；而如果项目评估要求较高，则应采用定量分析法。城市轨道交通运营风险的半定量评估法主要包括事故树分析法、事件树分析法、影响图法、原因-结果分析法和风险评价矩阵法等。

1. 事故树分析法

事故树分析法又称故障树法，是指从结果到原因描绘事故发生的有向逻辑树，它能对各种系统的危险性进行识别评估，把系统可能发生或者已发生的事故（称为顶上事件）作为分析起点，将导致事故发生的原因事件按因果逻辑关系逐层列出，用树形图表示出来，构成一种逻辑模型，然后通过对这种模型进行定性和定量分析，找出事件发生的各种途径及发生概率，进而找出避免事故发生的各种方案，并选出最佳方案。

事故树分析法的应用比较广泛，它不仅能分析出事故的直接原因，而且能深入揭示事故的潜在原因，经常用于直接经验较少的风险辨识。在城市轨道交通运营风险评估中，事故树分析法就是通过可能发生的具体风险事故倒推出造成这种事故的原因。

2. 事件树分析法

事件树分析法又称事件决策树法，其主要理论依据是决策理论，在普通设备故障分析中比较常见。在事件树分析法的实际应用中，首先需确定某个初始事件的发生时间，对事故发生过程中各类事件的出现时间进行分析，据此交替地分析成功概率及失败概率；再以两个概率计算结果为基础，确定初始事件的后果；最后进行分析，直至能够获得最终结果。事件树分析法采用归纳式的逻辑示意图，能够清楚地展示出各种事故可能发生的整体发展和动态变化发展。

事件树分析法特别适用于统计分析可能产生各种不同后果的初始发生事件。事件树分析法常用来分析软件系统中可能出现的事件故障、设备失效、人员操作失误等，应用比较广泛。

3. 影响图法

影响图是指由风险结点集合和反映风险关系的有向弧集合构成的无环有向图，它是在决策树基础之上发展起来的图形描述工具。影响图注的优点是概率估计、备选方案、决策者偏好等资料完整，图形直观、概念明确，计算规模随着风险因素个数呈线性增长。缺点是需要获取大量的概率和效用值，对于复杂问题建模困难。

4. 原因-结果分析法

原因-结果分析法是一种运用因果分析图来进行风险评价的方法。因果分析图通常被称为因果图，要求将结果作为基础，而原因则可作为主要因素，各类因素之间采用箭头进行连接，反映出不同因素之间的因果关系。导致事故发生的因素是多种多样的，这些因素常常错综复杂地相互交织着。风险评估师只有正确地寻找问题的根源，才可以从根本上消灭问题。原因-结果分析法是一种通过搜索、分析和计算来寻找各种可能导致事故的原因的有效方法，它能使我们清楚、有效地总结和分析出事故与诸因素之间存在的相互关系。

原因-结果分析法主要有以下三种表现方式。

（1）单一连锁型：前一事件的发生是诱发后一事件的关键要素，而后一事件可作为前一事件的结果。

（2）联合作用型：多个原因相互连接、相互影响，共同造成最终结果。

（3）复合型：单一连锁和联合作用相互复合，进而形成一种特殊的因果关系。

在具体分析过程中，要求以某个结果作为基础，据此制作因果分析图，对原因进行检查分析。原因-结果分析法简便实用、易于推广，常用于对某个事故的诱发原因进行系统性分析。

5. 风险评估矩阵法

风险评估矩阵法要求将各类风险发生的可能性及危害程度进行有效结合，据此对风险进行综合评估。在对风险进行半定性分析时，可制作风险评估矩阵，对各类风险的发生概率进行分析，并将所有风险的发生概率划分为 5 个等级，即“非常可能”“可能”“偶尔”“不可能”“非常不可能”。另外，对于风险发生后的危害程度，也可划分为 5 个等级，即“灾难性的”“重大的”“严重的”“中等的”“轻微的”。在分析完成后，即可制定完善的风险评估矩阵，如表 2.2 所示。

表 2.2　风险评估矩阵

发生频率	结果				
	灾难性的	重大的	严重的	中等的	轻微的
非常可能	不可接受	不可接受	不可接受	不受欢迎	不受欢迎
可能	不可接受	不可接受	不受欢迎	不受欢迎	可以接受
偶尔	不可接受	不受欢迎	不受欢迎	可以接受	可以接受
不可能	不受欢迎	不受欢迎	可以接受	可以接受	可以忽略
非常不可能	不受欢迎	可以接受	可以接受	可以忽略	可以忽略

2.2.3　定量评估法

定量评估法以统计数据作为重要基础，创建数学模型，并对各项指标进行计算和评估。在城市轨道交通运营风险评估中，定量评估法主要包括以下几种。

1. 模糊综合评价法

模糊综合评价法是一种基于模糊数学的综合评价方法。模糊综合评价法根据模糊数学的隶属度理论把定性评价转化为定量评价，即用模糊数学对受到多种因素制约的事物或对象做出一个总体的评价。它具有结果清晰，系统性强的特点，能较好地解决模糊的、难以量化的问题，适合各种非确定性问题的解决。

模糊综合评价法在计算过程中是客观的，但是在选择评价等级和分析权重时存在主观因素，其结果也有一定的主观性。

2. 层次分析法

层次分析法可将某个复杂程度较高的问题进行分解，进而形成一个系统。层次分析法常用于多方案选择及方案优化。

运用层次分析法分析城市轨道交通的运营风险可分为四步。第一步，根据风险评估的目标和评价标准构建阶段性的结构模型。运营风险由不同的因素构成，每个风险因素对应不同的解决措施，各类因素之间密切相关。通过对各类因素的影响关系及隶属关系进行分析，即可将多种因素整合至不同级别中，进而形成层次丰富的分析结构模型。第二步，通过两两比较，根据重要性构建比较判断矩阵。第三步，执行比较判断矩阵的匹配性检查。第四步，对整体进行排序，排序依据评价标准和重要程度。

层次分析法是基于数据计算得出结论的，但比较判断矩阵是基于推定形成结论的，具有主观性和不确定性。如果需要选择的因素太多，则矩阵的正确配置相对困难。

3. 蒙特卡罗模拟法

蒙特卡罗模拟法也称随机取样法或统计测试方法。该方法的基本思想是建立概率模型或随机模型，将参数等同于风险管理问题的解决方案，采用模型计算法或者采样测试法确定参数统计特征，然后确定解决方案的近似值。

蒙特卡罗模拟法在实际应用中，要求对各个变量的变化情况进行检查，在确定各类活动的风险因素后，即可采用量化方式表达。如果概率运算的复杂程度比较高，则可采用蒙特卡罗模拟法，根据实际环境条件创建模型，并展开实验。如果项目分析中的成本投入量比较大，或者需要花费较多时间，则可充分发挥出蒙特卡罗模拟法的应用优势。

4. 等风险图法

等风险图包括两个要素：失败的概率和失败的后果。根据风险发生概率及影响程度可将风险划分为三个等级：高风险、中风险及低风险。其中，低风险因素对于城市轨道交通运营所造成的不良影响比较轻微，发生概率一般在 0.3 以内；中风险的发生概率比较大，一般为 0.3～0.7，可对城市轨道交通运营产生一定不良影响。高风险发生概率一般在 0.7 以上。

在具体的分析过程中，用 P_f 和 P_s 分别表示项目失败的概率和成功的概率，有 $P_s=1-P_f$。再用 C_f 和 C_s 分别表示项目失败的后果效用值和项目成功的后果效用值。效用值通常用问卷调查、询问和心理测试等方法得到。根据效用理论，C_f 和 C_s 满足：

$$C_f+C_s=1, 0<C_f<1, 0<C_s<1$$

定义项目风险系数

$$R=1-P_sC_s=1-(1-P_f)(1-C_f)=P_f+C_f-P_fC_f \quad (0<R<1)$$

将 R 看作常量，上式可以转化为

$$P_f=1+(R-1)/(1-C_f)$$

分别取 $R=0.1$，0.2，0.3，0.4，0.5，0.6，0.7，0.8，0.9，0.95，0.98，1.00，代入上式，得出一系列关于 C_f 和 P_f 关系的曲线。在同一曲线上，所有风险均相等，从而得到等风险图。在等风险图中，可对各类项目的风险系数进行对应分析。

在项目风险评估分析中，如果对于评估所得结果的准确性要求不高，则可应用等风险图法。但是由于分析过程比较烦琐，等风险图法主要应用于多个项目的比较分析中。

5. 控制区间和记忆模型

在记忆模型中，控制区间指的是直方图，其主要作用是减少重叠误差，要求在计算过程中对重叠变量进行有效处理，尽量缩小概率区间。将原重叠变量的相应概率区间划分为多个小区间，可提升结果的准确性。记忆指的是如果有两个或者两个以上变量的概率分布需要重叠，则在计算中要求对前两个概率分布的重叠结果进行分析，然后据此对区间及下一变量的概率分布重叠进行控制，直至获得最后的变量重叠。

控制部分能够提供变量独立解决方案，而存储模型则可提供变量相关解决方案，并且可以以串行（或并行）响应模型概率叠加的方法，更好地反映实际运营中风险因素之间的复杂相关性。在实际运营风险分析中，首先根据各风险因素的概率分布来定义输入单元；然后基于并行响应模型定义输出单元；最后设定重复次数，开始模拟。从模拟结果中可以得到风险造成的损失额、中值和标准偏差。根据信赖度不同，综合风险因素可以设定影响地铁运行的信赖区间。

控制区间和记忆模型的应用方式简单，可对概率进行加法运算或者乘法运算。如果变量较多，并且多个变量之间均相互独立，则可采用这一风险评估方式。信任区间大小可直接影响评估结果的准确性。因此，如果在项目风险评估中，多个变量之间相互独立，并且对于结果精度的要求比较低，则可采用这一方法。

6．主成分分析法

在主成分分析法的实际应用中，可采用少部分变量对大部分变量进行描述；另外，多个相关度高的变量，可转换形成独立变量。一般情况下，可选出比原变量个数少、能解释大部分资料中的变异的新变量，即主成分，用以说明资料的综合性指标。

主成分分析法可以从多个影响城市轨道交通运营的风险因素中总结出几个因素，并说明其对其他因素产生的影响。该方法主要对各种风险因素进行排序，单一风险因素的计算结果不表示实际影响程度。

2.2.4 综合评估法

无论是定性的方法还是定量的方法，都有其优点和缺点，以及适用的分析场景。但是在实际分析过程中，由于数据与统计资料不足、各变量的相关性强弱不同等现实情况，不能用一种评价方法得出结论，因此产生了综合性的评估方法。

在综合评估分析中，需联合应用两个或者两个以上评估方法。城市轨道交通运营风险的综合评估方法类型较多，主要包括以下几种。

1．专家信心指数法

专家信心指数法是在德尔菲法的基础上改进形成的，属于定性分析方法。在数据处理中，可利用加权平均法或者频率统计法。无论采用何种方法，均必须保证专家判断结果的真实性和可靠性。专家信心指数法可以尽量保持信息完整，并保证数据自身的可靠性，从而获得更科学、更合理的结果。

专家信心指数法的具体步骤如下。

（1）设定专家权重。

（2）确定单个专家的区间概率密度函数。

（3）初步确定目标参数的区间概率密度函数。

（4）数据筛选及验证。

（5）获得事故发生后各类损失的概率密度函数。

（6）获得事故发生前损失的概率密度函数。

2. 模糊层次综合评价法

在模糊层次综合评价法的实际应用中，要求联合应用层次分析法及模糊综合评价法，因此，这一评价方法兼具定量分析和定性分析的优势。

模糊层次综合评价法的具体步骤如下。

（1）建立要素集。

（2）建立评判集。

（3）生成判断矩阵。

（4）计算综合评估向量。

（5）对综合评估向量进行集化。

3. 模糊事故树分析法

在模糊事故树分析法的实际应用中，要求将模糊数学原理及事故树分析法进行有效结合，据此对风险事故的发生概率进行合理推测，在事故树的基础上，对基本事件发生概率进行计算，最后确定风险事故发生概率。

4. 模糊事故树分析法与模糊层次综合评价法组合分析法

该方法可将模糊事故树分析法和模糊层次综合评价法进行联合应用。首先应用模糊事故树分析法，赋予影响事件共性的因素，然后用模糊层次综合评价法考虑其他特殊的个性因素。该组合分析法结合了共性因素和个性因素，使评估体系和评估结果更加完整和实用。

2.3 风险评估程序

在对城市轨道交通运营风险因素进行评估时，首先需识别风险因素，合理划分风险评估单元；然后选择适宜的评估方法，并编制评估指标；最后实施风险评估，获得评估结果。

风险识别是指找出可能影响城市轨道交通正常运行的各类要素、发生场所和具体过程，并确定主次关系。

在确定危险源后，即可对危险源进行分类和排序，具体指的是对风险评估单元进行划分，确定不同危险源的危害程度。

选择评估方法。对事故发生原因进行全面细致的分析，在此过程中，要求对评估对象的特征和基本情况进行分析，并合理选择定性评估法或者定量评估法。

编制评估指标。在创建评估指标体系前，还应对城市轨道交通安全运营的影响因素进行综合分析，然后对各类要素进行分类，并选择特征指标，为城市轨道交通运营管理提供参考。

结合之前选择的风险评估方法和评估指标进行风险评估，判断发生不同风险的概率，判断经济的损失程度和影响的恶劣程度。

在获得风险因素评估结果后，应重点分析危险有害因素的评估结果，将其作为制订风险防控方案的重点，保证评估结果的可靠性。

2.4　风险评估依据

对于城市轨道交通运营风险的评估，除了参照国家法律法规的要求和城市轨道交通运营的实际情况，也可参照国际风险管理标准。

对于城市轨道交通运营管理，国家及地方已有一系列法律法规可作为依据，包括《中华人民共和国消防法》《城市轨道交通运营管理办法》《北京市轨道交通运营安全条例》等。

2.5　风险分级标准

风险分级标准包括风险事故发生的概率等级标准（简称风险概率等级）和风险事故发生后的损失等级标准（简称风险损失等级）等，结合不同的风险评估方法，可以有不同的风险分级标准，常见的有以下几种。

（1）根据城市轨道交通运营风险发生的概率可以分为5级（表2.3）。

表2.3　风险概率等级

等级	A	B	C	D	E
事故描述	不可能	极少发生	偶尔发生	可能发生	频繁发生
区间概率	$P<0.01\%$	$0.01\%\leqslant P<0.1\%$	$0.1\%\leqslant P<1\%$	$1\%\leqslant P<10\%$	$P\geqslant 10\%$

注：P 表示风险事故发生的概率。

（2）根据风险发生造成的损失的严重程度分为5级（表2.4）。

表2.4　风险损失等级

等级	1	2	3	4	5
描述	可忽略的	需考虑的	严重的	非常严重的	灾难性的

（3）结合风险发生概率和风险损失等级建立风险评估矩阵（表2.5）。

表2.5　风险评估矩阵

		风险损失等级				
		1—可忽略的	2—需考虑的	3—严重的	4—非常严重的	5—灾难性的
风险概率等级	A：$P<0.01\%$	一级	一级	二级	三级	四级
	B：$0.01\%\leqslant P<0.1\%$	一级	二级	三级	三级	四级
	C：$0.1\%\leqslant P<1\%$	一级	二级	三级	四级	五级
	D：$1\%\leqslant P<10\%$	二级	三级	四级	四级	五级
	E：$P\geqslant 10\%$	二级	三级	四级	五级	五级

（4）按照风险接受程度划分（表2.6）。

表 2.6　风险接受程度

等级	风险接受程度	控制方案	应对部门
1	可忽略的	日常管理和审视	工程建设参与各方
2	容许的	需注意，加强日常管理和审视	
3	可接受的	引起重视，需防范、监控措施	
4	不可接受的	需决策，制定控制、预警措施	政府部门及工程建设参与各方
5	拒绝接受的	立即停止，整改、规避或启动预案	

（5）按照风险影响范围划分（表 2.7）。

表 2.7　风险影响范围

等级	风险影响范围
1	涉及范围很小，无群体性影响，需紧急转移安置少于 50 人
2	涉及范围较小，一般群体性影响，需紧急转移安置 50～100 人
3	涉及范围大，区域正常经济、社会活动受影响，需紧急转移安置 100～500 人
4	涉及范围很大，区域生态功能部分丧失，需紧急转移安置 500～1000 人
5	涉及范围非常大，区域内及周边生态功能严重丧失，需紧急转移安置 1000 人以上，正常的经济、社会活动受到严重影响

（6）按照风险发生对社会信誉损失等级划分（表 2.8）。

表 2.8　社会信誉损失等级

等级	1	2	3	4	5
描述	可忽略的	需考虑的	较严重的	严重的	恶劣的

第三章　城市轨道交通基础设施风险与管理

城市轨道交通基础设施需要关注的风险主要有：车辆风险、设备风险（包括列车设备和车站附属设备等）、人员风险、环境风险等，每种风险都有其具体的影响方式和管理方式。

3.1　车辆风险

车辆风险集中在列车运行上。

（1）正常运行状态：列车持续昼夜运行，实际运行状态与计划运行图大致相同。列车运行状态可分为两种类型：其一为峰值时，其二为非峰值时。当列车处于不同运行状态时，要求制订不同的客运组织方案，同时还需对运行管理模式进行适当调整。

（2）非正常运行状态：列车在运行过程中，由各类不确定因素造成的列车晚点到达、车站拥堵、区间堵塞、列车故障等，可对城市轨道交通运行秩序造成不良影响。对此，要求驾驶指挥系统能够针对列车运行中各类突发事件，进行运行方案的调整，尽量能在最短时间内恢复列车的正常运行状态，避免对行车安全及乘客安全构成危害。

（3）紧急状态：由于突发火灾、地震、风雪等自然灾害，导致列车设备发生故障，最终造成列车部分区间或者全线无法正常运行。一旦出现紧急状态，并且没有及时采取有效的应急预案，则可能会造成人员伤亡事故。

根据以往国内外列车运行中出现的故障和事故，将列车运行可能出现的风险归纳如下。

（1）列车车门无法正常开启和关闭、列车无法在规定的出入口停靠、动力系统故障导致无法运行、受电装置无法进行工作。

（2）列车运行中速度过快对车厢造成的碰撞等损害、运行过程中限界内突出物对列车车体造成的损害、路基和轨道的变形导致的列车损害。

（3）列车的车轮系统调整出现问题，导致列车运行不平稳。

（4）列车的承载人数远大于额定的乘客数，超负荷运行导致的车体和部件损坏。

（5）轨道出现岔道口的部件故障导致列车出轨。

（6）刹车失灵，或是转向架突然断裂。

（7）驾驶系统失误，导致列车进入弯道时车速太快。

（8）管线进入限界内，材料掉落导致列车出轨。

3.2 设备风险

3.2.1 中央控制系统风险

地铁的中央控制系统负责对整个车站的安全门、紧急停车系统、隧道紧急通风、车站紧急通风、升降机及自动梯、牵引供电、乘安中心的信息进行监控。每个车站都设有独立的中央控制系统，并且各独立的系统与总的中央控制系统相连，对整个线路的各种设备运行状况信息进行汇总和监控。

中央控制系统中控制列车的系统一旦出现故障，将导致列车运行出现停滞。此部分系统集成度高，线路繁多，各种信息分类显示，信息的交换速度快。

3.2.2 暖通空调系统及环控系统风险

暖通空调系统包括区间隧道通风系统、迂回风道立转门、车站公共区通风系统、空调水循环系统等。

环控系统主要控制车站及区间内暖通空调设备、风机设备的运行状态和运行情况。环控系统从功能上可以划分为多个系统：车站公共区域通风空调系统（此为大系统），车站设备用房通风空调系统（此为小系统），地下站冷水机组系统（此为水系统），执行隧道区间正常以及紧急状况下通风排烟工况的环控子系统（此为隧道通风系统）。

地铁运营环境比较特殊，空间相对封闭并且狭小，同时，地面疏散口设置数量相对也比较少，一旦发生突发事故，人员避难路径比较长。当发生火灾事故时，环境温度持续升高，并且很难自然排除，会在地铁隧道及车站内快速蔓延，导致人员避难和灭火难度显著增加，进而危害工作人员及乘客的生命安全。根据调查分析，环控系统管理不当（将通风通道或风亭改为自行车存放处、店铺或其他管理房间）或发生故障，都会妨碍通风系统正常运营，必然扩大事故后果和影响。

3.2.3 给排水系统风险

地铁给排水系统存在的危险有害因素可能会影响环境卫生。例如下水道、垃圾被排出隧道等，既会对生态环境造成污染，又影响人们的身体健康。在供水排水管道运行中，如果没有采取有效的防腐措施，则可能会发生渗漏事故。隧道给排水系统如果防水设计等级不合理，当地表水或者地下水侵入后，即可造成地面不均匀沉降。另外，如果车站出入口高度设计不合理，无法满足防洪要求，则在发生强降雨后，地面积水会显著增加，并且发生倒流，进而侵蚀地铁给排水系统。

3.2.4 自动检票系统风险

地铁检票口采用自动检票设施来提高人员通过能力，但检票设施的入口较窄，只能满足人员单独通行的需要。当乘客携带大件物品时，在通行过程中易撞击门扇设施。检票口的门扇设施损害风险及可能带来的人员伤害风险主要有：在门扇开启的间隔内，人员通过速度慢而撞击门扇，导致人员受伤；人员对设施不了解，采用撞击方式尝试通过，导致人员受伤；在前面乘客通过至门扇未关闭间隔内，后面乘客逃票强行通过撞击门扇，导致人员受伤。门扇对人员的伤害主要是夹伤、撞击、划伤。

3.2.5 通信系统及信号系统风险

地铁通信系统是直接为地铁运营及管理服务的，是保证列车及乘客安全，保障列车快速、高效运行的必不可缺的信息传输系统。当发生紧急情况时，通信系统应能迅速转为应急状态，为防灾、救援和事故处理提供便利。若通信系统的电源发生故障或通信设备本身发生故障，则各种行车、票务及控制信息将出现间断性不可靠传输，从而容易引发事故或使事态扩大。

地铁信号系统是整个地铁运营的大脑，它保证列车实现快速、高密度、有序运行。信号系统不完善或信号系统设备故障，会使列车整体运营处于瘫痪状态，不能保证运营安全。

3.2.6 屏蔽门风险

屏蔽门的安装能较好地防止乘客掉入轨道，对保护乘客人身安全起重要作用。但屏蔽门与地铁列车车门间的间隔，也存在使乘客被夹伤的风险。

3.2.7 电梯设备风险

电梯设备是地铁中使用频率和负荷最高的设备之一。电梯的正常运行在提高车站乘客流量方面起着重要的作用。随着距离地面的深度增加，电梯的长度增加，坡度的变大，电梯在使用中发生故障和事故的概率会增大。

电梯设备的主要风险有：早晚高峰时人流过大，电梯负荷过大导致机器故障；乘客上电梯的时候被电梯的缝隙夹住导致受伤；电梯里有人相撞，把别人撞倒发生事故；逆行造成人员伤害；管道泄漏、顶盖泄漏、水沿着套管或部件侵入油箱，因绝缘引起电梯事故；不恰当的维护导致电梯的运行事故等。

3.3 人员风险

在城市轨道交通运营中，人员风险主要有两种：乘客风险和员工风险。

我国城市轨道交通建设数量和规模不断增加，安全事故发生率也比较高。通过对各类安全事故的诱发因素进行分析可知，乘客风险主要包括人为破坏列车、车站设备，不遵守乘车规定，缺乏紧急事故应对技能等。这些风险主要是乘客不能在工作人员的引导下冷静沉着、有序疏散等原因造成的。

员工风险主要是指现阶段全国地铁数量上升，但是与地铁行业对应的专门学校比较少，地铁运营、维修等专业人才还远远不够，地铁行业从业人员专业素养不足，比如缺乏安全防控意识、“三品”识别能力较差、突发事件应对能力不足等，均有可能导致安全事故的发生和事态的扩大。

3.4 环境风险

城市轨道交通运营面临的环境风险包括自然环境风险、火灾风险、噪声风险、振动风险、电磁辐射风险、地铁结构下沉风险、车站内部装饰结构风险、周边地理建筑环境风险等。

自然环境风险：主要包括自然灾害和气候变动等，如地震和暴雨等。因为地铁的运营大部分都在地下进行，所以地震是很大的风险因素，应对这个风险主要是在轨道交通的设计建设阶段进行预防。运营期间主要是应对地震发生时的人员疏散，降低地震的负面影响。极端的天气，特别是暴雨，会影响轨道交通的运营。准备防汛物资和进行防汛训练，是应对这个风险的有效手段。

火灾风险：地铁里乘客流量大，人员很集中，一旦发生火灾，救助的难度会很大，人员的疏散也会变得困难。如果在短时间内疏散乘客，有可能发生踩踏等事故。火灾会引起电源系统故障，引起更严重的事故。列车和车站的一部分材料燃烧后会产生毒气。另外，地下空间氧气供应不足，燃烧不充分，发烟量多、浓度高，人员容易窒息。

噪声风险：包括风机运行产生的噪声、列车运行产生的噪声、系统设备检查时产生的噪声等。

振动风险：列车车轮与钢轨之间产生的撞击振动，在地下区段经轨枕、道床传递至隧道顶，再传递给地面，从而对周围区域产生振动干扰。

电磁辐射风险：在列车运行中，流行器和接触轨道之间发生摩擦，并形成火花放电，在此过程中即可形成电磁辐射，从而造成电磁污染。另外，供电系统及自控系统的各类设备运行时，在高压及大电流影响下，也可形成固定电磁污染源。

地铁结构下沉风险：在地铁运行过程中，重复的振动和曲线上不平衡的离心力等作用，可能会诱发区间隧道的孔体变形和隧道周边土体性质的变化，从而造成下沉风险。

车站内部装饰结构风险：地铁内装饰用的桥架和天花板，承重柱所使用的大理石装饰材料，车站内部设置的大量照明灯饰、风扇、空调等设备，以及车站隧道内的广告牌等设施，如果因安装不良而掉落，则会对财产和人员造成损害。

周边地理建筑环境风险：城市建设日新月异，地铁线路的通过点一般都是商业地产、公共设施建设的黄金地段，地铁运行过程中产生的负面环境影响也可能影响第三方的财产，地铁运营公司需要进行损失补偿。

3.5 风险管理

城市轨道交通运营风险管理的措施并不是一对一的，有的风险管理措施对于多项风险都能发生作用。总结来说，主要的风险管理措施如下。

（1）采取防止沉降速度过快、沉降值过大、加强基础的措施，并建设地铁监控设施以实时监控地铁沉降。

（2）做好沿线管线和管道的巡查工作，特别是管线设备容易发生问题的地方。确保管线连接正常，限界内配置管线，保证移动列车的行驶安全。

（3）地铁列车采用最严格的防火标准设计。列车车身和内部都要用不燃和阻燃材料制造，要密切监控列车的电力系统。

（4）车站内部的电力设备是列车行驶的重要保障，应做好设备的检查和维护，从而避免发生电力系统过载和短路现象，避免系统故障发展成大事故。

（5）车站内的空调系统和水泵系统是以水为媒介的，特别是冬天气温低，线圈管会发生冻结、漏水等事故，水循环系统易发生问题，应对线圈管做好保暖工作。

（6）通信系统、信号系统以及中央控制系统对地铁列车运行有最直接的影响，应对这些系统定期进行检查和维护。

（7）配备良好的车辆、熟练的工作人员，以及科学完善的管理制度和事故应急处理方案，保障乘客的安全和车站服务水平。

（8）针对隧道耐久性风险，需根据管片的运行环境选择合理的混凝土材料，耐久性高的防水材料，采取结构措施防止泄漏，并严格进行质量管理。运营期间采取预防性修理为主的整治措施，强化地铁隧道内的通风除湿，保持环境干燥。

（9）地铁火灾风险及设备故障风险控制应满足相关规范、标准、规定等的基本要求。此外，在运营管理计划中，应加强设备系统、区间及车站设施建设战略的研究，制订合理的预防性修理和故障性维修的运营维修战略，保证运营维修成本的合理性。

（10）构建完美的运营技术培训系统，实施系统的运营技术培训，减少人的因素，减少因缺乏技术知识而导致在事故发生时操作失误等，都可以降低风险。

（11）在地铁运营管理中，要求在不同运行状态时对列车运行时间进行调整。比如，如果发生突发事件，或者设备出现故障，则应及时调整列车运行时间计划方案，保证列车运行安全，尽量缩小突发事件造成的不良影响，提高服务质量。

（12）对所有车辆、通信、信号、电力供应等运营专业设备及安全管理规则制度进行地毯式检查。检查设备安全上的潜在危险，对设施设备的薄弱、易耗部件实施“预防性交换”，以确保城市轨道交通安全运行。此外，以在最短时间内排除故障重新开始运行为目标，设置紧急修理点和专门的紧急救援队。

第四章　城市轨道交通设备安全风险管理

4.1　城市轨道交通供电系统

4.1.1　供电系统的类型

城市轨道交通供电系统可分为两种类型：第一种，外部供电系统，其主要作用是为沿线牵引变电所提供电能；第二种，直流牵引系统，其主要作用是在直流牵引变电所的基础上对电能进行降压和整流，进而为列车供应电能。

城市轨道交通供电系统由国家电力系统提供电源，具体提供者为城市轨道建设所在城市电网。在整个城市电网中，城市轨道交通供电系统属于独立的子系统。

在城市轨道交通供电系统运行过程中，供电系统不仅能够为列车运行提供充足电能，同时还可发挥自我保护功能、电力调度功能、故障自救功能、电磁兼容功能等。

4.1.2　供电系统的组成

1. 高压电源供电系统

高压电源供电系统由三部分组成，包括发电厂（站）、变电所和传输线路。高压电源供电系统能够稳定提供电能，可作为城市电网中的外部电源供电系统。

2. 主变电所或电源开闭所

主变电所：适用于集中式供电方式，主变电所运行中，要求城市电网能够为其提供稳定电能，将接收的高压电源（电源电压为 110kV 或 220kV）在经过主变压器降压处理后形成中压电源，为降压变电所和牵引变电所提供电能。

电源开闭所：在分散供电中，电源开闭所发挥着十分重要的作用，其能够接受由城市电网所提供的中压电源（电源电压为 10kV 或 35kV），进而为变电所提供电能。

3. 牵引供电系统

在城市轨道交通供电系统中，牵引供电系统发挥着核心作用，它能够为列车运行提供充足动力。交流中压电在经过降压整流处理后，即可形成直流 1500kV 电压或者直流 750kV 电压。牵引供电系统可分为两部分，即牵引变电所和牵引网。

图 4.1 所示为城市轨道交通牵引供电系统。

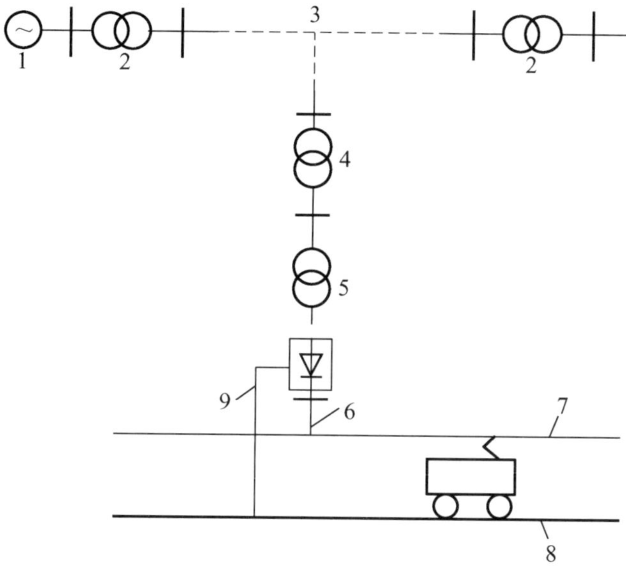

1—发电厂（站）；2—升压变压器；3—电力网；4—主降压变电站；5—直流牵引变电所；
6—馈电线；7—接触网；8—走行轨道；9—回流线

图 4.1　城市轨道交通牵引供电系统

4．动力照明供电系统

动力照明供电系统由降压变电所和动力照明配电系统组成，其主要作用是对交流中压电进行降压处理，进而形成 220/380V 电压，为列车运行中的各类机电设备提供充足电能。

5．杂散电流腐蚀防护系统

在我国目前现代化的、高速的城市轨道交通运营过程中，可应用直流高压牵引供电方式进行电能供应。电流经过牵引变电所后，从正极出发，经过接触网、列车、轨道及回流线后，即可通过负极再次进入牵引变电所。但电流并不会完全回流至负极，会损失一部分电流，称为迷流。这是因为列车沿线的钢轨与专用隧道或其他路基等主体结构之间的绝缘电阻不是无穷大，不能使其完全绝缘。电流可通过钢筋材料或者土壤流入牵引变电所中。牵引电流越大或钢轨对地绝缘程度越差，地下迷流越大。

地下迷流主要会造成两方面的危害：一是会使高速铁路和城市轨道交通运行线路周边地下管线、金属结构等释放出电解质，在降雨天气易发生腐蚀；二是在电气接地装置上将会引起过高的接地电位，使某些设备无法正常工作。所以，必须切实做好安全生产防护并采取污染控制措施，尽量减少迷流的产生，限制迷流的扩散。此外，对于输电线路附近地下金属管线也应该及时采取有效的防蚀保护措施。

6．电力监控系统

电力监控系统在供电系统的运行过程中发挥着十分重要的监控和管理作用。电力监控系统由三部分组成，包括控制中心、通信通道及被控制站系统。在列车运行中，电力监控系统能够对沿线所有变电所及供电设备的运行情况进行监控。在城市轨道交通系统建设中，典型的电力监控系统分为四个类型：中央监控系统、综合自动化系统、通信网络以及供电复示系统。

7. 防雷与接地系统

在城市轨道交通运行过程中，如果发生雷击灾害，则可能会对建筑工程及各类电气设备造成损害，对此，可应用防雷与接地系统进行防控。防雷与接地系统可满足工作接地及保护接地要求，避免设备损害，同时保障列车工作人员及乘客生命安全。

8. 供电检修车间

供电检修车间能够对供电系统运行情况进行试验检测，同时实施维护管理、材料供应等，保证供电系统高效稳定运行。

4.1.3 外部供电方式

我国各城市轨道交通的供电方式一般有三种，即集中式供电方式、分散式供电方式、混合式供电方式。

1. 集中式供电方式

如果采用集中式供电方式，则在一条轨道交通运行线路中，需尽量减少主变电所数量，进而集中受电，通过城市电网获得电能，在经过主变电所进行降压处理后，即可为牵引变电所及降压变电所提供电能，具体的供电方式如图 4.2 所示。

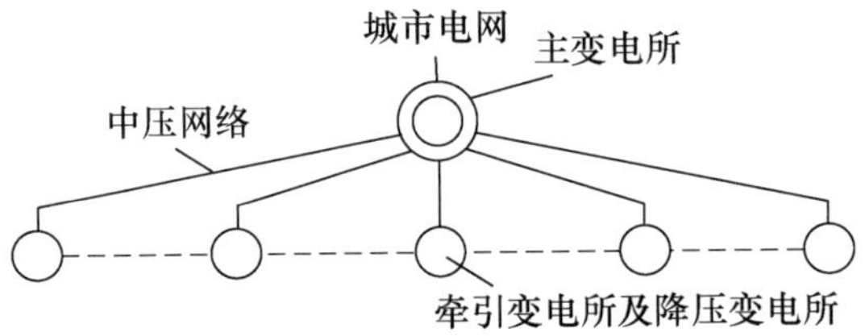

图 4.2 集中式供电方式

集中式供电方式的应用特征包括以下几点。

(1) 能够有效减少轨道交通供电系统和城市电网之间的接口数量。

(2) 在主变电所、降压变电所及牵引变电所中，均需设置两个相互独立的引入电源。

(3) 供电系统之间相互独立，有利于对系统运行状况进行监控管理。

在我国上海、南京、香港、广州等各大城市近年来的轨道交通施工中，集中式供电方式的应用比较常见。

2. 分散式供电方式

如果采用分散式供电方式，则要求沿轨道交通线路的城市电网为沿线牵引变电所及降压变电所提供电能。分散式供电方式如图 4.3 所示。

分散式供电方式的应用特征主要体现在以下几点。

(1) 要求在城市电网的基础上引入多条中压电源。

（2）在轨道交通全线中，每四个至五个车站，即可引入两条电源，与城市电网之间的接口数量比较多。

（3）对于城市电网电源引入点数量和备用容量的要求比较高。

（4）在两个开闭所之间，对于供电分区可采用双环网进行连接。

（5）对于城市轨道交通供电系统，要求与城市电网进行有效连接，因此系统独立性比较差，并且运营管理难度较大。

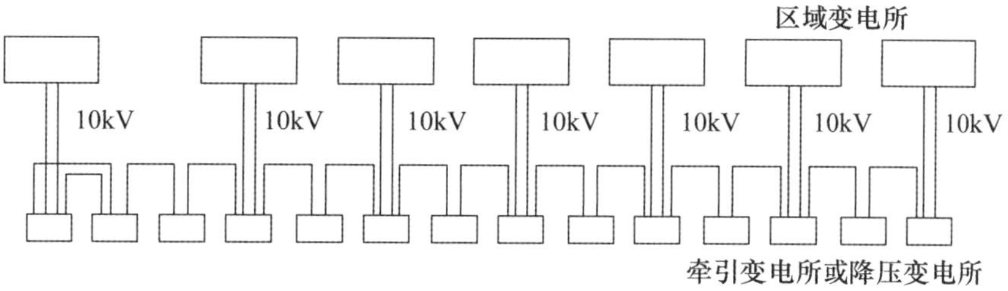

图 4.3　分散式供电方式

在我国北京、大连及长春等城市的多条轨道交通运行中，分散式供电方式的应用比较常见。

在分散式供电方式的实际应用中，无须建设主变电所，因此成本投入量少，但是对于轨道交通沿线城市电网的配电站数量、备用容量要求比较高。目前，北京地铁 4 号线、5 号线、9 号线，以及长春的轻轨、大连的快轨采用的就是这种供电方式。

3. 混合式供电方式

混合式供电方式能够将分散式供电和集中式供电进行有效结合。混合式供电方式如图 4.4 所示。

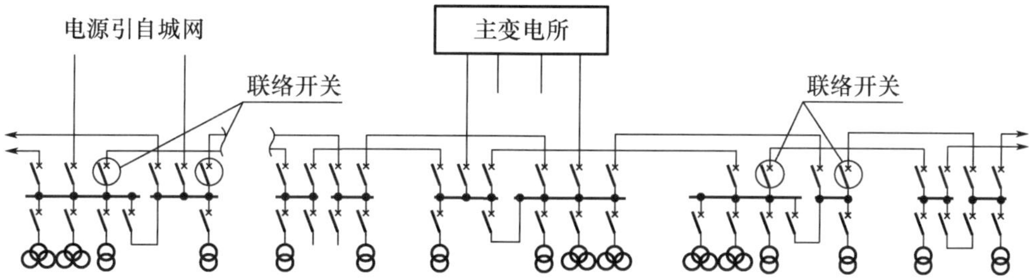

图 4.4　混合式供电方式

混合式供电方式的应用优势如下。

（1）在混合式供电方式的实际应用中，要求首先对城市电网现状、轨道交通对于供电的需求进行分析，对分散式供电和集中式供电两种方式的优势进行有效结合，据此对供电系统设计方案进行优化调整，保证供电系统的可靠性和稳定性。

（2）如果采用集中式供电方式，并且线路末端中压网络压降无法满足实际需要，则可通过城市电网引入中压电源，据此即可形成混合式供电方式。在北京、武汉部分地铁的供电系统建设中，均采用了这一供电方式。

（3）如果应用分散式供电方式，则城市轨道交通主变电所能够实现资源共享，可在此基础上引入中压电源，并补充由城市电网所提供的中压电源点，进而形成混合式供电方式。

4. 城市轨道交通外部电源供电方案案例

作为国内首先开展城市轨道交通建设的城市，随着我国社会经济的不断发展，北京轨道交通运营线路不断增多，至 2021 年已达到 27 条。

北京市城市轨道交通系统的外部电源采用混合式供电和分散式供电两种方式，包括 35kV 和 10kV 两个电压等级。北京地铁 1 号线、2 号线供电系统设计中，外部电源均采用混合式供电方式，少数区段采用分散式供电方式。其余线路及机场线均采用分散式供电方式。北京地铁外部电源混合式供电示意图如图 4.5 所示。具体而言，在城市电网变电站的基础上引入两条 10kV 电源，在供电区间两边，均建设牵引站及降压站，通过应用联络线进行连接，创建完善的环网供电结构，并保证取电过程的稳定性。

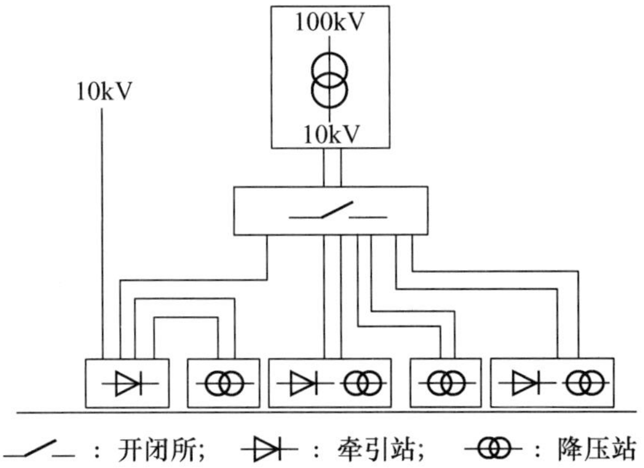

图 4.5　北京地铁外部电源混合式供电示意图

下面以北京地铁 10 号线供电系统（图 4.6）为例进行具体介绍。

北京地铁 10 号半环线一期项目建设工程是全地下线路，线路总长度为 24.676km。在全线建设中，共包含 22 座车站，其中，换乘车站有 7 座，控制中心设置在小营地区。

北京地铁 10 号线一期工程供电系统的设计，采用分散式供电方式，全线电源开闭所共有 7 座，分别是巴沟站、知春里站、牡丹园站、安贞门站、三元桥站、团结湖站和双井站，并与本车站的变电所合建。在各个电源开闭所运行中，可通过城市电网引入两段母线，为开闭所提供电能。其中，巴沟电源开闭所的 10kV 电源来自六郎庄 110kV 区域变电所的两段母线，知春里电源开闭所的 10kV 电源来自知春里 220kV 区域变电所的两段母线，牡丹园电源开闭所的 10kV 电源来自北太平庄 110kV 区域变电所的两段母线，安贞门电源开闭所的 10kV 电源来自黄寺 220kV 区域变电所的两段母线，三元桥电源开闭所的 10kV 电源来自三元 220kV 区域变电所的两段母线，团结湖电源开闭所的 10kV 电源来自白家庄 110kV 区域变电所的两段母线，双井电源开闭所的 10kV 电源来自光华路 110 kV 区域变电所的两段母线。

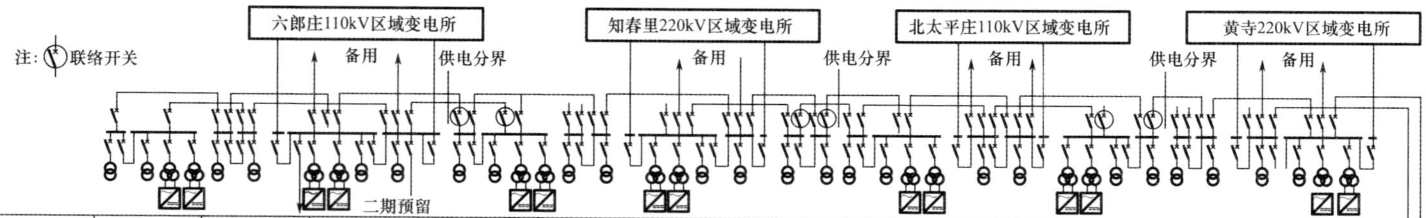

车站名称	车辆段混合所	车辆段降压所	巴沟站	苏州街站	海淀黄庄站	知春里站	知春路站	西土城站	牡丹园站	健德门站	北土城站	安贞门站
变电所类型	牵引降压	降压	开闭所牵引降压	牵引降压	降压	开闭所牵引降压	降压	牵引降压	开闭所牵引降压	牵引降压	降压	开闭所牵引降压
站间距/m	379		1100	950	976	1058	1102	1330	973	1100	1020	
牵引变电所间距/m	379		1100		1926		2 160		2 303		2 120	
牵变容量/kV·A	2×1600		2×1600	2×1600		2×2000		2×2000		2×2000		2×2000
配变容量/kV·A	2×1250	2×1250	2×1000	2×800	2×800	2×800	2×800	2×1000	2×800	2×800	2×800	2×1000

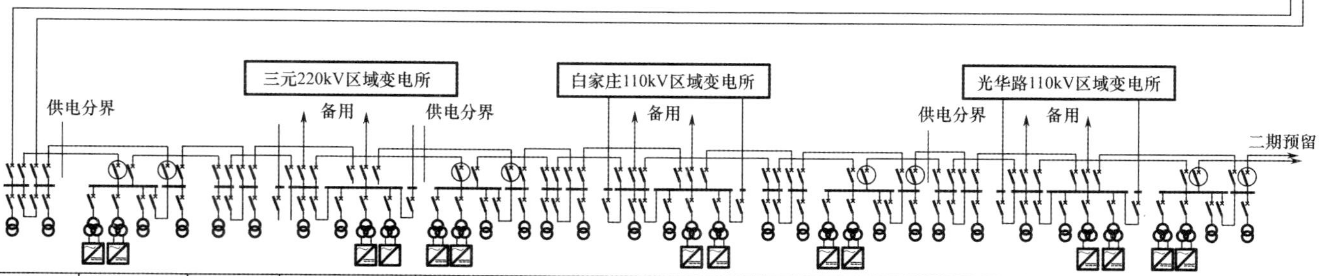

车站名称	惠新西街南口站	芍药居站	太阳宫站	三元桥站	亮马桥站	农业展览馆站	团结湖站	呼家楼站	金台夕照站	国贸站	双井站	劲松站
变电所类型	降压	牵引降压	降压	开闭所牵引降压	牵引降压	降压	开闭所牵引降压	降压	牵引降压	降压	开闭所牵引降压	牵引降压
站间距/m	982	1713	1003	759	1534	914	853	1149	735	835	759	1007 470
牵引变电所间距/m	2695		2 762		1534	1767		1884		2594	1007	470
牵变容量/kV·A		2×2000		2×2000	2×2000		2×2000		2×2000		2×2000	2×1600
配变容量/kV·A	2×800	2×800	2×800	2×800	2×1000	2×800	2×1000	2×1000	2×1000	2×1250	2×1000	2×800

图4.6　北京地铁10号线供电系统示意图

4.1.4 电气安全基本知识

1. 电气事故的特点

(1) 电气事故造成的危害大。电气事故往往会直接严重影响工业生产和人民日常生活，造成巨大的财产损失和人员伤亡，影响社会秩序。

(2) 电气事故造成的危险事故识别难度较大。电能比较特殊，无法观察和识别，在电能传输过程中，发生的危险事故往往很难察觉，因此很难及时实施防范措施。

(3) 电气事故的影响范围比较广。在用电领域，电气事故的发生率比较大，而且在非用电场所也可能会发生电气事故。主要原因在于，在电能的实际使用中，随着电能的不断释放，可造成磁场危害、静电危害等。在各行各业的发展中，电能是十分重要的资源，必须提高对电气安全防范的重视程度。

2. 电气事故的种类

(1) 触电事故。在电能使用中，如果防护不当，则电流可流经人体，对人体造成严重伤害。

(2) 静电事故。在生产操作中，部分材料会发生相对运动，在接触分离过程中可产生正电荷和负电荷，如果静电电压在数万伏以上，则可形成静电火花，进而引燃或引爆其他物质。

(3) 雷电灾害。雷电属于大气电，在大自然环境中电荷会不断积累，而在局部范围内正电荷和负电荷会失衡，一旦发生雷电灾害，则电流和电压均显著增加。雷电灾害的危害性较大，可造成设备损坏，同时还会危害人们的生命安全。

(4) 电磁辐射危害。能量在辐射过程中，以电磁波形式造成危险事故，当人处于高频电磁场中，可吸收大量辐射电能，导致中枢神经系统及心血管系统发生损伤。

(5) 电气装置事故。在电气装置运行过程中，如果电气设备主体或者线路发生损坏，或者处于异常带电运行状态或接地不良等，则均可能引发电气火灾。

3. 触电事故类型及电流对人体的危害

(1) 触电事故类型。触电事故可分为电击与电伤两大类型。

① 电击。电击是一种电流直接作用于人体所引起的人体组织在一定程度上的生理反应和疾病性伤害，也就是我们通常所说的触电，其危害性较大。

② 电伤。电伤是指由电流的热效应、化学效应或机械效应对人体造成的伤害。电伤可以细分为电弧烧伤、电流灼伤、皮肤金属化、电烙印、机械性损伤、电光眼等。

(2) 电流对人体的危害。电流对人体的不良影响有一定差异，与电流大小、流经途径、通电时间、触电者的健康状况以及作用于人体的电压等因素有关。

4. 供电系统风险分析

在地铁供电方面，一般采用主变电所集中供电方式，但是高压电路可能会引发火灾，进而危害供电设备的安全性。地铁运行环境比较封闭，一旦发生火灾，则火势会迅速蔓延，并且逃生难度较大，乘客易被带电设备误伤，这是不容忽视的潜在风险。

供电系统中的设备类型比较多，随着列车运行总时间的延长，很多设备均会暴露出安全隐患，系统故障发生率显著增加，如果控制不当，则会诱发严重的安全事故。

地铁供电系统维护管理的资金需求量比较大，如果企业投入的资金比较少，导致无法对已出现故障隐患的设备及时进行维护管理，则会造成设备故障发生率增加。

5. 电气风险管控设施

（1）隔离开关柜。

隔离开关可与断路器联合应用，如果需对部分电气设备进行维护和检修，则可用隔离开关将电气设备与电网带电部分进行隔离处理，以保证检修操作的安全性。另外，通过调整隔离开关的运行方式，还可实施倒闸操作。对于小电流电路，可采用隔离开关进行联通或者切断处理。

在接触轨设备的安装中，隔离开关可直接安装在开关柜中，这样有利于为隔离开关的运行提供安全稳定的环境，保证接触轨设备运行的可靠性。另外，这样还能够避免高空操作所造成的安全隐患，同时便于维护和检修操作。

（2）避雷器。

① 直击雷防护。在城市轨道交通运行中，如果采用接触轨供电方式，则接触轨的安装位置一般比较低，并且在接触轨外部需使用防护罩进行防护处理。列车在高架桥上运行时，容易受到雷击灾害影响。雷电波进入列车后，即可进入走行轨，甚至会破坏绝缘层，导致在走行轨表面分散大量电流，同时还会对轨道电路造成严重破坏。因此，在城市轨道交通建设和运行管理中，应合理对高架桥线路安装雷击防护设备。

② 感应雷防护。在感应雷防护的实际应用中，接触轨供电线路及架空接触网供电方式应保持一致。当 DC 1500V 系统绝缘子爬距提升至 250mm 后，接触轨即具有一定防感应雷裕量，一般无须采取特殊的防雷措施。但是，为了提升防雷水平，一般可在接触轨上每间隔 500m 安装一个避雷器，并且可在牵引变电所直流馈线上隔离开关及高架区段负极柜位置安装避雷器，以提升避雷效果。同时，应对避雷器的接地电阻提出要求。

③ 与机车车辆防雷的配合。在接触轨施工中，通过采用合适的防雷措施，能够有效提升列车防雷效果。通过对感应雷的发生原理进行分析可知，走行轨的原材料为金属，容易受到雷击灾害影响，一般可每隔 300m 对走行轨安装避雷器，以提升电动车组、回流系统和钢轨的电位防护效果。同时，也应结合实际需要对列车车身采取有效的防雷措施。

（3）接地线。

从理论上来说，接地线不仅能够充分起到保证安全和保护电路的重要作用，同时还能够有效降低电路杂散源和电流对周围电路结构的不良影响。目前在实际的电力应用中还没有出现过因雷电绝缘子元件泄漏或因雷电闪络而跳闸导致电力供电控制系统发生跳闸的异常现象。因使用架空线或地面电线而跳闸引起的电力变电所发生跳闸，可能主要是发生雷电等事故引起的。

对于一个接触轨缘子系统来说，加强其内部接触轨的碰击绝缘保护性能，提高其接触绝缘性能等级，是目前保障整个接触轨缘子系统安全的一个重要措施。如果建设另外一条碰触接地线，那么既可能大大增加系统建设的成本，又很容易把接触绝缘子系统中的一些泄漏气体通过这条接地线牵引到其他一些公共场所，从而直接危害其安全。小型接地线的连接位置被直接固定安装在一个较为整体的电路基上，这样有利于对那些杂散的大电流电路进行安全防护，从而大幅增大整个排流管和横梁的截面。列车在正线上可以直接使用设置对向交叉口的接地线，但在弯道行驶时，出于安全性考虑，应该尽量杜绝在交叉口上方设置金属接触线或铁丝接地线。

（4）警示灯。

接触轨道隔离开关上安装警示灯，可以在发生危险事故时发出警示。

① 警示灯光源选择。警示灯光源应尽量选择原色光，也可选择与原色光相对应的光，进而发生反衬作用，另外，还可选择补色光。在对比色中，三原色的对比效果比较明显，有利于发挥警示灯的警示作用。

接触轨警示灯的设计应注意与警灯及信号灯进行区分，避免在警示灯亮时诱发误操作。在警示灯光源设计中，橘色搭配紫色、黄色搭配青色可发挥良好的警示作用。

② 警示灯灯具的选择。警示灯灯具类型的选择应综合考虑使用成本、防水性能、节能环保性能、光学特性等。其中，LED 灯具比较常用。与常规灯具相比，LED 灯具的使用寿命比较长、体积小、节能环保效益比较高，在实际应用中具有可控性，但是 LED 灯具的散热性能较差，并且成本比较高。因此，城市轨道交通警示灯的选用，在区间内及库内，可使用 LED 警示灯；而在场外环境中，应推广使用防爆警示灯。

③ 警示灯灯具的安装位置。警示灯应尽量与隔离开关联合安装。如果需要单独安装警示灯，则应综合考虑施工现场的实际情况后进行调整。在选择接触轨警示灯的安装位置时，应满足以下条件：第一，便于对灯具安装位置进行观察；第二，便于对灯具进行检修维护；第三，与电源的距离较短；第四，安装高度较高。

（5）接触轨围蔽。

在正线区间中，如果接触轨处于带电状态，则应禁止所有人员进入，避免造成人员伤亡事故，对此，需对正线区间的接触轨合理安装围蔽设备。对车辆段地铁的检修维护，也应针对接触轨设置围蔽设备。

在地铁运行维护检修中，只有采取有效的接触轨围蔽措施，才能够保障相关工作人员的生命安全。按照地铁维修管理中对于接触轨围蔽的需求不同，可将其分为固定围蔽和移动围蔽两种类型。轨道咽喉区、试车线、出入段线、洗车线等区域，可安装固定围蔽设施。移动式围蔽可分为两种类型：一种专门应用于库内，可采用警戒分隔带设置方式；另一种可应用于咽喉区，采用防护挡板。

（6）防护挡板。

防护挡板在实际使用中，可能会与带电区直接接触，存在较大风险隐患，所以应尽量选择绝缘材料。从使用位置和移动的特点来说，防护挡板是一种较为便携的工具，所以挡板本身应该轻便且牢固耐用。另外，防护遮盖物的挡板也要求有足够的延伸长度，以扩大防护的范围。

从上述功能需求可得如下结论：防护挡板可采用玻璃钢制品或绝缘塑胶板材料制作，为便于携带且有足够延伸长度，宜设计成可折叠或可拆卸形式。接触轨防护挡板能就近固定在接触轨防护罩或支撑物上，其安装不具有带电操作的风险，操作人员即便疏忽拆除也不会危及行车，且防护挡板要有足够韧性，不易破损。

4.1.5 触电事故防护技术

触电事故可划分为两种类型：直接接触触电和间接接触触电。电气设备运行状态不同，触电事故类型差异也比较大，因而防护措施也各不相同。

1. 直接接触触电的防护

直接接触触电是指人体接触到处于带电状态的导体而发生的触电事故，可采用以下措施进行防护。

（1）安全电压。安全电压指的是对人健康安全不会构成威胁的电压。为避免触电事故对人体造成损伤，需合理设置安全电压，保证当人体处于多种环境条件时，即使接触到带电体，也不会受到损害。

（2）绝缘。采用适宜的绝缘材料对带电体进行封闭处理，可保证设备处于安全稳定的运行状态，充分发挥各类设备的作用。

（3）屏护。带电体与外界环境之间可采用防护罩、箱盒、围栏等进行分离处理。配电线路及电气设备的绝缘防护可采取屏护措施。需要注意的是，高压电气设备运行条件比较特殊，无论采用何种绝缘措施，均要求联合采取屏护措施，以提高防护效果。

（4）电气安全距离。人体接近带电体，或者车辆与带电体发生碰撞，容易诱发短路故障、火灾事故等。因此，人体与带电体、带电体与地面和其他设备之间，均应保持一定的安全距离。

（5）漏电保护装置。当电气线路发生单相接地短路故障时，可形成部分剩余电流，通过利用剩余电流，即可有效切断故障线路，发挥漏电保护作用。

2. 间接接触触电的防护

电气设备在安装和运行时，外露金属部分处于不带电状态，但是如果发生漏电事故，则会形成危险电压。人们接触到电气设备外露金属，即可发生触电。其防护措施主要有保护接地、保护接零、工作接地、重复接地。

4.2 城市轨道交通通信系统和信号系统

4.2.1 城市轨道交通通信系统

为提升城市轨道交通系统运行的安全性和铁路运营的效率，实现对城市铁路运输管理的集中化和自动化，在城市轨道交通系统建设中，应充分利用计算机技术及通信技术，创建独立的控制系统，用于我国城市轨道交通系统的各个主要职能部门之间进行机连接、相互建立联系，以及指挥铁路行车的自动调度。城市轨道交通网络对信息通信的基本需求是能够快捷、准确、可靠地向公众提供各种各样的交通信息。比如，将各站的每日旅客发送流量、沿线车站列车的正常运营状态等各种相关信息及时准确地传递上报给列车调度所，并将各站列车调度所向乘客发布的各种列车调度执行命令以及各种调度相关的安全控制管理信号传送给各个沿线车站的执行工作单位和相关组织工作人员，这样才能够真正有效地使城市轨道交通始终保持有条不紊的运营状态。

城市轨道交通通信系统（图 4.7）主要用于对运输进行集中、统一指挥，实现行车调度管理自动化及列车操作自动化，能有效提升运输效率。通信系统就是一个既能够进行语音信息的传输，又能够进行文字、数据及图像等多种信息传递的综合性业务型数字通信网。

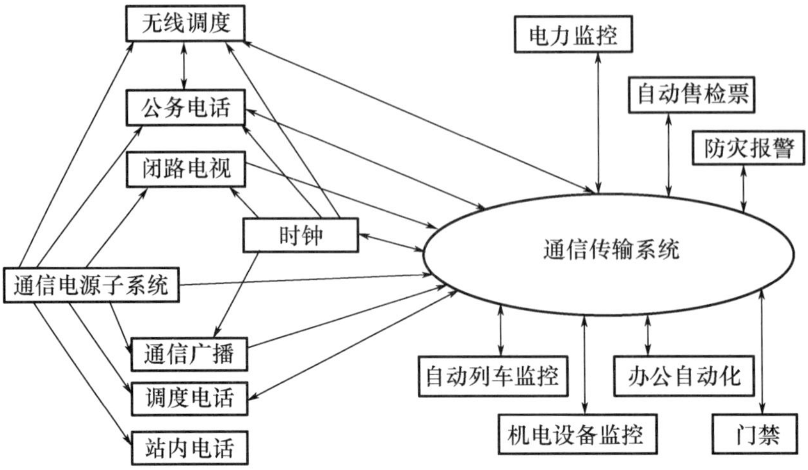

图 4.7　城市轨道交通通信系统

1. 通信传输系统

城市轨道交通通信系统包含多个子系统，同时沿线车站数量又比较多，为保证各个子系统及车站之间信息传递的稳定性，应充分发挥通信传输系统的重要作用，并将其作为信息交换的通道。

2. 电话系统

(1) 公务电话。

公务电话的主要设备为数字程控交换机，其连接着办公区、设备管理室、车站等电话分机，保证城市轨道交通内外通信稳定。

(2) 调度电话。

调度电话由多个设备组成，包括总机、调度台及分机等。调度电话也发挥通信作用。在列车运营管理、电力系统运行及应急救灾中，均可使用调度电话进行通信，促进调度运行效率的提升。

3. 无线调度系统

无线调度系统分为两种形式，即专用频道方式和集群方式。在列车调度运行及司机通信中，均应使用无线调度系统。同时，在列车运维检修中，作业人员及应急抢修人员也可使用无线调度系统进行通信。

4. 闭路电视监控系统

在城市轨道交通系统运行中，通过查看闭路电视监控系统，可以及时了解列车运行情况，有利于工作人员了解车站各个部位的安全情况、客流量、列车门开启情况等。合理利用闭路电视监控系统，有利于提升城市轨道交通的运营效率。

5. 广播系统

广播系统是城市轨道交通运营行车组织的必要手段，它的主要作用有：在站厅、站台、列车车厢对乘客广播，通知列车到站、离站、线路换乘、时间表变更、列车误点、安全状况等；播放音乐以改善候车环境；在突发或紧急情况下播放防灾广播，组织指挥事故抢险，提高应急响应能力；在办公区、站台、站厅、运用库、段内道岔群附近、人行道对运营人员广播，发布有关通知信息。

6. 时钟系统

时钟系统的主要作用在于保证城市轨道交通准时运营，为乘客提供优质服务，同时保证全线设备时间统一。在系统的实际应用中，可应用 GPS 时间标准。

7. 商用通信系统

商用通信系统的主要作用是在地铁内为旅客提供无线通信服务、网络服务等，具体包括 GPRS 上网、联通 GSM、CDMA 等。

4.2.2 城市轨道交通信号系统

1. 信号系统的组成

城市轨道交通信号系统组成如图 4.8 所示，其核心组成为列车自动控制系统。列车自动控制系统由多个子系统组成，包括列车自动防护系统、列车自动驾驶系统、列车自动监控系统及计算机联锁系统。在列车自动控制系统的实际应用中，多个子系统之间相互作用，可将地面控制与列车上控制进行有效结合，同时还可将现地控制和中央控制进行有效结合，提升列车自动控制系统的自动化控制水平。城市轨道交通系统控制技术不断创新，列车自动控制系统也越来越完善，在列车运行中发挥着十分重要的作用。

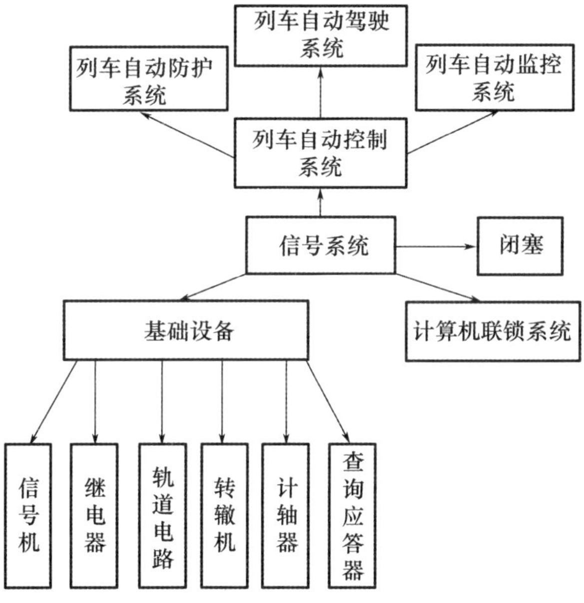

图 4.8　城市轨道交通信号系统组成

信号系统主要有两大功能：对列车运行过程进行指挥调度，以及对列车运行情况进行有效控制。信号系统的运行效果会对城市轨道交通运营效率和服务质量产生直接影响，是保证列车运行安全和乘客人身安全的关键。

2. 行车信号基础

(1) 行车信号基本知识。

① 信号的概念与作用。

城市轨道交通声光电信号系统泛指特定的器具发出的各种声光电信号。在列车运行和调车过程中，均需以指令作为重要依据。通过对指令内容进行分析，既可了解指挥者的真实想法，同时还可展现出列车运行状态及各类基础设施的具体位置等。信号设备是一种能够实现信号特定含义的装置。

道路运输、航海运输、航空运输等都必须采用统一规范的专业信号技术来保证运输的安全性和可靠性。先进的信息高速公路同样需要采取相关技术规范和标准的制约方式来实现信息的迅速快捷传输。信号技术是我们实现并保障各种交通运输系统正常运行的最主要工具和技术手段。在城市轨道交通运营过程中，有关操作人员必须严格遵守信号提示的要求和方式，任何一个单位或者个人都不允许违反，任何违反信号提示的操作都会带来十分严重的后果及无法挽回的经济损失。

② 信号的基本类型。

根据器官感受的区别可将信号划分为两种类型，即视觉信号和听觉信号。根据信号的可移动性可将信号分为三种类型，即固定信号、手信号及移动信号。根据信号的使用功能可将信号划分为两种类型，即信号表示器和信号机。

(2) 视觉信号。

在城市轨道交通运营中，信号设备类型较多，其中色灯信号机最为常见，其可安装在列车的各个位置，为列车运行提供指挥信号。正线使用状态时可采用两种色灯信号机：一种为防护信号机，另一种为阻挡信号机。如果色灯信号机的使用环境为基地内，则色灯信号机的作用在于对基地调车作业、转线作业等提供警示。

(3) 听觉信号。

在日常的车辆行车运输操作中，各个作业工种相互之间有时无法通过口头、电话和其他工种的视觉信号、声音信号来直接取得联系，因此这些工种必须首先充分地考虑使用听觉信号传输来保证车辆之间的网络连接和信息联络，维持车辆日常的活动连续性、工作安全性，并保证效率。

(4) 手信号。

手信号是列车运行控制系统的重要信号和显示器。在列车的运行管理实践中，往往需要使用手信号来表示或者传达与列车运行安全相关的各种行车指示和命令。工作人员可在手臂上固定信号灯、信号旗，为乘客及列车工作人员发出信号。手信号与列车的运行安全有着紧密的联系。

(5) 行车标识。

轨道交通在运行过程中的相关行车标识可以划分为两种类型：线路标识与信号显示。在列车运行过程中，司机需仔细观察行车标识，据此调整列车驾驶状态。同时，在列车设备巡检维护中，也应参考行车标识。

4.2.3 通信系统和信号系统的危险及有害因素分析

(1) 如果系统处于失灵状态，则会严重危害行车安全。造成系统失灵的原因主要包括以下几点。

① 电机在牵引过程中，可产生电磁波、迷流、静电等，会对系统设备造成损害，导致系统出现故障，最终导致信号丢失。

② 如果地铁建设区域降雨天气比较常见，则当发生强降雨或者降雨持续天数比较多时，空气湿度较大，电子元件受潮或者被雨水侵蚀，易造成设备损坏。另外，当环境温度变化过大时，也会造成电气元件的运行参数和结构等发生变化，对设备运行状态带来不良影响。

③ 在列车运行过程中，如果弱电设备振动幅度比较大，则会造成接点脱落、插件松动及部件损坏等。

（2）系统硬件设备对于系统运行环境的影响主要体现在以下几点。

① 系统中硬件设备比较多，如果硬件设备质量比较差，或者使用性能不稳定，则会造成硬件设备使用年限缩短，同时抗干扰能力也会逐渐降低，容易导致系统内部设备在正常运行管理过程中性能发生严重故障或系统受到严重破坏，轻则造成当时车站与轨道控制系统中心之间失去正常通信网络连接，重则直接危害整个城市轨道交通通信网运行的稳定性。

② 在城市轨道交通系统中，通信系统、信号系统是由多种电子设备及计算机设备组成的。电子元件及各类设备在实际应用中，如果散热效果比较差，或者线路老化、设备故障，则容易造成火灾事故。

③ 系统设备对于接地的要求比较高，如果系统设备的运行环境比较差，则会对设备通信功能造成不良影响，甚至造成元器件损坏，进而导致通信系统、信号系统发生故障，甚至危害列车工作人员及乘客的人身安全。

④ 在系统设备安装中，如果线路布置不合理，则在后续运行中容易发生线路故障。

⑤ 隧道中的托板架，如果安装得侵入设备界限，或者超过列车限界，则会造成通信系统设备损坏。

（3）人为因素造成系统故障，会对列车运行的安全性构成如下危害。

① 在系统运行中操作不合理，导致系统设备损坏。

② 在系统运行前，没有进行全面细致的检测和调试运行，在实际运行中会暴露出很多不足。

4.2.4　通信系统和信号系统的安全性

在通信系统及信号系统的设计中，需采用适宜的安全防护措施。

1. 通信系统

（1）系统传输能力要求。

城市轨道交通各项信息的传递都需要依托一个大容量、小成本、高标准化、高可靠度的通信传输技术。为了能够对城市轨道交通各类子系统及设备进行维护和管理，提高信号的传递效率，可利用光纤通信技术创建完善的数据传送系统网络。

（2）自愈性要求。

① 在系统设计中，应提高网络的自愈性；在通信系统中，光缆线路、传输设备均十

分重要；在安全防护中，需采用备份保护措施及故障自动化切换措施；而对于系统各类设备及网络，需应用热备冗余配置方案。

② 在传输系统设计中，首先需保证网络运行的安全性，为此，城市轨道交通控制中心、各个车站、停车场及车辆基地均需安装信号传输设备，在隧道两侧安装光缆，组合形成完善的自愈环网，保证信号传递的稳定性和安全性。

（3）应急手段要求。

① 在各个车站及车辆段控制室中，需安装电话分机，以便在发生火灾事故、设备损坏故障时进行通信。在公务电话通信网设计中，对于程控电话应设置特种业务呼叫转接功能，比如，在接通 119、110 后与公众电信网进行连接，同时还可对电话进行跟踪管理。

② 在地铁系统设计中，采用网络技术、计算机技术设计无线通信系统，为车站工作人员提供无线通信功能，并丰富呼叫方式，包括选呼叫、组呼叫等；另外，还应具备数据存储功能、监视功能。地下城网、公安无线系统以及消防调度系统等，均可引入至地下环境中，当出现突发事故时，即可快速实施应对策略。

（4）系统保障要求。

在地铁沿线，需安装各类管线，包括光缆、电缆等。管线应选择防腐性能较好的材料，同时加强施工质量控制。在地铁中安装光缆无须应用屏蔽地线，但是应在两侧接头安装金属护套，以保证绝缘性能。

① 通信系统的电源管理设备必须完全满足所有通信电源设备对系统电源的各种特征性能要求，必须保证它们都是独立的集中供电管理设备，并且它们都必须具有集中供电监测和自动管理的供电功能，保证所有通信电源设备的不间断、没有任何瞬变的连续供电。地铁的回路通信机房设备一般应按一级或二次的大负荷交流运行方式供电。在移动通信电子设备的供电中，可采用不间断电源组件，供电时间可持续 4 小时以上。

② 在通信设备接地系统设计中，不仅应保证各类通信设备能够稳定运行，同时还应避免对操作人员构成危害。为此，城市轨道交通系统控制中心、停车场、车辆基地及各个车站均应安装接地装置，接地电阻应控制在 1Ω 以内，还可根据实际需要联合应用反屏蔽接地模式。

2. 信号系统

（1）对于系统结构形式和完整性的要求。

① 若采用 ATC 闭环系统，则列车在运行过程中，能够实现无人驾驶，且列车运行能实现自动化控制及超速防护。

② 在城市轨道交通建设中，系统设备按照安装位置和功能不同可划分为四种：控制中心系统、车站及轨旁系统、车载设备系统和车辆段及停车场系统。各个系统之间相互结合，共同运行，即可对列车运行进行有效控制，同时还可将现地控制和中央控制进行有效结合。

③ 城市轨道交通信号系统 ATC 制式类型比较多，常见有固定封闭、手指移动封闭及准移动封闭。如果采用固定封闭或者准移动封闭制式，则轨道电路、信标均是十分重要的媒体，可保证列车正常通信，但是无法同时实现连续的列车到地通信，因而在地面上无法连续、实时了解到列车和设备在运行过程中的各种情况，也就是说，无法同时实现对地面

所有列车运行情况进行监控，不利于及时掌握列车运行安全性。对此，为创建完善的交通网络，应推广应用信号传输技术，比如，可安装无线式移动 ATC 闭环系统。

（2）“故障-安全”原则。

① 在列车运行过程中，为保证各类设备运行的安全性和稳定性，必须严格遵循“故障-安全”的原则。如果列车中各类信号设备出现安全隐患或者失效，则应及时采取措施，对损失进行有效控制。

常见措施包括：采用各类联锁措施、闭塞技术等，对人为操作失误造成的不良影响进行有效控制；采用降级技术快速实现故障复原；如果电源发生故障，则应充分发挥应急顶替技术的作用，如采用蓄电池供电方式，进而实现持续供电；采用各类监测技术、报警技术及预防性养护技术；针对多重设备，可应用冗余技术类型；各类设备降额使用。

② 列车运行环境比较特殊，因此对于各类系统设计技术的要求比较高。在具体的系统设计中，应创建多层次后备升降模型。如果信号系统出现异常情况，则控制电压等级必须严格地遵循下一个降级阶段的运行，以保证列车运行的稳定性。安全系统在应用前，首先需进行严格的等级检测，并且获得资格审核认证，然后才能正式投入实际运行。

③ 在 ATC 闭环系统的控制区域中，无论采用限制模式还是非限制模式，均必须联合采取多种技术措施，包括破铅封、特殊控制指令授权技术等。

④ 列车在运行中，可能会发生自动暂停事故，主要是 ATP 系统为了实现最高的安全控制规范而采取了措施。高速列车通信异常中断，对所有列车旅客进行非常规、可预期的高速移动（其中包括列车旅客可能退行），列车不能使用完整化控制电路板的中断，列车可能超速（其中包括临时紧急限速），车载控制装置可能发生严重故障等，都应该及时紧急刹止以保障列车安全。对于所有车站的月台及控制室，均要求合理设置紧急开启按钮；车站控制室应安装后备控制盘，后备控制盘不仅可发挥监测功能，还可发挥紧急处置功能，如果列车运行中出现重大紧急事故，则后备控制盘可进行自动化控制。

⑤ ATO 闭环系统应处于 ATP 系统的防护作用下，进而实现列车自动化驾驶，并可根据实际情况对运行状态进行调整。ATO 闭环系统可对各个站台屏蔽门动作进行控制。ATO 闭环系统的定点停车误差，应控制在 0.25m 以内，以避免危害车站工作人员及乘客的人身安全。

（3）系统保障要求。

① 信号系统的设备类型比较多，为保证信号系统运行的稳定性，要求保证能对设备持续供电，对此，可应用综合不间断电源设备进行供电。对于列车上的各类设备，可采用直流电源进行供电。

② 如果列车在运行过程中发生火灾事故，则各类电缆管线会迅速被点燃，同时会在通道中产生大量烟雾，人员逃生难度较大，且信号无法传输。为保证信号能稳定传输，在设计信号系统线路时，应注意采用阻燃性及防腐性较好的电缆材料。安装地面电缆可采用直埋施工方式。

③ 列车在高架上或者在地面上运行时，需应用各类室外信号设备，而这类信号设备处于户外环境中，易受到雷击影响。对此，对各类信号设备应采取有效的防雷措施。比如，在信号设备线路安装中，可采用屏蔽电线、防雷电线等；在信号设备接地方面，可应用综合接地系统；信号设备室应与主接地板进行连接。对于车载信号设备，在地线安装

中，应经过列车接地装置，然后接地。在城市轨道交通运行控制中心、车辆基地、停车场等，均需应用信号系统；对于信号系统地线，应采用综合接地系统进行安装。

4.2.5 通信设备及信号设备运营用房的安全性

通信设备及信号设备必须在安全、稳定的环境下运行，这样有利于对各类设备进行维护和检修，同时可显著降低通信设备及信号设备的运营管理成本。

（1）在设备运营用房管理中，常见问题主要如下。

① 如果设备运营用房环境管理不当，没有满足相关规定，则很有可能会出现粉尘、潮湿、静电、火灾等危害。

② 无线通信设备在使用中，可能会出现超负荷操作，或者在后续使用中要求进行扩容，或者安全配套设备不符合实际需要。

③ 非自然原因给建筑物带来损失，比如设备误操作、人为损坏设备等。

（2）针对设备运营用房管理中的常见问题，可采用以下技术措施进行控制。

① 合理安排设备运营用房的地理位置，保证能够充分做到线路设施配置经济合理、运行安全，并且充分考虑是否能够预留公共交通运营过程中的时间间隙，同时满足公交线路未来延期的实际需要。

② 设备运营用房中的设备类型比较多，需应用多种安全防护技术，包括各类元器件设备防潮技术、防火技术、防静电技术等。同时还应注意，在设备运营用房中应安装通风空调系统，一旦发生火灾，通风机能快速运行，保证设备运营用房内部通风良好。

③ 在设备运营用房中安装火灾报警探测设备及自动灭火设备。

④ 定期对设备运营用房进行全面清理。

4.3 城市轨道交通环境控制系统

4.3.1 城市轨道交通的环境特点及环控基本要求

1. 环境特点

（1）地下交通轨道高速铁路的旅客车站和小型列车区间运行隧道除了在出入口等很小的重要部位与外界互相进行连接外，基本上与外界隔绝，只有充分利用人工的各种气候环境条件因素来进行设计，才能够真正充分满足乘客的出行需求。

（2）列车的各种装置正常运行以及高度密集的乘客都会释放出大量热量，随着环境温度的不断提升，乘客乘车舒适度也会受到影响。

（3）地层可以发挥保温蓄热作用，因此，在列车运行过程中，运输系统内部的温室气体和地下水流动的温度很有可能会逐渐上涨或逐渐下降。如果地层处理不好，则很有可能会对远期城区地铁运输系统及其周围环境性能产生不良影响。

（4）车站内高度密集的乘客群体会释放出大量二氧化碳，进而影响车站内空气环境。如果不能采取有效的环境治理技术措施，快速排出车站内的废气，则很可能会导致整个车站内部的空气变得非常污浊。

(5) 列车的地下轨道是一个狭长且封闭的建筑物，列车和各种装置在运行时产生的振动和噪声不易被彻底消除，对乘客的健康影响也比较严重。

(6) 地铁列车正常高速行驶过程中可能产生"活塞效应"，若不能及时得到合理解决，则可能会严重干扰整个地铁车站的车外空调和车内气流组织，使乘客感到不舒适，并严重地影响整个车站的正常运行。

(7) 室内发生重大建筑安全事故尤其是重大火灾事故，将会直接造成室内环境严重恶化。

2. 环控基本要求

地铁的环控系统应能够对车站运行环境进行有效控制，为车站工作人员提供良好的工作环境，并能改善乘客的乘车体验。同时，一旦发生危急事件，地铁的环控系统应能够帮助乘客摆脱危险，尽量降低风险事故造成的损失。环控系统的实际应用，要求做到以下几点。

(1) 随着列车运行季节、气候的不断变化，要求根据实际情况利用环控系统调节车内温度，同时有效地监测、分析和控制列车内部的空气质量、气压变化情况、噪声等。

(2) 如果列车处于高速阻塞运行状态，则环控系统应能够为列车车厢提供充足的新鲜空气，保证中央空调机正常运行，避免给乘客造成不适感。

(3) 如果出现危急事故，则环控系统应对车厢内排烟、散热过程进行调节控制，为乘客的疏散及其他救援工作人员的进出开辟安全通道。

地铁环控的方式多种多样，不同的地区和城市，其自身的气候状况、室外空间的温湿度也有一定的差别，所以选择环控系统时应该根据其客观状况、工程造价、运营效果三方面综合考虑。

4.3.2 城市轨道交通环控系统的组成及功能

1. 区间隧道通风系统

区间隧道通风系统对区间隧道内列车的通风换气起着十分重要的作用。如果列车在运行中突发火灾，区间隧道通风系统还能够发挥自动报警功能。区间隧道通风系统在实际运行中，主要靠通风来降低隧道内的空气温度。地铁站两端均需安装事故风机，当列车在夜间运行或处于停运状态后，区间隧道通风系统能够对隧道内送风，还能发挥排风作用，进而对区段内部的空气温度进行有效控制。另外，列车在运行时会产生大量活塞风，区间隧道通风系统能够将活塞风送至活塞风道中，再通过地面风亭排出。与此同时，区间隧道通风系统还能够有效吸收外界环境中温度比较低的空气，保证隧道内的通风效果。

2. 车站隧道通风系统

车站隧道通风系统是一个十分重要的通风、防排烟系统，当列车停靠后，能够实现屏蔽门侧正常通风。

在列车正常运行状态下，区间隧道中的所有排热风机均处于关闭状态，列车在运行中会产生大量活塞风，通过利用活塞风，即可实现空气交换。当列车处于停运状态时，打开通风机及排热风机，即可达到空气交换的目的。

列车运行中的故障状态可分为两种。

列车阻塞发生在站内：此时为保证通风效果，要求及时打开通风机及电动机组合风门，促进排气量的增加，并进行空气交换。

列车阻塞发生在区间道内：此时应迅速打开区间两端位置的通风机及电动组合风门，对隧道区间内部强制进行空气交换。

3. 大系统

大系统又称公共区空调通风环控系统。在车站、站台公共区中，大系统是十分重要的通风排烟系统。

通常情况下，在环控送风系统运行时，大系统可对中央空气系统中的进入新风、送风、回风，以及混合气中新风的空气温度、湿度及空气中二氧化碳的浓度等相关信号数据进行检测，据此实时自动调节中央空调送风机组的空气回水量和管道，并且自动控制电动机风阀的起动开关及控制风机正常起动时的暂停。

4. 小系统

小系统属于独立的系统，其运行方式简单。在设备使用区及管理服务区均可采用车站空调通风小系统来保证通风效果。通常情况下，排风机的送风量及排风量一般不会随着季节的变化而变化。但是，如果突发火灾，则小系统即可根据已设定的程序进行调节。

5. 水系统

水系统是指为大系统和小系统提供冷源的一套系统。水系统由集水器、冷却泵、冷水机组、分水器等组成，可采用连接管线和阀门进行连接。在冷却泵运行控制中，首先需对冷凝器的进水间及回水间的温差进行检测，据此对进水间和回水间的温差进行调节和控制。

在典型地铁车站环控的大系统安装中，需应用四台组合式空调机、四台回排风机及两台全新风机。在小系统安装中，需结合实际情况应用多台小型空调机、排风机。另外，在大系统和小系统之间，需联合应用两台冷水机组。当大系统处于运行状态时，需开启空调机及排风机，而小系统处于全天运行状态，在进入空调季后，冷水机组需 24 小时运行。

4.3.3 通风系统、排烟系统因素

城市轨道交通系统如果存在隐患，如通风系统的管理有所欠缺，以及通风亭、廊道设置得不合理，会严重阻碍其他通风系统的正常运行。

排烟系统对于轨道交通系统安全和运营来说也相当重要，一旦地下隧道突发火灾，火势会扩散得非常迅速，而且积累着的高温浓烟也很难完全被排除，还可能会在隧道及站内蔓延，给乘客、工作人员及抢险救助者带来巨大的困难，这些都严重威胁到了乘客和工作人员的财产和生命安全。

4.3.4 严格通风系统和空调系统管理制度，提高设备安全管理水平

1. 严格实行操作证制度

工作人员若错误操作，则会直接导致各种安全事故的发生，因此设备的操作人员在进

行设备操作之前，需经过系统性训练，学习先进的专业技术，并通过考核，获得操作证。如果操作人员没有获得操作证，则不能实施相关操作。若设备操作人员有变更，则应及时办理变更手续。另外，设备操作证需进行定期检查和复核。

2. 严格实行预防性维护制度

预防性维护泛指在尚未出现或者发生任何故障之前就已经对设备进行修复，清除所有设备的零部件或者单元模块上存在的缺陷和安全隐患的一种修复模式。预防性维护主要包含日常养护及定期检查。相关工作人员必须根据规程的要求认真做好日常设备的保养，对各类设备进行维护管理，确保其处于稳定运行状态。同时，在设备具体的运行过程中，必须按操作规程严格执行，仔细观察设备的运转状态，发现设备不正常应立即关闭并进行处理。设备运行一段时间后，应进行定期检修，查找隐患并消除。

3. 坚持定期检查保养制度

组织人员定期对运营线路和车站的各项设备使用情况、运行状态、保养维修情况等进行检查，发现问题及时解决。对设备发生的惯性故障、重大缺陷，存在的严重隐患，要集中力量进行整治。

4. 保持良好的设备使用环境

设备在运行中所处的环境比较复杂，而环境因素会对设备使用的安全性产生较大影响。因此，应做到以下几点。第一，在设备安装过程中，必须保证安装的牢固性和稳定性；第二，在选择安装位置时，应确保有可正常通行的行走通道，一旦出现意外事故，可快速撤离；第三，在设备使用中，应定期对设备使用环境进行清理，避免杂物堆积。

5. 加快设备技术的改造更新

对于运营中安全性能低、运营可靠性较差的设备，应当进行技术改造，确保其安全可靠。企业必须严格遵守国家有关法律法规的限制性要求，对于明文要求淘汰的产品和设备坚决不予投入使用，同时针对设备存在安全隐患较多、维护难度大、技术落后等问题进行研究，及时报废与更新设备，防止设备“带病”运行从而导致事故的发生。

4.4 城市轨道交通给排水系统

4.4.1 地铁车站给排水系统的组成及功能

1. 地铁车站给水系统的功能

地铁的生产、消防、人防工程等方面，均需使用大量水资源。对此，可利用地铁车站给水系统供水。

生产用水包括空调冷冻机循环用水、冷却后的循环用水系统的补充用水。生活用水主要包括各个车站的茶水间等饮用水。消防灭火用水主要是指灭火栓的消防用水。人防工程用水是指地铁建筑工程除了在平常情况下被作为重要交通枢纽外，其作为地下工程也同时兼具了人防工程的性质，在战时地下工程可以用来作为掩蔽人员的场所，在给水工程中亦应该充分考虑对其提出的相关人防需求。

2. 地铁车站排水系统的功能

在地铁运行中会产生大量生产污水和生活污水，在灭火救援中也会产生消防废水。车站废水来源较多，通过应用排水系统，即可有效排出污水。

4.4.2 地铁车站给水系统

1. 水源

通常情况下，地铁车站主要建设在城区范围内，周边市政给排水管网完善，车站供水可直接应用市政自来水。

在将市政管网工程水资源引入车站后，在车站中需对供水管网进行合理规划设计，进而形成环状管网。另外，消防给水系统在站内应呈环状布置。

2. 生产生活给水系统的组成及功能

生产生活给水系统由水源、管道、阀门、水泵等组成。其功能是满足车站生产生活用水对水量、水质和水压的要求。

地铁站内的消防生活专用给水线的管网全部采用独立的内部消防生活供水系统。一般的生活给水资源引入管都可以从一个风井里直接输送引入的水到一个车站。如果一个大型车站的生活给水管线长度很短，可分别从两端各引入一根给水管道：一根可提供生产用水，另一根可提供生活用水；再将水管接入至车站中。两根管道均需安装在风井中，并与车站两端的主要用户和水源引入地点进行连接，这样就能够不经过公共住宅小区而将生活给水管线的一端直接将水引至另一端，站内的生活给水管风道长度就同样会随之缩短很多，既避免了不必要的水资源浪费，又大大减少了与站内其他给水管线之间的用水交错。

车站用于生产生活的给水设施主要有站房卫生间、开水间、环控处理机房、冷冻式火力发电处理机房、冷却塔、污水和废水处理泵房的污物冲洗处理用水，以及位于公共服务小区站房两端入口处的污水冲洗处理用水栓。

3. 消防给水系统的组成及功能

消防给水系统由水源、管道、阀门、消防水泵等组成。消防给水系统不仅能够为车站提供消防用水，还可为相邻区间提供消防用水。消防栓能为消防车提供水源。根据环境条件，消防栓有地上式、地下式及墙壁式三种。在水泵接合器安装中，可采用消防栓给水管网，将其一端引至室外环境中；而另一端为井口，则能够为移动水泵站供水。发生断电事故，或者消防水泵出现故障时，消防给水系统依然能够保证为车站提供消防用水。

车站的消防干管布置呈环状，并与区间消防管网连接。按消防要求，车站两条与市政供水管网连接的引水管上应安装闸阀。在安装水表前，需进行室外消防栓安装。区间消防管道两端需安装电动蝶阀旁路及手动蝶阀旁路。通常情况下，电动蝶阀处于关闭状态，手动蝶阀则可开启2%。区间发生火灾时，在机电设备监控系统的控制下，应能够迅速开启电动蝶阀，并提供消防用水。

4.4.3　地铁车站排水系统

对于雨水及车站、区间运营中所产生的废水，依照就近原则，可通过排水管道排入市政排水系统中进行集中处理。污水处理达标后，即可排放至外界环境中。在地下车站及区间中，均需安装多个泵房，包括废水泵房、雨水泵房及污水泵房。

1. 污水排放系统。

车站污水排放系统由集水井、压力井及化粪池等组成。车站内的厕所、茶水间及盥洗室每日均会产生大量生活污水，通过排水管道，将污水汇聚至集水井中；再利用潜水泵，将污水提升至压力井中；经过化粪池处理后，即可将污水排放至市政污水管网中。在污水排放过程中，压力井是十分重要的消能设备。化粪池应选用国标 4 号化粪池。

2. 废水排放系统。

车站废水排放系统由集水井及压力井等组成。对于车站消防用水及隧道工程结构性漏水，可经过排水管道汇聚至集水池中；再利用潜水泵，将污水提升至压力井中，排入城市污水管网。废水排放系统需安装在区间隧道中；泵房则应规划建设在区间隧道的最低位置；废水泵房需设置在隧道工程外侧。

3. 雨水排放系统。

雨水排放系统的组成和功能基本上和废水排放系统相同。

4.4.4　给排水系统因素

如果城市轨道交通车站内部或者轨道沿线各类管道的绝缘性能及防腐性能比较差，则容易发生泄漏问题。在隧道工程排水系统规划建设中，如果防水等级比较低，或者系统设备存在质量隐患，则容易造成地表水侵入隧道。如果地面车站地坪高度比较低，无法满足洪水设防要求，或者排水系统规划不合理，则在强降雨季节排水量较大时，容易引发洪灾。如果各类污水、废水排放管理不当，则会对列车运营环境造成不良影响。

4.5　城市轨道交通消防安全管理

4.5.1　城市轨道交通消防安全管理工作的内容

城市轨道交通的消防安全管理体制是在当地政府统一领导组织和统筹协调下，建立并实施的由当地政府及有关主管部门（主要包括城市公安、消防）、经营性事业单位及其所属供电、通信、供水、健康、医疗等事业单位紧密协调联合、运行高效、划分清晰的消防报警应急、监测和消防抢险的应急救助管理机制。它要求相关单位按照现行的国家有关消防安全法律法规及条例，依法落实安全技术生产监督管理主体责任制；结合实际研究拟订本单位和各个部门之间的消防灭火及火灾应急危险疏散工作预案，定期及时组织人员开展灭火演练，增强先期的灭火应急疏散措施和危险处置反应能力；贯彻“预防为主、防消结合”的城市消防工作总体思路和防治方针，建立健全高效科学的城市消防设施安全管理体制，保障城市轨道交通的安全和正常运营；按照现行的国家有关消防法律法规、技术标准的具体要求来合理配置必需的各种消防设备、器材，选择先进、可靠的消防减灾灭火技术装备、器材；根据现行的国家有关消防法律法规及其专业技术标准操作规范，设置用于防范火灾、水淹、风灾、冰雪、地震、雷击及发生停车碰撞事件等的各种防灾救护装备。

4.5.2 城市轨道交通消防安全管理措施

城市轨道交通运营管理部门应结合运营特点建立健全完善的消防安全管控制度，配备所需应用的消防设备，合理组织消防工作人员值班规划，组织工作人员定期参加消防知识宣传培训，制订完善的消防应急预案，并定期进行演练等。

在消防安全管理中，应坚持“以防为主”的原则，并定期执行以下几点。

(1)“五自查”：对火灾隐患进行自查；对疏散通道进行自查；对各类消防设备进行自查；对各类电气设备运行情况进行自查；对电气线路进行自查。

(2)“四应会”：发挥火灾报警功能；合理应用各类消防设备；在火灾发生早期及时采取有效的处理对策；掌握逃生技能。

(3)“三提示”：提示开展防火巡查；提示加强火源防控管理；提示采取有效的防火管控措施。

4.6 城市轨道交通防灾报警系统

4.6.1 火灾报警系统

城市轨道交通是一个由站点建筑连接区间隧道形成的大型运输通道，作为大容量的日常公共交通工具，每天都要运送成千上万名乘客，在城市公共交通中占有重要的位置。随着轨道交通的不断发展，社会各界对于轨道交通运行稳定性和安全性的要求不断提高，因此必须提高对轨道交通安全防控管理的重视程度，以保证工作人员及乘客的生命财产安全。

轨道交通的消防安全工作不容忽视，加强轨道交通的消防安全监督管理、完善其他消防系统设备刻不容缓。我国城市轨道交通工程建设规模日益增长，线路也越来越多，系统综合应用也越来越复杂，有线路交叉重叠，一旦发生火灾，极易酿成事故。

城市轨道交通的防灾报警系统在轨道交通自动化系统中发挥着十分重要的作用。在轨道交通运营过程中，如果突发灾害事故，防灾报警系统可快速发出防灾警报，同时，该系统还可与其他系统有效结合，确保能够符合国家消防管理规定。

防灾报警系统以火灾报警系统为基础，同时辅以水灾、地震等其他灾害的报警系统。因此，轨道交通中的防灾报警系统仍沿用火灾报警系统的英文简称 FAS。

4.6.2 火灾报警系统的组成

火灾报警系统包括车辆段、主变电站、地铁车站、控制中心等。火灾报警系统可划分为三个管理级，包括设置在运行控制中心（OCC）的中央监控管理级、车站（车站与车辆段）监控管理级、现场控制级，如图 4.9 所示。

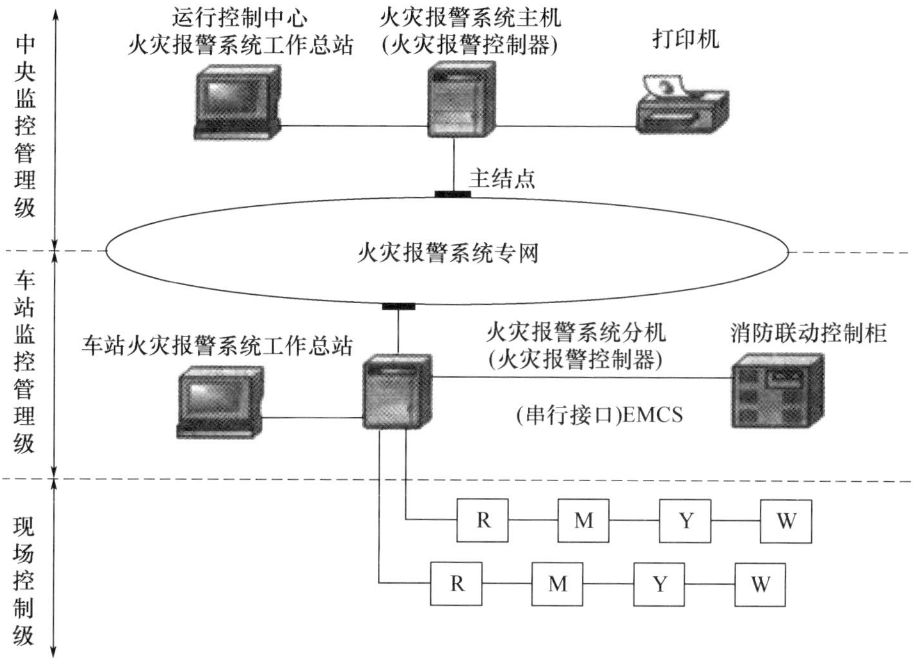

图 4.9　火灾报警系统的管理级

1. 中央监控管理级

中央监控管理级可规划设置在控制中心。在地铁消防工作中，中央监控管理级是十分重要的指挥控制中心，可对地铁全线车站、车辆段、主变电站等进行监控，同时，还可以发挥火灾报警功能、消防联动功能。运行控制中心的中央监控管理级需配备火灾报警系统主机。火灾报警系统主机由两套火灾报警控制器及两台运行控制中心火灾报警系统工作总站组成。在火灾报警系统主机及火灾报警系统专网之间，可采用专用网卡进行连接。同时，火灾报警系统主机还可作为网络节点，以保证通信的稳定性。中央监控管理级操作站需要设置打印机等外围设备，一般在运行控制中心设置火灾报警系统大屏幕或模拟显示屏，以图形的形式直观地显示全线各区域的火灾报警及故障信息，支持全线的防灾、救灾指挥。

2. 车站监控管理级和现场控制级

车站监控管理级由多个设备和功能模块组成，包括火灾报警系统分机、车站火灾报警系统工作总站、消防联动控制柜等。

车站控制室采用总线与现场设备进行连接，进而形成火灾报警系统。在列车运行过程中，一旦发生火灾，火灾报警系统分机即可发挥火灾报警功能。同时，火灾报警系统网络能够保证火灾报警控制器与控制中心操作工作站之间正常通信。在车站控制室中安装消防联动控制柜，在发生火灾后可对各类消防设备（包括风机、空调箱、消防泵等）进行手动控制。消防联动控制柜采用硬连线的方式直接连接消防设备的控制回路。

3. 火灾报警系统专网

中央监控管理级的操作工作站与车站监控管理级的火灾报警控制器之间通过火灾报警

系统专用网络接口组成火灾报警系统独立的环网。火灾报警控制器与中央操作工作站直接通信，不受其他系统网络负荷和设备故障的影响，此网络通信方式响应速度较快、安全可靠。

4.6.3 火灾报警系统的功能

地铁火灾报警系统的功能分为中央级功能和车站级功能。

1. 中央级功能

在列车运行中，如果发生火灾，则火灾报警系统中央级可发挥指挥中心功能，对列车运行全线所有车站、车辆段、变电站、停车场等进行监控，及时发出火灾报警，同时还可发挥消防联动功能。

2. 车站级功能

火灾报警系统车站级的主要作用包括监控管理、报警以及与其他系统进行联动等。

4.6.4 城市轨道交通消防安全

1. 城市轨道交通火灾的特点

地铁长期处于车站及隧道中，运行环境比较特殊。同时，在列车和车站中，乘客和各类设备均比较多，如果发生火灾且没有及时采取有效的控制措施，则造成的经济危害及人员伤亡会极其严重。主要原因如下。

（1）救援救灾工作较为艰苦。轨道交通火灾的扑救远远比地面建筑物火灾的扑救更加困难。

（2）容易造成人员窒息死亡。列车运行环境比较特殊，乘客处于相对密封的环境中，发生火灾事故时，空气中的氧气含量会显著降低。

（3）人员很难及时疏散。在城市轨道交通的地下运行空间中，乘客在这种紧急情况下很有可能惊慌，相互之间的拥挤会导致踩踏甚至人员受伤。

（4）发烟量大。当发生火灾时，如果环境中有可燃物，则发烟量显著增加。

（5）排烟排热效果较差。列车在地下隧道中运行时，热交换十分困难。

2. 城市轨道交通消防安全的危害因素

电气线路和设备出现故障，诱发火灾。在列车和车站中，电气线路、设备数量比较多，并且安装密度比较大，随着使用年限的不断增加，同时在各类环境因素、人为因素、技术因素等的影响下，可能会出现过热、过负荷等问题，进而造成线路和设备短路，最终诱发火灾。

人为操作不当，诱发火灾。工作人员在各类电气设备使用中出现误操作行为，乘客违规携带易燃易爆物品进入列车，乘客在车站中吸烟，甚至人为纵火等，都会诱发火灾。

环境控制不当，诱发火灾。列车运行环境比较特殊，比如湿度较大、温度较高、粉尘量大等。列车在运行时，隧道内空气流通性比较差，隧道内温度会显著上升；地下空间空气中的部分湿气不容易从隧道中直接排出，导致地下空间中的空气湿度不断增加；像老鼠这样的小软体动物会经常啃食地下电缆和隧道连接线。如果不及时采取有效的控制措施，则均会对电气线路、设备的绝缘防护性能造成不良影响，从而引发火灾事故。

车站在建设时可能与部分外来建筑物合建。很多车站均建设在城市的繁华地带，周边建筑工程比较多，车站往往会与地上的商务建筑合建。城市购物中心、车库等建筑工程在实际应用中均存在火灾隐患，而这类建筑工程的运营控制一般不由城市轨道交通负责，一旦管控不当，便会对列车运行的安全性造成不良影响。一旦车站内或者周边建筑工程中出现火灾、爆炸事故，则会直接影响列车和车站的安全性，对城市轨道交通车站工作人员及乘客造成严重危害。

4.6.5　火灾的应急处理

在城市轨道交通建设中，沿线车站数量和隧道工程均比较多，列车长期处于封闭状态，并且工作人员、乘客、电气线路和设备也比较多。如果发生火灾，则会造成严重危害，尤其是当列车在地下空间运行时，如果发生火灾事故，会产生大量烟雾，同时现场救援难度比较大，容易造成人员伤亡。

在城市轨道交通运行中，很多区域均存在火灾隐患。火灾事故的发生原因不同，所采取的救援措施也会有一定区别。根据调查研究，在车站、列车站台及区间中均可能发生火灾。针对各类火灾的救援措施如下。

1. 车站发生火灾时的处理措施

坚持“救人第一”的原则，及时采取有效的人员救援措施。

车站工作人员必须及时发挥指挥调度作用，播放广播，指导乘客有序疏散，如果乘客受伤，则应及时采取有效的救护措施。另外，及时向控制中心报告，如果火灾事故比较严重，并且危害性较大，则应及时拨打 119 及 120。

当发生火灾事故时，如果在火灾发生初期及时采取有效的救援措施，则可显著控制火灾危害，因此，在消防人员赶赴现场前，应积极主动地组织人员及时进行现场灭火和应急自救，同时及时安全关闭附近车站的各种自动电梯，救助现场受伤的所有地勤及乘客。消防人员全部抵达现场后，应及时采取有效的灭火救援措施，对火灾事故及其造成的危害进行有效控制。

如果车站发生火灾，则应及时通知列车驾驶员，列车驾驶员应严格依据行车调度指挥信息，利用广播系统为乘客播报相关信息。

火灾控制中心接收到报警信号后，应立即组织人员执行各个车站的火灾预防和应急工作程序，通知列车不得进入其他火灾发生的车站，保持同列车驾驶员和各个车站之间的联系，并视实际情况分别拨打 119 和 120。

2. 列车在站台发生火灾时的处理措施

列车驾驶员必须开启屏蔽门并通过列车广播的方式来安抚乘客，引导乘客及时疏散并利用列车上的灭火器进行灭火自救，并及时确认现场发生的火灾地点，向车站和交通控制中心提供报告。

车站在接到报警后，立即以电台广播方式通知乘客，列车可能发生了火灾事故，须暂停乘坐列车的服务。同时，组织工作人员对现场进行灭火及引导乘客有序疏散，并视现场的火灾状态分别拨打 119 和 120。

列车控制中心在接到警告信息后，立即启动列车灭险应急工作程序，控制好各列车之间距离，保持驾驶员和车站之间的紧密联系，并视实际情况及时拨打119和120。

3. 列车在区间（隧道）发生火灾时的处理措施

驾驶员对列车进行有效控制，尽量控制列车使之行驶至前方车站，并立即开门，列车工作人员快速引导乘客安全疏散。

当发生故障后，列车工作人员采用广播通知的形式，告知乘客注意事项，安抚乘客的情绪，同时，引导乘客正确使用各类消防灭火设备，实施现场救援和自救，并确认火灾发生的地点，向车站和交通控制中心报告。

如果列车停靠在区间（包括隧道）内无法正常运行，则应及时打开列车的快速逃生设备，引导乘客有序地往靠近站的方向进行疏散。

列车控制中心在接到警告信息后，立即启动列车灭险应急工作程序，控制好各列车之间的距离，保持驾驶员和车站之间的紧密联系，并视实际情况及时拨打119和120。

4.7 城市轨道交通自动售检票系统

4.7.1 自动售检票系统概述

城市轨道交通自动售检票系统联合应用各类专业技术（包括统计、计算机技术等），在城市轨道交通售票、检票、统计、结算和运行管理等方面均可实现自动化控制。同时，自动售检票系统还能够为各类决策提供信息支持，包括客流量、经济收益等。

自动售检票系统根据我国城市轨道交通的总体发展战略规划、旅客列车流量控制要求、售票系统服务信息管理工作需要，进行各种售票系统解决方案设计，选用合适的城市科学售票技术信息平台，实现面向全体乘客的自助售票和自动检票及其他相关服务信息处理。作为我国城市轨道交通线路运营安全监督服务管理中最重要的子系统之一，自动售检票系统本身具有丰富的市场经济价值和社会文化内涵，主要表现在运营服务方式人性化、旅客需求导向、提供专业信息技术支撑、提高交通运营管理效率、加强安全生产监督、提高企业形象等方面。

4.7.2 自动售检票系统的内容

城市轨道交通自动售检票系统主要包括车站中心票务计算机、车站系统电子票务邮件、终端装置、车票信息传递器、网络、不同的网络接口及系统操作管理体系等。自动售检票系统在技术上基本实现了与中央售票系统、车站票务管理系统和最终票务设备之间的票务信息综合传输和票务数字化数据处理；基本完成了车票的设计、制作，售票，检票，票务运营管理以及票务统计数据分析等各项相关业务工作；及时、准确地对乘客的日常出行、票务相关资料信息进行了实时收集、整理、汇总和综合统计；实现了轨道交通车票收益方的清分综合结算以及与关联金融体系系统等外部业务接口之间的清分综合结算，同时也实现了直接通过银行或其他金融机构进行车票账务的管理划拨。

随着当前我国城市轨道网络交通的迅猛发展、列车相应基础技术的持续改善与不断进步，自动售检票系统的发展趋势主要表现在技术标准化、简易性、集成化和功能人性化等方面。

4.7.3　自动售检票系统的架构与功能

1. 自动售检票系统的架构

自动售检票系统是由多种设备和技术组成的，结构比较复杂，可根据实际需要与轨道交通网络结构、售检票系统等进行连接。

自动售检票系统业务类型丰富。通过对业务类型及应用需求进行分析，可将自动售检票系统架构参考模型划分为 5 层，具体包括路网层、线路层、车站层、终端层以及车票层，如图 4.10 所示。

在自动售检票系统架构中，对于两个相邻的层次，可制订一定的协议，并通过接口进行连接。

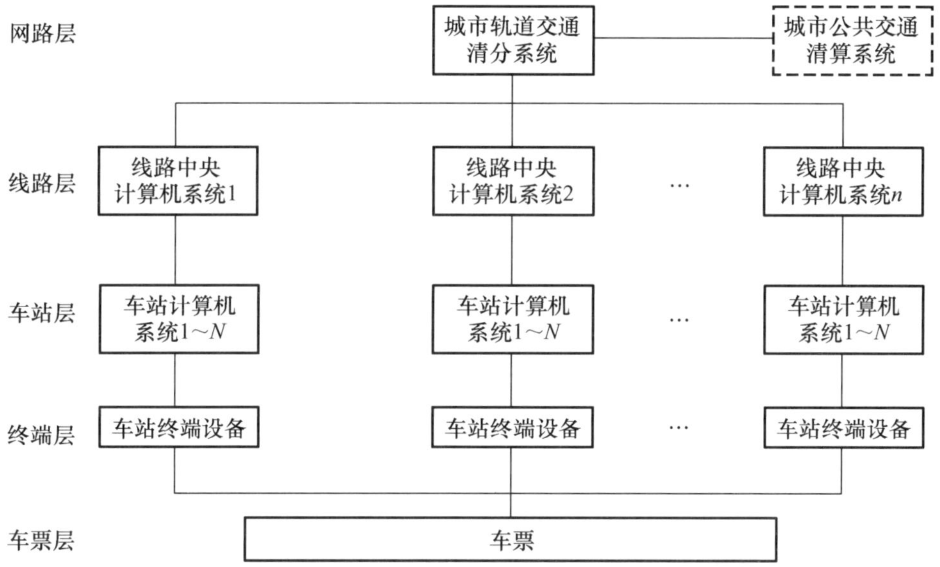

图 4.10　城市轨道交通自动售检票系统架构参考模型

2. 自动售检票系统的类型

自动售检票系统是轨道交通运输组织的一个非常重要的环节，根据售检票作业的环境分为开放式售检票作业和封闭式售检票作业。

① 开放式售检票作业。在这一作业过程中，地铁车站无须设置检票口，在乘客进入列车前，或者在列车上检票时，采用随机查票方式。如果系统客流量比较小，或者乘客的综合素质比较高，则可采用这一售检票方式。

② 封闭式售检票作业。在这一作业过程中，乘客进出付费区域，均须经过检票口进行检票，这样能够有效避免无票乘车现象。这一作业方式还可细分为 3 种类型：人工售检票、半自动售检票、自动售检票。

售检票系统的计价方式包括单一票价、区域票价和计程计时票价。不同计价方式的检票模式有所不同，对售检票系统的结构组成也有不同要求。

3. 自动售检票系统的功能

（1）系统设备组成。

应用自动售检票系统，即可将车站计算机、终端设备等进行有效连接，共同完成售票、检票操作。

① 路网中央计算机系统。轨道交通整个路网的运行过程均要求进行票务管理。对收益清分管理需求进行分析，据此判断系统是否需发挥跨线换乘清分功能，同时对系统结构进行调整，以证交易的安全性。

② 线路中央计算机系统。线路自动售检票系统在运行中，采用线路中央计算机系统进行全面细致的监控，同时对票务信息进行有效管理。

③ 车站计算机系统。车站计算机系统用于收集最后一台终端设备所产生的各类数据，包括票务数据、设备维护信息，然后传递至线路中央计算机系统，再根据相关信息数据执行相关操作命令。

④ 终端设备。终端设备的实际应用以售检票规则作为依据，同时还需对各类设备进行验证，对车票成本进行管理，广泛收集相关信息数据，最后接收由计算机发出的命令。

⑤ 车票媒介。车票媒介类型比较多，包括智能卡、视读印刷票、磁票及二维码等。

（2）票务管理功能。

票务管理功能主要包括以下几点。

① 发卡功能。发卡功能包括调配、销卡、挂失等。

② 售票功能。乘客进入车站的非付费区域后，即可根据实际需要使用自动售票机。在售票过程中，终端设备根据中央计算机系统下发的运行参数和票务参数，在确定乘客需求后，即可为乘客提供车票。

③ 检票功能。在车站进出口位置，安装有检票机。当乘客进入车站后，检票机对乘客所持有的车票信息进行检查，判断车票的有效性。当车票经检查有效后，即开闸放行，乘客随即进入付费区域。当乘客需要出车站时，检票机也需对乘客所持有的车票进行检查，在判断车票有效后，即可开闸放行让乘客离开车站。

④ 结算功能。所有的铁路票务结算数据均由检票系统中的各类设备进行自动化操作，车站中央计算机管理系统执行结算操作，然后直接处理上传至车站中央控制计算机管理系统。我国现行相关的票务贸易政策、清分结算准则和票务结算处理方式均可进行业务票款的清分、清算及票务结算数据处理、银行存款划账及票务收益方面的对账等。

4. 数据处理功能

票务管理中的数据是由多个数据流程组成的，包括列车流、资金流、指令流、凭据流等。

4.7.4 自动售检票系统业务管理

自动售检票系统在执行各项业务时，需联合应用多个专业的多种技术，包括物流技术、统计技术、信息技术等。在系统设计时，需合理利用计算机及其他网络设备，丰富自动售检票系统的使用功能，以确保能够满足城市轨道交通售票及检票管理的实际需求。通常情况下，自动售检票系统业务管理的内容主要包括以下几个方面。

1. 票卡管理

票卡是乘客乘坐轨道交通时的一种有效凭证，它是自动售检票系统中必不可少的一种重要信息载体和信息互动的媒介。在整个票卡的发行、销售、使用、支付、票务办理及回收等各个环节均必须采取有效的管理措施。为保证城市轨道交通正常运行，必须提高对票卡管理的重视程度，要求确定车票编码的含义、使用管理要点、退换流程、回收方法、注销管理措施等。

2. 规则管理

为了确保自动售检票系统的规范正常运行，必须按照一定的规则与流程来执行，包括售票策略、利润分配、支付方式、结算法则、权限的管理及其操作过程等。

3. 信息管理

在系统的信息管理过程中，要求广泛收集各类信息数据，保证信息稳定传递，并对信息进行汇总分析，最后发布信息。

4. 账务管理

账务管理主要是指对系统内所有的票务营业收入进行汇缴、分配、出账等整个流程的管理，其中主要包括对票务账户的合理设置、票款项的汇缴、登账、会计稽核、利润清算、对账、资金的合理划拨以及对票务凭证的有效使用处理等。

5. 模式管理

列车运营模式可分为正常运营和降级运营。在模式管理中，要求以列车运营情况作为依据，根据实际需要实施相应的操作行为。

6. 运营监督

运营监督即通过系统中的各种设备，完整、严密、及时地利用信息流对其运营情况进行实时跟踪和监督，以改善运营的质量与服务水平。其中包括对信息传递状况的监督、旅客运送状况的监督、售检票调度的监督、付款情况的监督及利润控制监督等。

4.8 城市轨道交通屏蔽门系统

4.8.1 城市轨道交通屏蔽门及其发展

屏蔽门是由一系列门体组成的屏障，融合应用多种技术，包括人工智能技术、电子技术、机械技术等，其系统性比较强。在城市轨道交通沿线车站站台边缘，通过安装屏蔽门，可将车站站台区域与轨道区域隔离开来，这样能较有效地防止出现乘客跳入轨道、旅客过多时发生拥挤被挤入轨道等现象。

屏蔽门是 20 世纪 80 年代出现的一种现代化的地铁设备系统，能有效节省资金和能源，提高城市地铁建设和运营的社会经济效益。在世界各国地铁车站建设运行中，屏蔽门系统已逐渐得到推广和应用。

4.8.2 城市轨道交通屏蔽门的分类

按功能不同，屏蔽门可分为闭式屏蔽门和开式屏蔽门两大类。

闭式屏蔽门指的是自上而下的玻璃隔离墙及活动门。在车站站台边缘及两端安装闭式屏蔽门，可有效隔离候车区及停车区，能够保证列车运行安全，同时产生的噪声比较小，能源利用率也比较高，如图 4.11 所示。

图 4.11 闭式屏蔽门

开式屏蔽门由玻璃隔离墙及活动门组成，屏蔽门上方处于不封顶状态，如图 4.12 所示。

图 4.12 开式屏蔽门

根据结构形式的不同，屏蔽门可分为上部悬吊式屏蔽门和下部支承式屏蔽门两种。

根据控制方式的不同，屏蔽门可分为气动控制屏蔽门和电动控制屏蔽门两种。

根据制作材料的不同，屏蔽门可分为彩板屏装门、铝合金屏蔽门等。

根据设置规模的不同，屏蔽门可分两种：全线设置型屏蔽门，即所有车站均需安装；部分设置型屏蔽门，即在部分车站安装。

4.8.3 城市轨道交通屏蔽门的组成、控制模式及功能

1. 屏蔽门的组成

屏蔽门系统包括机械部分和电气部分。其中，机械部分指的是门体结构及门机驱动系

统，电气部分指的是供电电源及控制系统。

门体结构包括固定门、顶箱、应急门、支承结构等。

门机驱动系统的主要设备包括电机、传动装置及减速箱。

供电电源由多种电源组成，包括系统配电柜、驱动电源等。

控制系统由各类设备的通信通道组成，包括中央接口盘、门控单元、站台远程监视设备等。

2. 屏蔽门的控制模式

屏蔽门系统在运行过程中，可执行以下控制模式。第一种，系统级控制模式，其作用是执行信号系统命令；第二种，站台级控制模式，在执行站台 PSL 操作盘发出命令后，即可执行控制操作；第三种，手动操作模式，工作人员采用专用钥匙解锁站台侧锁，或者由乘客推动解锁装置，并打开滑动门。屏蔽门系统在实际应用中，还可调整为火灾控制模式。当发生火灾事故时，车站工作人员能够对消防联动盘实施操作，快速打开滑动门，及时疏散乘客，同时改善列车内通风效果。上述模式的控制优先权从高到低依次为手动操作模式、火灾控制模式、站台级控制模式、系统级控制模式。

列车在运行中，如果受到障碍物影响，则屏蔽门实时控制制动系统发挥作用，及时进行自动化检测和控制。具体而言，当滑动门在快速关闭的过程中检测到夹到障碍物，会短暂地停止关闭以迅速释放被车门夹到的障碍物，从而有效避免了乘客被夹伤。

屏蔽门系统和车站机电设备监控系统之间，可采用通信接口进行连接，对系统运行参数、故障诊断数据等进行有效传输。屏蔽门系统监控器安装在站台监控亭中，能够对屏蔽门系统运行情况进行监测管理，同时还可查看以往的运行数据，并据此对系统运行参数和程序进行优化调整。

3. 屏蔽门的功能

屏蔽门与每节车厢单侧的车门对应的是滑动门，滑动门可以向两边打开，当列车停靠时，滑动门与车门一一对应。每一道屏蔽门都由左右两扇滑动门组成，正常使用时，滑动门在关闭过程中如遇到障碍物，会通过三次减速的检测功能检测是否有障碍物的存在。如果第三次检测到障碍物仍然存在，系统会发出停止关门命令，马上停止滑动门的运动状态。

每个车厢相对应设置有应急门，应急门由两扇铰链门构成，用于预防突发事件。

滑动门与应急门之间装有由平滑的玻璃制成的固定门。

每个车站有两扇（两端各一扇）端门。

在同一站台上的侧门中的第一道和最后一道门为非对称门，这是因为它们打开时会堵住紧靠屏蔽门两端的司机门。除这两门道外其他门都具有全尺寸，便于乘客上下车。

所有的门上方盖板上均装有门头指示灯，当开门或关门时指示灯会有不同状态的显示。

屏蔽门可以接收列车上的遥控器的远程操作命令进行开启、关闭。当列车处于停稳状态后，屏蔽门才执行信号系统控制功能。

如果信号系统出现故障而失效，或者不再应用信号系统，则对门的控制可采用就地控制盘系统。在屏蔽门站台的两侧位置，均可安装就地控制盘系统。当列车停靠稳定后，就地控制盘系统与驾驶室之间保持并列状态。

通过信号系统或者就地控制盘系统，即可执行开启命令或者关闭命令。命令发出后，即可快速传输至屏蔽门控制器，屏蔽门控制器能够对命令进行处理，然后传递至滑动门控制单元，对滑动门开启状态和闭合状态进行控制。另外，通过应用滑动门控制单元，还能够将门的控制信息传递至其他系统设备中，包括信号系统、屏蔽门控制器以及就地控制盘系统。

4.8.4 城市轨道交通屏蔽门的操作安全和相应措施

在列车运行中，若未安装屏蔽门，则当乘客及工作人员进出列车时，可能会跌入轨道中。而屏蔽门系统能够发挥良好的人员防护作用。但是，屏蔽门系统在实际应用中，依然存在安全隐患。这是由于在列车门和屏蔽门之间有一定间隙。列车进入站台后，列车门打开时，如果屏蔽门发生故障而无法及时打开，则部分乘客可能会试图用手去打开屏蔽门，但是与此同时，列车门可能立即关闭，进而造成乘客跌入列车门和屏蔽门之间的间隙中，并掉进轨道，造成严重的安全事故。

在列车进入车站前，屏蔽门必须保证处于关闭状态。如果屏蔽门处于开启状态，则部分乘客可能会从屏蔽门处到处张望，或者倚靠在屏蔽门上。如果部分屏蔽门发生故障，不能及时打开，则还会导致列车延时。

若由于屏蔽门发生故障，需要及时打开一个滑动门单元并使其保持开启的状态，则必须将此门单独隔离开关，并进一步加强监测，以免影响安全驾驶和行车。

在正常的行车情况下，严禁直接打开各种类型的应急交通车道。屏蔽门正常使用后，必须确认该门为自动关闭和完全锁紧。在应急门槛上，禁止摆放各类物品。

端门在使用前，工作人员应对其进行检查，确保处于关闭和锁紧状态。

在列车运行中乘客禁止倚靠在屏蔽门上。

工作人员需定期对隧道结构、地板、各类门体等进行清洁，要求及时排除积水，避免对各类电气管线和设备的绝缘套造成不良损害。

在距离电动屏蔽门、窗口 2m 范围内，禁止进行穿孔绝缘处理或安装任何电动工具和机械设备等使用防护绝缘措施，破坏电动屏蔽门门体绝缘保护层。

由此可见，在车站运营管理中，必须加强屏蔽门管理，及时排查各类安全隐患。

第五章　城市轨道交通行车安全风险管理和客运组织安全风险管理

5.1　城市轨道交通行车安全风险管理

5.1.1　行车安全

随着社会经济的不断发展，我国城市轨道交通建设数量不断增多，同时列车运行线路长度显著增加，列车运行速度也不断提升。在列车运行过程中，也逐渐暴露出很多安全隐患。社会各界对于列车运行自动化控制、运行保障系统的要求不断提高，但世界各地轨道交通事故（列车碰撞、追尾、脱轨等）仍时有发生。

我国城市轨道交通建设技术水平逐年提升。在各类系统建设中，应用各类自动化设备，能够有效避免在列车运行中出现超速问题。为充分发挥各类先进设备和技术的优势，必须充分发挥列车驾驶、调度、维护等相关人员的作用。严格检查设备的维护、隐藏的危险，迅速纠正不正当的驾驶行为，预防事故；同时，提高工作人员的应急处理能力，做到即使设备发生故障不能正常运行，只要驾驶员、调度员、站务员等工作人员处理得当，也可以避免发生重大事故。

1. 行车安全简介

轨道交通的运输目的是要实现乘客的位移，实现位移所需的手段是列车运行。运行是城市轨道交通运营系统的主要工作，也是最容易产生不安全因素的一环。从某种程度上说，保证行车工作安全也就是在保证城市轨道交通的经济效益。

在城市轨道交通运行过程中，为保证工作人员、乘客及各类电气线路设备安全，必须保证安全驾驶，加强安全检查，及时发现危害工作人员及乘客安全的各类因素，营造良好的环境，对各类设备进行定期检查，排查故障隐患，并更换已出现故障的设备。

必须加强对行车安全的控制，提高城市轨道交通管理水平。行车安全管理效果不仅会对城市轨道交通企业形象、经济效益、社会效益产生较大影响，同时还会直接影响国家及人民群众的生命财产安全。

2. 行车事故的名词定义、分类及危害性

(1) 行车事故中的名词定义。

① 车辆破损范围界定（电动列车以一节车厢为基数）。

报废：直接经济损失为现值的90%以上。

大破：直接经济损失为现值的60%～90%。

中破：直接经济损失为现值的40%～60%。

小破：直接经济损失为现值的10%～40%。

② 列车：按规定辆数编组的电动客车的车列，须有规定的列车标志，从车场或始发站至到发线待发起，直至再回到终点站为止，在此运行过程中称为列车。

③ 列车事故：轨道车单机进入至运营线路中，进而发生故障；列车和其他车辆发生碰撞，进而造成故障；当列车在车场中调车，并进行转线，诱发安全事故；当列车处于载客状态时发生故障。

④ 其他列车：调控列车、空驶列车等。

⑤ 行车中断时间：故障发生时与发出线路开通命令之间的时间。

⑥ 应停列车在车站通过：列车在没有办理上下客作业后开始运行。

⑦ 行车事故类型较多，常见的类型有以下几种。

冲突：列车和其他车辆之间、列车和各类电气设备之间相互碰撞，进而造成列车及各类设备出现故障。

脱轨：在列车、车辆运行过程中，车轮进入钢轨轨面上，进而造成事故。

中断正线行车：无论是在车站还是在区间中出现安全事故，均会对列车运行安全构成严重危害。中断正线行车的时间指的是事故发生至恢复行车之间的时间。

列车冒进信号：在列车运行中，前端某个部分超越进路的防护信号机发出停车信号，需要注意，行车调度员允许越过的除外。

挤岔：车轮挤过或挤坏道岔（使尖轨与基本轨分离），分为正向挤岔和顺向挤岔，一般会出现中央工作站、车站道岔灰闪及列车过岔车轮异响或异常振动的现象。

耽误列车运行：当列车进入始发站或者进入停车站后，在行车操作及检修维护中出现误操作行为，或者没有严格依据相关规定执行相关操作，导致列车晚点运行，就会按事故处理。

列车分离：具体可分为两种情况，一种是车钩破损分离，另一种是车钩拉动分离。

双线中断行车：在上下行运行线路中，两条线路同时发生同一站，进而造成行车中断。

单线中断行车：在上行线和下行线之间，某一条线路出现故障，进而造成行车中断。

（2）行车事故的分类。

在列车运行过程中，可根据运营管理实际需要，合理制订多种事故等级标准，常见有以下几种类型。

① 重大事故。在列车运行过程中，如果发生碰撞事故、火灾事故、脱轨事故或者爆炸事故，造成以下后果中的一种，即为重大事故：人员死亡达3人；重伤患者25人以上；双线持续中断150分钟以上；通过对列车破损规定进行分析，事故所造成的直接经济损失达40%以上。

② 大事故。在列车运行过程中，如果发生碰撞事故、火灾事故、脱轨事故或者爆炸事故，造成以下后果中的一种，即为大事故：人员死亡或者重伤患者达2人；双线持续中断90分钟以上；通过对列车破损规定进行分析，事故所造成的直接经济损失达10%以上。

③ 危险性事故。事故的性质很严重，但是如果损害的结果没有达到大事故标准，即危险性事故。例如列车碰撞、列车脱轨、列车分离、列车车门错开、不该开车的时候把门打开等。

④ 一般事故。开车撞车；换乘脱轨；通过调配作业的突进信号；列车运行中车辆零件脱落；其他原因造成运行设备损坏；因车辆泄漏、连接泄漏、出车延迟影响列车运行；错误地发行驾驶证明书；等等。

（3）行车事故的危害性。

在列车行驶过程中，如果发生安全事故，则不可避免地会造成不良影响，并且影响具有不可预测性。

① 对人民群众生命财产安全构成损伤。

② 导致城市轨道交通企业及国家受到严重的经济损失。

③ 对列车运行稳定性构成危害，影响乘客正常出行。

④ 如果行车事故危害性比较大，则会对城市轨道交通社会形象造成较大损害。

5.1.2　列车驾驶安全

在城市轨道交通运行过程中，必须保证安全驾驶，严格控制列车行驶过程中的安全隐患。

1. 影响列车驾驶员安全的主要因素

（1）行车纪律松弛，制度执行不严。纪律松弛、不实行标准化工作、责任制不彻底，是影响安全运行的大顽疾。

（2）疲劳驾驶汽车，带情绪驾驶。驾驶员将睡眠不足和受外部环境影响的情绪带到驾驶工作中，产生生理及心理疲劳，精神不稳定，给安全驾驶带来潜在危险。

（3）业务素质不高。由于技术问题和经验不足，部分驾驶员的专业技术水平比较差，驾驶过程一旦出现突发事故，无法及时采取有效的应对措施，消除故障隐患。

（4）安全意识比较差。驾驶员思想变动较大，情绪不稳定，责任感不强，驾驶纪律观念薄弱。

（5）行车技术、设备不完备。列车运行中设备类型较多，部分设备老化，或者技术不合格，无法保证行驶安全。

（6）环境气候的影响。列车全年运行，气候环境处于不断变化中，如果发生强降雨天气、雷电灾害、风雪天气等，则可能会危害列车稳定运行。

（7）安全管理制度规范不合理。为保证列车运行安全，必须充分发挥工作人员的重要作用，在设备操作及检修维护中，需将安全管理制度规范作为重要依据。如果相关规范制度不合理，则会制约安全运行。

2. 行车不安全因素的控制

从安全运行管理的观点来看，驾驶事故是各种安全因素相互作用的结果。对列车安全性的控制是安全驾驶的重要环节。

（1）加强对驾驶员违反规定造成的驾驶事故的管理和控制。通过对各类事故进行分析发现，在驾驶列车过程中，如果驾驶员出现误操作行为，则容易诱发驾驶事故，危害乘客生命安全。对此，应加强对列车驾驶员的安全培训教育，提高其安全驾驶意识和驾驶技术水平。同时，制订奖惩机制，如果驾驶员出现误操作行为，则应对其进行惩戒。

（2）组织列车驾驶员参加驾驶技术培训。如果列车驾驶员缺乏安全驾驶知识，或者业务技能比较差，则容易发生误操作。对此，要求驾驶员积极参与专业技术培训，总结日常工作经验，提高自身专业素养。

（3）对所有驾驶设备进行维护管理。通过对各类行车事故的诱发因素进行分析，发现很多事故均是由驾驶设备存在技术隐患造成的。因此，须对驾驶设备进行技术改进，保证能够充分发挥各类驾驶设备的使用功能，确保驾驶设备符合运营要求。

（4）适应环境变化，提高处理突发事件的应变能力。驾驶环境的变化和驾驶中发生的突发事件难以预测，因此提高驾驶员对突发事件的随机应变能力是防止和减少驾驶事故出现的重要因素。驾驶员应反复学习并根据各种事前方案和规定，定期地、不定期地开展解说、演习及训练，提高随机应变能力。

3. 列车安全驾驶的基本规定

驾驶员在驾驶操作中，须坚持“安全第一”的原则，在操作过程中严格执行安全驾驶规章制度、安全管控制度等，确保严格遵循列车运行时间表，在日常工作中保证符合岗位需要，禁止随意离开岗位。在列车运行前，对“行驶三要素”进行检查确认，包括进路、信号及道口。

驾驶员应对列车的基本构造及各类设备的使用方法、性能要求等进行分析，同时还应学习故障检测处理专业知识，积累故障处理能力。

驾驶员不仅需掌握驾驶技术，同时还应学习其他业务的执行方法，提高危机事件的应对能力，掌握消防救援设备的使用方法、灭火措施，等等。

鉴于驾驶员在列车整个运行过程中的重要作用，城市轨道交通管理部门规定了列车驾驶员上岗的必要条件。首先，驾驶员必须通过考试，取得驾驶执照后才能独立驾驶。其次，驾驶员离开驾驶岗位 6 个月以上的，必须重新进行业务知识和安全运行知识等的学习方可重新上岗。最后，驾驶员必须通过关于纪律性、身体状况及心理状况的审查，并经相关管理部门和相关领导鉴定。

4. 列车驾驶作业安全准则

驾驶员的操作在正常情况下要确保“正确”，在不正常的情况下要确保“安全”，所有操作都要紧凑、迅速、准确。具体的作业安全准则如表 5.1 所示。

表 5.1　列车驾驶作业安全准则

作业类别	安全准则
调车作业	设置铁鞋防溜时，不拿出铁鞋不动车
	凭自身动力动车时，没有制动不动车
	机车、车辆制动没能缓解不动车
调车作业	调车作业目的不清不动车
	调车作业没有联控不动车
	没有信号或信号不清不动车
	道岔开通不正确不动车
	侵限、侵物不动车

续表

作业类别	安全准则
整备作业	整备作业前必须了解列车停放位置及列车状态
	检查列车走行部时，必须确认列车已降下受电弓
	严禁跨越地沟，进行车底检查时戴好安全帽，应注意空间位置，避免碰伤
	受电弓升起后，严禁触摸电气带电部分、进入地沟检查及攀登车顶
	检查列车时必须佩戴检查灯、使用一字旋具，并严格按要求整备列车，列车没有经过整备严禁动车
	车库内动车前，必须确认地沟无人且两侧无侵限物后方可动车
列车运行	驾驶员在取得驾驶证并经鉴定合格后，方准独立驾驶
	严格遵守各种规章制度，按照操作要求使用设备，正确执行各项作业程序，确保列车运行安全
	严格按照运营时刻表动车，动车前必须确认行车凭证，列车退行或推进运行时，运行前端必须有人引导
	驾驶员班前应注意休息，班中集中精力，保持不间断瞭望，严禁在列车运行中打盹或干与工作无关的事
	接受调度命令或行车指示时，驾驶员必须认真逐句等量复诵并领会命令内容
折返作业	严格遵守交接班制度
	关门前必须确认行车凭证、道岔及进路的正确性
	动车前确认所有人员均在安全区域
站台作业	开关屏蔽门、车门时，必须严格执行开关门作业程序
	列车到站停稳后，应先确认列车停在规定的范围内
	跨出站台开关屏蔽门、车门时，应注意列车与站台间的空隙，避免摔伤
	动车前，驾驶员应确认屏蔽门、车门关好，同时确认屏蔽门与车门间空隙无人无物，方可进驾驶室
人身安全	升弓前，必须确认所有人员均在安全区域
	严禁擅自带无关人员进入驾驶室，因工作需要有人登乘驾驶室时必须确认其相关登乘证件
	在正线或出入场线，禁止未经行调同意擅自进入线路

5.1.3　车站作业安全

在车站作业中，要求严格遵循统一调度和指挥，对车站中的各类设备进行科学合理的使用，并对列车运行及其他作业进行有效控制。

1. 车站安全工作的基本任务

(1) 保证车站运行的规范性，严格执行列车运行管控规章制度，保证行驶的安全性。

(2) 对车站进行各种安全检查，消灭各种安全隐患。

(3) 建立各种事故预案，提高车站工作人员的应急处理能力，为有效处理车站突发事件做好准备。

最终通过明确职责、加强安全管理，切实落实车站运行、治安、消防等工作，确保车站工作人员及乘客的人身安全以及车站所辖设备的运行安全。

2. 车站行车安全工作的基本要求

当车站处于工作状态时，需对列车运行情况进行管控，同时还需合理组织车站工程。只有做好各项工作，才能够保证车站行车安全，具体要求如下。

(1) 列车运行控制。可采用自动化技术保证车站能够对列车运行状态进行调控。为保证中控效果，如果车站具备集中控制设备，则应根据实际需要执行各类业务，包括列车折返、道路排列等；如果采用半自动化控制方式，则在列车运行调控中，需采用人工操作方式对信号设备进行调整，据此完成发车、换乘等工作内容；如果列车处于非正常运行状态，则车站应根据车辆分配的指示，按照规定的流程在车站接发列车。

(2) 设备施工组织。车站管辖范围内的任何工程都应在车站的驾驶控制室登记，得到驾驶值班人员的签名确认后方可进行施工。对运营有影响的施工检查作业，如信号设备的检查、道口的检查等作业，须得到日程批准后才能进行施工。

(3) 接发列车作业。车站工作人员应该按操作规范接发列车，以保证列车工作安全有序。同时，运行值班人员须对列车作业过程进行统一调度。

5.1.4 行车调度安全

城市轨道交通系统的运行过程要求各个单位及多个部门相互协调，据此形成完整的系统架构。整个行车调度的集中化程度比较高，要求做好统一调度，保证各项工作环节能够有效配合，提升协同作业水平，同时保证列车运行安全，促进运输效率的提升。运行时间表是根据城市轨道交通运输实际需求制订的统一指挥调度方案，在整个列车运行控制系统中发挥着十分重要的作用。

1. 行车调度工作的基本任务及作用

(1) 行车调度工作的基本任务。

① 各部门及工种必须严格依据列车运行流程图执行各项操作。

② 在列车出发、行驶、到站等过程中，对列车进行监控管理。

③ 当列车运行出现偏差时，立即采取有效的调控措施，使列车尽快恢复至正常运行状态。

④ 当出现行车异常情况时，应在最短时间内采取有效的应对措施，以避免发生安全事故。

⑤ 对客流量进行监测，据此对列车运行方案进行优化调整。

⑥ 对各个行车部门的工作情况进行检查，保证能够及时发出调度命令。

⑦ 在列车发生故障问题时，及时按照既定流程上报给上级主管部门，并采取有效的处理方案，同时启动应急预案，实施救援活动。

（2）行车调度工作的作用。

在具体的行车调度过程中，需将列车运行时间表作为重要依据，据此对列车运行情况进行统一调度，同时要求各部门及不同工种之间协调配合，对城市轨道交通各系统业务执行情况进行监督和控制。

在列车运输业务中，应根据列车运行时间表制订合理的运输业务计划方案，并根据运输要求及时发出运行控制命令，要求各部门之间协调配合，严格依据列车运行时间表执行运输业务。另外，在列车运输中，还应根据相关规章制度及运输计划方案，对列车运行情况进行检查，排查各类安全隐患，并采取有效的应对措施，避免发生意外事故。列车因驾驶事故或灾害而中断运行时，应积极采取有效措施，组织事故救援，迅速恢复运行，以确保运输顺利。

由此可见，在列车运行中，行车调度能够有效保证列车运行的安全性，其作用主要体现在以下几点。

① 为行车人员各项作业内容提供指导，保证列车有序运行。

② 及时应对各类突发事故，对各部门生产作业过程进行合理组织、协调控制及检查监督，避免发生违规操作行为。

③ 在发生事故后，立即组织实施救援活动，有效控制事故影响范围和危害程度。

2. 行车调度工作的基本要求

在行车调度过程中，必须保证生产的安全性，避免由于指挥调度不当而造成安全隐患。一旦出现突发事故，要求能够保持冷静状态，并及时采取有效的应对措施。

（1）城市轨道交通运行系统的行车调度工作必须严格执行单指挥原则。各有关部门必须服从所在区间列车运行时间表的集中统一指挥，各级领导对列车运行的指示必须通过运行时间表下达。

（2）列车运行时间表的制订者必须具有较高的业务水平和应急处理能力。熟练掌握管理技术是做好安全指挥的基础。指挥者要熟悉主要驾驶员的情况，掌握车辆、路线、设备等知识，熟悉各项规章制度和各种驾驶工作程序，掌握与其他配车的连接，掌握各种事故的处理方法。指挥者须心中有成算，沉着冷静。

（3）列车运行调度命令的发布需要正确、完整且明确。只有保证调度命令科学合理，才能够对城市轨道交通运输业务执行过程进行统一指挥和管理。具体要求包括以下几点。

① 指挥列车运行的命令只能通过运行时间表发布。有关人员必须坚决执行，不得违反。

② 在发布调度命令前，首先需对现场实际情况进行全面细致的检查，广泛了解相关工作人员的意见，并进行总结分析。

③ 发布日程表命令时，按照“一次发布、二次发布、三次发布、四次背诵确认、五次命令号码和时间”的顺序进行处理。

④ 对于一般的运行调度命令的格式和用语，要求制订统一规范，以保障调度命令的准确性、简洁性及完整性。

⑤ 发布调度命令时，为了确保命令传达正确，需指定其中一人复述口头命令的内容，确保其他人理解无误，书面调度命令必须填写记录。

5.2 城市轨道交通客运组织安全风险管理

近年来，我国各大城市均积极规划建设城市轨道交通，很多城市轨道交通车站均建设在城市繁华地带。在节假日或有大型活动时，车站客流量显著增加，导致城市轨道交通调度难度加大。在组织大客流时，设施布置不当存在事故安全隐患，或准备工作不充分且处理不当，都有可能导致乘客出行大面积延误，甚至发生人员踩踏事故等群体性事件。

为了能够对城市轨道交通客流进行安全管控，应对客流组织的影响因素进行调查分析，然后选择适宜的客流组织方法，同时还应对大客流进行合理分类，对大客流特征、产生原因、调整对策进行深入研究。在大客流运营组织管理中，应重点关注列车运能、票务组织管理等。

5.2.1 城市轨道交通客流组织

1. 客流概述

对车站规模及设备容量的设计，需将客流作为重要依据。同时，在城市轨道交通运行计划编制、运营管理中，通过对客流进行统计分析，即可对轨道交通运行的经济效益进行评估。另外，在轨道交通系统的排力、运行计划编制、日常运行和运营效果分析中，客流也是十分重要的依据。

2. 车站客流组织的主要内容

与其他运输系统相比，地铁列车运行速度快、容量大，为保证能够完成客运任务，必须提高客流组织的合理性。在客流组织过程中，要求选择适宜的设备类型和技术类型。同时，如果客流比较大，则还应采用分流措施及乘客引导措施。

客流组织工作内容比较多，首先需对车站中的各类电气设备及其安装位置、车站空间大小等进行分析；然后对各个时间段车站内的乘客数量进行预估；据此制订客流组织计划方案，合理设置工作人员、栅栏、指示牌等，并制订完善的应急预案，保证乘车安全。

3. 车站客流组织的基本原则

（1）在客流组织过程中，必须将保证乘客乘车安全作为重要原则，保证客流运送的通畅性，尽量缩短乘客出行所需时间，同时避免发生客流拥堵等现象。

（2）在客流组织过程中，还应采取有效措施引导乘客选择地铁出行，促进地铁客流量的增加，这样能够有效降低列车运行服务成本，增加城市轨道交通运营的经济效益。

（3）在客流组织过程中，地铁控制中心应合理配置客运值班人员，对车站客流进行疏导。

（4）如果某一时间段客流量比较大，则要求采取有效的疏导控制措施。在控制客流的实际操作中，应坚持由内而外和由下而上的原则，在车站出入口位置、闸机位置，加强客流控制调度。

（5）如果站台乘客数量显著增加，并且已超过站台最大容量，则应在乘客进站及乘客下站台时，加强调度管理。

（6）如果站台乘客数量显著增加，并且已超过站台最大容量，与此同时，站厅乘客数量也超过站厅最大容量，则应对站台出入口位置采用临时限制措施。

4. 车站客流组织的影响因素

不同类型的车站，客流组织的内容有很大不同。例如，中小型车站的乘客流动很简单，但是大型车站和换乘车站的乘客流动量很大，流动方向和流动情况均比较复杂。如果车站采用卧式站台，则即使乘客流动方向不同，一般也能够有效区分；但是，乘客换乘难度会比较低，不利于对车站客流进行集中管理调度。客流组织方案的制订和实施应结合车站站台的实际情况进行调整，以保证客流组织的有效性。

车站客流组织管理影响因素的种类比较复杂，常见的有以下几种。

（1）车站出入口及内部通道的通过能力。不同车站客流进出方向及进出人流量均有所不同，要求据此对出入口和乘客行走通道设置的位置、数量和规模进行调整。为保证车站运营的安全，同时保证消防疏散效果，每个车站中出入口通道数量应控制在 2 个以上。

（2）站厅。通过对地铁车站客流组织实践经验进行分析可知，站厅容纳率应控制在 2 人/立方米至 3 人/立方米。

（3）站台。通过对客流组织要求进行分析，站台容纳率应控制在 2 人/立方米至 3 人/立方米。

（4）通道通过能力。通常情况下，通道需按照线路远期客流进行设计。通过对各个地铁车站运行中的客流数据进行调查分析可知，如果列车为单向通行，则通道每米净宽的通过能力应控制在 70 人/分钟至 85 人/分钟；如果列车为双向通行，则通道每米净宽的通过能力应控制在 50 人/分钟至 65 人/分钟。

（5）自动售票及检票设备的通过能力。具体指的是每台售票设备的通过能力及检票设备通过能力，如表 5.2 所示。

表 5.2　每台售票设备及检票设备的通过能力

条　件	自动售票机/（人/分钟）	进站闸机/（人/分钟）	出站闸机/（人/分钟）
引导充分	3～4	12～15	12～15
乘客自助	1～2	8～9	8～10

（6）列车输送能力。行车密度及列车荷载均会对列车的输送能力产生较大影响。例如，天津地铁列车选用 B 型车，行车组织采用 4、6 节混跑模式。如果车厢中人员密度达到 6 人/平方米，则达到满载状态；如果人员密度达到 8 人/平方米，则处于超载状态。

通过对车站运营管理经验进行总结分析可知，在客流组织方案的制订过程中，必须重点关注车站设备的薄弱部分，同时应对车站客流及各类设备的能力进行分析，促进客流组织效率的提升。

5. 地铁车站的客流组织

地铁车站客流量比较大，为保证乘车的有序性，需制订科学合理的客流组织方案，对乘客进行引导，同时还应告知乘客完整的乘车流程。图 5.1 所示为乘客乘坐地铁流程图。

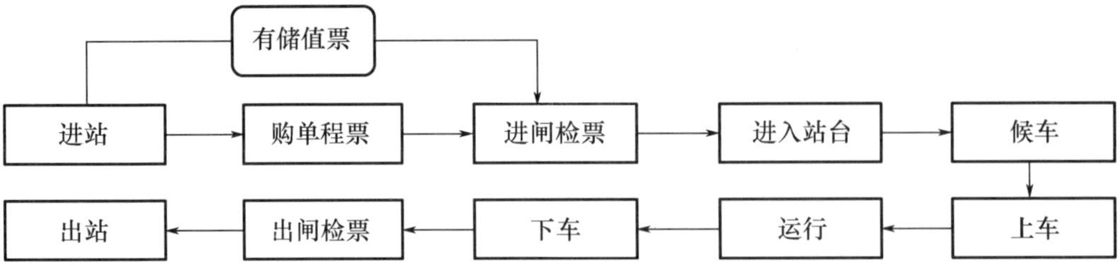

图 5.1　乘客乘坐地铁流程图

（1）进站客流组织关键点。

① 车站出入口、楼梯、电梯的人流，应引导至车站大厅的非收费区域中。

② 对于需要购票进站的乘客，将其引导至自动售票区，购票后通过检票机进入收费区域；对于无须购票进站的乘客，经过检票机后即可进入收费区域。

③ 当乘客到达站台后，乘客可观察指示标识，并站立在安全区域。

④ 当列车到达车站后，组织乘客先下车再上车。站务员需做好组织工作，防止发生安全事件。

（2）出站客流组织关键点。

① 到达目的地后，列车进入站台，乘客下车并走出站台，在箭头、指示牌的指示下通过楼梯或者电梯进入站厅付费区域。

② 乘客走出检票口进入非付费区域，此处应设置导向标识，便于客户根据实际需要寻找相应的出口。

③ 如果乘客无票乘车，或者车票车资不足，则引导乘客前往票亭办理相关事务。

（3）换乘客流组织。

在不同的城市轨道交通运行线路中，其行驶方向及交织方式会有所区别。乘客换乘方式包括在车站内不同站台换乘、在同站台换乘、在车站外换乘等。

为了便于乘客快速完成换乘，可将多种换乘方式进行有效结合。组合式的换乘方式可以进一步提高换乘的通过能力。

5.2.2　地铁车站大客流分析

1. 大客流的定义

大客流指的是在列车运行过程中，在某个时间段，有大量乘客同时到达，乘客数量过多，超过车站各类运输设备及客流组织方案的负担。

通常情况下，在重要节假日或者各地组织开展文体活动时会产生大客流，此时乘客拥挤并且流动速度比较慢，在流动过程中容易受到干扰。大客流现象不仅会影响乘客乘车的舒适度，同时还会对车站安全运营造成不良影响。

2. 大客流的分类

大客流的产生原因不同，可据此将其划分为多种类型。

（1）节假日大客流。在节假日，很多居民外出旅游、探亲、购物等，并且选择地铁出行，导致车站客流量显著增加。

（2）寒暑假期大客流。每年寒暑假期间，学生出行量显著增加，很多学生选择地铁出行，各地地铁客流量会显著增加。根据统计分析，寒暑假期间每日客流高峰期为 8 点至 16 点。

（3）大型活动大客流。当某地组织开展大型活动时，一般情况下，在活动结束后，周边车站客流量会显著增加。由于开展大型活动所造成的大客流的出现时间和规模一般可进行预估分析，并且持续时间相对可预测，因此影响范围较小。

（4）恶劣天气大客流。强降雨天气、台风天气、雷电灾害可能会对地面交通造成不良影响，很多市民会选择进入地铁车站避雨或乘坐地铁通过，导致地铁车站人数显著增加，客流组织难度增大。

5.2.3　大客流的运营调整及应对

1. 大客流的运营调整措施

我国城市化建设进程不断加快，车站运行中大客流也越来越常见。对此，城市轨道交通运营部门高度重视大客流组织管理，并制订了一系列运营调整措施。

如果车站客流量显著增加，则应及时对信息内容进行汇总分析，利用信息平台及时对沿线各站工作人员及乘客发布大客流相关信息，同时，与轨道公安部门联系，要求其协助车站进行客流的导流。

情况严重时，地铁控制中心可根据实际情况对车站发出封锁站、自动售检票系统实行降格模式等各种命令。

如果大客流发生在轨道交通中转站，相邻线的配车人员应相互配合，引导乘客选择换乘方式。客流量较大时，应制订并做好换乘车站客流组织紧急事先方案准备，实施换乘站乘客组织紧急对策，命令乘客满员的换乘站暂时关闭换乘通道，对于其他路线的换乘站的具体情况发出“广播通知”“临时停止售票”“临时停止通行”等命令。

2. 针对大客流的行车组织应对措施

在车站行车组织管理中，为充分发挥全线运输能力，应坚持“车（设备）运输”的原则。另外，对全线控制中心的设计应将固定方式和灵活方式有效结合，对列车资源进行科学合理的利用，以便在出现大客流时能保证充足的客运能力。针对大客流的行车组织应对措施如下。

（1）及时使用备用车。控制中心将现场客流量作为基础，灵活调度备用车，在客流高峰时按线输送。在使用备用车时，应注意检查车站中的客流量、车站规模、是否具备换乘条件等。

（2）灵活调整车道。各条线路的客流分布并不均衡，对此，可对部分列车运行交通模式进行优化调整。部分列车在运行时可在中间站回站，并返回至小交通路，使客流高峰期列车运行密度显著增加，进而缓解客流压力。

（3）组织列车越站运行。

3. 客流组织应对措施

（1）进行三级客流控制。

（2）采取区域负责人制，将整个车站划分为多个区域，在每个区域各安排一名工作人员负责疏导。

（3）对于部分重要岗位，适当增加工作人员的数量，以保证调度效果。

（4）制作事前预约票。为了能够及时应对大客流，各个车站应在出现大客流前，申报制作事前预约票，以确保能够满足乘客乘车的实际需要。

（5）设置临时售票亭。对大客流运行方向进行分析，然后确定车站中客流量比较集中的区域，并在这一区域设置临时售票亭。若车站占地面积比较小，则可在客流量较大的通道中设置临时售票处。

（6）增加储备金。车站应根据客流规模对消费储备金进行合理估算，当客流量显著增加时，应保证储备金充足。

（7）调整售检票速度。站台的乘客数量比较多时，可暂时停止车票销售，且在检票过程中，应适当增开检票闸机以提高检票速度。

（8）加强票务应急处理。如果大客流持续时间比较长，则自动售票机可能无法满足乘客购买车票的实际需要，对此，应采取应急措施，对大客流进行有效控制。另外，工作人员应加强对自动售检票系统的巡视检查，保证自动售检票系统处于正常运行状态。如果遇到特殊情况，则应将自动售检票系统调整为非正常运营模式，如列车故障模式、紧急放行模式等。

4. 车站大客流组织应急预案

车站大客流组织应急预案的具体内容如下。

（1）值班站长及时汇报大客流情况，调度员利用监控系统对车站内客流情况进行监控。

（2）在车站内部增加对乘客进行疏导的工作人员数量，同时设置防护设备，避免危害乘客人身安全。

（3）在车站中启用临时售票处，引导乘客预约购买单程票，避免自动售票机运行压力增加。

（4）在车站内安装指示牌，并采用广播等方式进行播报，加强对乘客的疏导宣传。

（5）利用监控系统对车站内部的运营情况、乘客疏导情况进行监控。

（6）加强对出入口、车站厅、站台客流的监控和引导，避免车站非收费区内人员拥挤和流通不畅。

（7）车站应根据乘客的流动方向，在楼梯、自动扶梯、出入口等位置进行客流疏导。

（8）如果站台比较拥挤，则车站可关闭部分自动售票机，减缓检票进站速度，同时对客流方向进行有效控制。

（9）在各个站台安排警卫人员，在列车进出站时加强检查。如果乘客数量过多导致大量乘客无法上车，则车站可对控制中心发出请求命令，根据实际需求增加列车数量。

（10）在列车停靠时，如果驾驶员发现部分乘客无法上车，或者车门无法正常关闭，应及时与调度员联系，并采用广播播报的方式，疏导乘客有序乘车。

5. 车站地区客流接驳与疏散的注意事项

乘客选择地铁出行，到达地铁站或出站后离开地铁站，可选择多种交通方式，包括步行、出租车、自行车、公共汽车等。通常情况下，换乘枢纽区域客流量比较大，乘客疏散难度也比较大，在客流接驳与疏散方面，应注意以下几点。

（1）设置简洁、清晰的行人流动线。

（2）为保证行人安全，应合理分离行人和车辆所对应的两种流动线。

（3）在各类交通工具之间，采取有效的连接方式。

（4）将多种换乘工具进行有效连接，避免产生冲突。

（5）合理规划建设诱导系统，对客流情况进行快速合理的分析。

（6）规划建设车站内部通道时，应注意与周边道路工程有效衔接。

5.2.4 突发事件客流组织办法

由于受设备故障、人为因素或环境因素等的影响，城市轨道交通车站内及列车内，有可能发生突发事件。在突发事件客流疏导中，车站要对突发事件的产生原因、类型等进行分析，及时制订突发事件客流引导方案，安全快速地疏散乘客，将突发事件的影响降到最低。

1. 疏散

疏散是指紧急情况下，利用所有的通道和出入口迅速将乘客从危险区域转移到安全区域进行避难。车站在发生火灾、列车事故、炸弹恐吓、气体泄漏、水淹等各种状况时，应进行人员疏散以紧急避难。

2. 清客

在车站内部或者在列车运行中，要求乘客从某个区域转移至其他区域，这一措施称为清客。

3. 隔离

隔离是指采用某种方式或设备将人隔开，封闭某个区域。

车站突发事件的客流组织需要轨道交通运营企业各部门的高度合作，努力在最短时间内完成客流转移。运营轨道交通的企业必须定期进行现场模拟训练，让每一位员工充分理解自己的职责和工作程序，才能在发生突发事件时使客流组织井然有序，保证乘客安全快速通行。

第六章　城市轨道交通安全风险管理

本章从城市轨道交通运营安全系统、安全控制和通用安全技术三个方面，分别介绍城市轨道交通安全风险管理的基本概念、理论、相关政策法规等。

6.1　城市轨道交通运营安全体系

城市轨道交通系统是由多个子系统和设备组成的，结构比较复杂，客流量较大。因此，一旦发生灾害事故，会造成严重后果。为避免灾害发生，各城市轨道交通企业、行业协会及主管部门联合制订了城市轨道交通系统的安全管理体系，如图 6.1 所示。

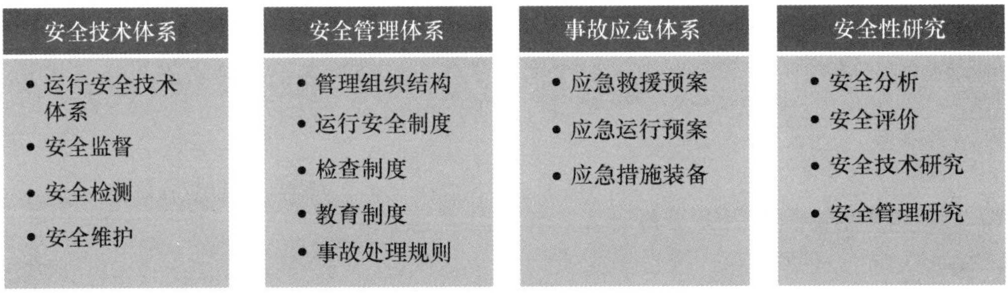

图 6.1　城市轨道交通系统的安全管理体系

6.1.1　安全管理

1. 安全与安全生产管理

(1) 安全。

安全管理的目的在于对生产系统采取有效的防护和管控措施，避免发生人员伤亡事故。

安全状况指的是系统在人为因素、环境因素及设备因素等的影响下而失效，但是不会发生人员伤亡事故。

为保证安全性，各类设备、技术工艺应能够发挥以下两项功能。

① 失误-安全功能。人员操作失误时，系统会自动引向安全结果。

② 故障-安全功能。例如，地铁信号灯发生故障时，默认会显示红色信号，禁止列车

通行。

（2）安全生产管理。

安全生产管理内容比较多，具体包括技术管理、设备管理、行政管理、生产环境管理等。在安全生产管理中，企业员工可作为主要的管理对象，同时，还应对各类材料、机械设备等进行协调控制，营造安全生产环境。城市轨道交通具有一定的特殊性，在安全生产管理中，还应重点关注乘客因素，加强安全教育，制订完善的安全计划方案及规章制度等。

2. 事故、危险、危险源

（1）事故。

在实际生产过程中，可能会发生各类意外事件，不仅会造成设备故障、经济损失，同时还可能会导致员工罹患职业病，甚至造成人员伤亡，这类事件即为事故。

事故类型可分为四种，即特别重大事故、重大事故、较大事故和一般事故。事故一旦发生，就会造成人员伤亡或者巨大经济损失。

（2）危险。

通过对系统安全工程进行分析可知，当系统发生的事件造成严重后果，并且超过人们的最大承受能力时，即构成危险。

（3）危险源。

从安全生产角度出发，对于生产过程中可能会造成人员伤亡、经济损失、作业环境破坏等的因素，均可视为危险源。

6.1.2　安全原理与事故致因理论

1. 安全原理

（1）系统原理。

在现代管理学中，系统原理是最为基本的原理。在生产管理过程中，为保证系统稳定，要求以系统原理作为基础，采取有效的系统方法，对管理活动进行全面细致的分析，进而提升管理效果，及时发现并合理处理生产管理中的各类问题。

安全生产管理系统包括安全生产管理人员、防护设备、安全管理规章制度、安全操作规范等。在生产全过程中，必须采取有效的安全管理措施，对生产环境、人员、设备等进行全方位控制。

（2）人本原理。

在安全生产管理过程中，必须坚持以人为本的原则，即人本原理。人是实施管理措施的主体，同时也是安全生产管理的客体。

（3）预防原理。

在安全生产管理中，不仅需在出现安全隐患后采取相应的防护措施，更应在事故发生前进行预防控制，根据生产现场实际情况采取多种技术措施及防护管理措施，避免人、机械设备、材料等处于不安全状态。

（4）强制原理。

在安全生产管理中，强制原理指的是利用强制性措施，对人的生产活动进行约束管理，要求员工绝对服从，在没有得到管理者同意的情况下可以采取控制行动。

2. 事故致因理论

各类事故的发生均有一定的规律和特征。在事故分析防范中，首先需对各类事故的发生规律进行总结分析，然后据此对安全生产系统进行控制，保证生产环节各类要素均处于安全运行状态。很多专家学者均对生产过程中的常见事故进行过研究分析，并总结形成多种事故致因理论，常见的有以下几种。

（1）事故频发倾向理论。

法默和查姆勃等在 1939 年首次提出事故频发倾向理论，具体指的是由于个人内在倾向而诱发事故。在工业生产过程中，如果存在事故频发倾向者，则事故发生率会显著提升；相反，如果事故频发倾向者比较少，则能够显著降低事故发生率。事故频发倾向理论认为，如果事故频发倾向者的观点不科学，则容易诱发工业事故。通过对职业适应性进行分析，部分岗位员工生产操作的危险性比较高，操作难度大，并且重要程度也比较高，对于这类特殊岗位员工，应要求其参加专业训练，并对其进行过严格的审查，取得特殊作业资格后才能从事工作。

（2）海因里希因果连锁理论。

海因里希在对各类工业伤害事故进行分析后，认为事故的发生过程具有因果关系，属于连锁反应事件。事故在发生后，可造成人员伤亡的结果，而事故的诱发因素比较多，包括人和物的不安全状态。其中，人的不安全状态主要受到生产环境及遗传因素的影响，而物的不安全状态则主要受到人的影响。对于事故的因果连锁关系，可采用图 6.2 所示的多米诺骨牌进行描述，中间的卡去除一张的话，会造成整个链条受到破坏，进而造成事故中止。另外，海因里希研究发现，在企业生产过程中，为保证安全生产，不仅要合理规避人的不安全行为，同时还应加强对机械设备及物质材料的管理，以确保二者处于安全状态，避免发生事故。

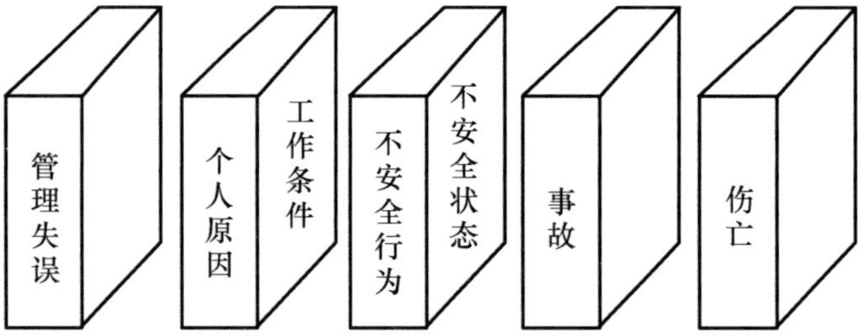

图 6.2　海因里希因果连锁理论

（3）能量意外释放理论。

1961 年吉布森提出了事故是一种不正常的或不希望的能量释放，意外释放的各种形式的能量是构成伤害的直接原因。因此，应该通过控制能量，或控制作为能量达及人体媒介的能量载体来预防伤害事故。

（4）系统安全理论。

系统安全理论与传统安全理论之间有较大区别，其创新点如下。

① 在事故致因理论的基础上，对生产操作人员的不安全行为进行控制，不重点考虑硬件故障的不良影响，而是考虑如何提升系统的可靠性，进而规避事故。

② 所有事物或者操作行为均无法保证绝对安全，均存在各类危险因素，因此，安全仅可作为主观判断结果。

③ 对于危险源，均无法采取有效措施完全规避，但可对危险源进行有效控制。

④ 在生产过程中，不同员工对危险源的识别能力有一定区别。部分员工可能无法快速准确地识别出所有危险源；部分员工虽然能够发现常见危险源，但是随着生产技术的不断发展，很多新技术和设备被应用于生产环节，因此，在危险源类型不断增多的情况下，识别危险源的能力有所下降。

6.1.3　职业健康安全管理体系

1. 特点

职业健康安全管理体系应用于安全管理中，要求采用 PDCA 循环管理模式，将安全工作过程划分为四个步骤，包括 Plan（计划）、Do（实施）、Check（检查）、Adjust（调整），要求在安全事故管控中采取有效的预防措施，同时对生产环节进行动态管控。

2. 内容

职业健康安全管理体系所包含的内容比较多，能够为企业安全生产及职业健康管理提供可靠依据，具体可参考 GB/T 28001—2011《职业健康安全管理体系 要求》。

3. 实施职业健康安全管理体系的作用

（1）在职业健康安全管理中制订完善的体系规范，并为安全生产提供指导。

（2）建立健全完善的职业健康安全法律规范和规章制度，并将其落实到安全生产管理中。

（3）提高对职业健康安全管理的重视度，积极主动地进行自我监督，发现安全隐患，并采取有效的应对措施。

（4）对生产环境进行优化调整，对员工进行宣传教育，提高安全生产技术水平，减少安全生产管理成本投入量，促进生产效益的提升。

（5）强化人力资源管理。在人力资源管理中，可将人力资本理论作为重要依据。研究发现，在企业生产过程中，工作环境及人的工作效率均会对生产过程的安全性产生较大的影响，只有采取有效的人力资源管理措施，才能够激发员工的凝聚力和创造力，促进生产效率的提升。

（6）加强企业形象建设。企业所面临的市场竞争环境比较激烈，故要求企业不仅要加强技术创新，同时还应营造良好的企业文化，提高社会责任意识，创建良好的企业形象。

6.1.4　安全生产相关法律法规

1. 国家安全生产方针

我国已制定并推广实施《中华人民共和国安全生产法》，其在对我国安全生产管理经验进行总结分析的基础上，提出在安全生产作业中必须坚持“安全第一，预防为主”的原则。

2. 安全生产法律法规体系

我国已制定的与安全生产相关的法律规范比较多，不仅有《中华人民共和国安全生产法》，还有《中华人民共和国职业病防治法》《中华人民共和国消防法》《中华人民共和国电力法》等。与此同时，国务院有关部门陆续颁布各项规章制度，各省、自治区、直辖市也加快制定地方性法律规范，使得我国安全生产法律体系越来越完善。

除此以外，关于安全事故应对处理，我国制定了《生产安全事故报告和调查处理条例》，在发生安全事故后，即可以此为依据，对事故发生的原因进行调查，同时追究相应的责任，保障事故受害人的合法权益。在具体的事故应对处理中，需坚持“四不放过”原则，详细调查事故的诱发原因，确定事故责任人，将整改措施落实到实处，同时对生产作业人员进行安全培训教育。

6.2 城市轨道交通安全控制

城市轨道交通系统由车辆、车务、供电、机电、通号、工建等部分组成。其犹如一架庞大复杂的联动机，在实现运营服务过程中，各个环节、各个部门要相互配合，紧密联系，互为整体。若其中一个环节出现问题，则可能危及运行安全。运行安全不但关系到整个地铁系统的正常运作，而且关系到广大乘客的生命安全和国家财产的安全，所以运行安全是城市轨道交通的生命线。

6.2.1 城市轨道交通企业运营安全组织结构及各项规章制度

1. 城市轨道交通企业安全管理组织结构

按照“集中领导，统一指挥”的原则，总部安全管理体系由决策领导层、管理监督层、执行落实层组成。本节以国内某城市轨道交通企业为研究对象，对该企业安全管理部门组织结构进行分析，如图 6.3 所示。

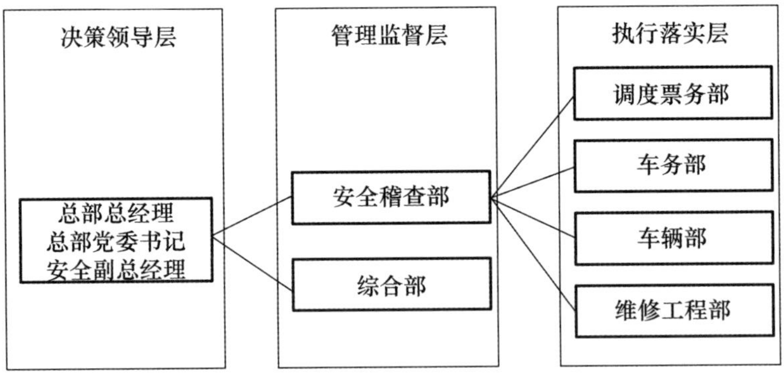

图 6.3 某城市轨道交通企业安全管理部门组织结构

在决策领导层中，主任为总部总经理，副主任包括总部党委书记、安全副总经理。

管理监督层的职责是对行政指导过程、机关人员安全规则制度的实施过程等进行监督检查。生产安全（包括行驶安全、工业安全）、消防安全管理监督由安全稽查部负责；交通安全管理监督由综合部负责。安全稽查部是安全委员会常设办公室，代表安全委员会组织安全检查、提出整改意见。

执行落实层包括调度票务部、车务部、车辆部、维修工程部等部门。

2. 城市轨道交通运营安全规章制度

地铁运行管理复杂程度比较高，在车站管理及列车运行管理中，所有员工必须遵守以下规章制度：地铁行车组织规则；突发事件应急处理办法；各类应急预案处理程序；车厂运作手册；车站运作手册；特种设备质量安全监察规定；各专业的操作规程、手册；行车事故管理规则；行车设备施工管理规定；安全、消防管理办法。

6.2.2　城市轨道交通企业安全控制过程

1. 制作工作活动分类表

在对工作活动进行分类时，首先需考虑信息收集及危险源识别的难易程度。

在对工作活动进行合理分类后，即可对危险源进行识别，同时实施企业必须设计用于危险源识别、风险评估和风险控制的策划表，一般内容如表 6.1 所示。

表 6.1　危险源识别、风险评估和风险控制的策划表

<table>
<tr><td colspan="2">管理细节，如评估者姓名、日期等</td></tr>
<tr><td colspan="2">工作活动：客车运行</td></tr>
<tr><td colspan="2">危险源：
1. 错开车门；
2. 夹人夹物动车；
3. 车门未关闭动车；
4. 客车火灾造成乘客伤亡。</td></tr>
<tr><td colspan="2">现行控制措施：行车组织规则、车站工作细则、客伤应急预案</td></tr>
<tr><td>暴露于风险中的人员：乘客</td><td>风险水平：高</td></tr>
<tr><td>伤害的可能性：高</td><td>伤害的严重程度：高</td></tr>
<tr><td colspan="2">根据评估结果而需采取的行动：安全培训、驾驶员持证上岗等</td></tr>
</table>

2. 识别危险源

(1) 危险源分类。

在企业的生产过程中，存在比较多的危险源，如果控制不当，不仅会危害工作环境，还会造成经济损失及人员伤亡事故。常见危险源如下。

① 物的故障。在各类机械设备的实际应用中，机械设备故障、元部件故障等都会使设备的使用性能变差，无法满足预定功能要求。此外，从安全功能角度出发，如果物处于不安全状态，则也可作为物的故障。物的故障主要是由设计不合理、使用不当、维修措施不合理等造成的。

② 人的失误。人的失误指的是人的行为的结果无法满足具体要求而造成系统出现故障，进而诱发事故。

③ 环境因素。环境因素包括生产环境中的温度、湿度、照明条件、噪声等。如果环境因素控制不当，则会造成误操作及机械设备故障等。

（2）危险源辨识方法。

① 询问、交谈。组织安全生产管理经验丰富的工作人员，对生产环节中的危险因素进行分析，对危险源进行初步识别。

② 现场观察。对工作生产环境进行全面细致的观察，及时发现危险源，现场观察的工作人员应掌握专业的安全生产技术，了解安全生产法律规范及规章制度等。

③ 查阅有关记录。对以往的事故记录、职业病记录进行查看分析，与生产现场进行对比，判断可能会出现危险源的位置。

④ 获取外部信息。查阅相关文献资料，与专家沟通交流，了解危险源相关信息，据此对生产过程中的危险源进行合理预估。

⑤ 工作任务分析。对生产过程中各项工作任务所涉及的危险因素进行分析，从中识别出危险源。

⑥ 使用安全检查表。根据生产需求及现场环境制订安全检查表，对安全生产过程进行全面细致的检查，找出危险源。

⑦ 进行危险与可操作性研究。在这一研究工作中，需对危险源进行严格审查和控制，以指导文件及标准格式作为依据，据此找出生产系统中的偏差和危险源，并制订针对性控制方案。

⑧ 事件树分析法。事件树分析法是一种从初始原因事件出发，分析各环节事件“成功”或“失败”的发展变化过程，并预测各种可能结果的方法。应用这种方法，通过对系统各环节事件的分析，可辨识出系统的危险源。

⑨ 故障树分析法。故障树分析法是由上而下的演绎式失效分析法。在系统运行过程中，可将系统事故结果作为依据，利用故障树分析法，找出造成事故的具体原因、事故发生条件及法则。在经过全面细致的分析后，即可准确找出造成系统故障的危险源。

从上可知，不同方法的适用范围及界限有所不同。为确保能够全面准确地识别危险源，可联合使用多种方法。

（3）危险源识别提示。

在对危险源进行识别时，首先可列明包含各类问题的提示单，比如，设备高处坠落、头上空间不足、滑倒等。在城市轨道交通企业中，主要危险源所在的责任部门、活动和可能的事故/事件如表 6.2 所示。

表 6.2　城市轨道交通企业主要危险源所在的责任部门、活动和可能的事故/事件

责任部门	活　动	可能的事故/事件
物资部货仓	危化品储存与发放	容器爆炸
	物料储存与发放	火灾
	机动叉车驾驶	机动叉车撞伤他人
	不正确使用、储存及搬运化学用品	化学品爆炸
		化学品火灾
	收发易燃易爆物品	火灾

续表

责任部门	活　　动	可能的事故/事件
维修部	不正确使用、储存及搬运化学用品	化学品爆炸
		化学品火灾
	车站设备区/隧道轨行区动火作业	火灾
	施工、作业	未登记作业或错进作业区域造成列车撞人事件
		电伤
	压力容器维护	容器爆炸
	工建轨道检修	造成列车脱轨的轨距误差、钢轨断裂、胀轨跑道故障
		造成列车脱轨的路基、道床下沉
	工建道岔检修	弹簧垫圈弹起伤人
		造成列车挤岔、脱轨的尖轨不密贴或不落槽故障
	工建路基检修	坑口隧道口附近路基坍塌
	工建建筑装饰检修	电伤
	通号信号机检修	造成列车冲突、列车挤岔、列车追尾等事故的信号假表示
	通号道岔维修	造成列车冲突、列车脱轨、列车追尾等事故的道岔位置室内外不一致的假表示
	通号 ATP 设备检修	列车追尾等事故的 ATP 故障
	车站设备区/隧道轨行区动火作业	火灾
	接触网检修	造成局部供电中断的接触网短路故障
		高空坠落
	变电所检修作业	电伤
		高空坠落
	烟烙尽/CO_2/1301 气体灭火系统检修	灭火系统误喷造成人员窒息
	机电屏蔽门检修	屏蔽门不能开启，导致旅客不能出入造成列车延误

续表

责任部门	活　　动	可能的事故/事件
车辆部	电客车维修	造成弓网事故的刮弓故障
		造成列车脱轨的悬挂件脱落故障
		造成列车脱轨的轮对脱轨故障
		造成行车事故的制动失灵故障
		造成行车事故的控制系统失灵故障
		造成用于紧急疏散的疏散门不能打开故障
		列车技术状态不良出库造成行车事件故障
		电伤
	不正确使用、储存及搬运化学用品	化学品爆炸
		化学品火灾
	车厂/隧道轨行区动火作业	火灾
	架车机操作	造成财产损失的架车时翻车事故
	轮对镟修	列车受损
	空压机供气	容器爆炸
	天车起重	天车损坏
		人员砸伤
车务部	车站紧急疏散	造成人员紧急疏散时伤亡的行为事件
	驾驶列车、办理进路	造成列车脱轨的行为事件
		造成列车追尾的行为事件
		造成列车挤岔的行为事件
		造成列车冒进信号的行为事件
		错办列车进路造成的行为事件
	驾驶列车、监控站台	列车压人、压物
	客车运行	错开车门
		夹人夹物动车
		车门未关闭动车
		客车火灾造成乘客伤亡
	办理作业手续	作业人员错进作业区域施工造成列车撞人的事件

续表

责任部门	活　　动	可能的事故/事件
调度票务部	应急处理	紧急事件发生后处理不当导致事件扩大
	运营时间内的监控	可能导致列车冲突的行为事件
		可能导致列车脱轨的行为事件
		其他行车事件的行为事件
	监控供电设备运行	导致接触网停电，列车被迫在区间或车站停车
		导致车站设备停电影响客运服务
	运营结束后施工组织	造成施工作业未请点作业行为事件
		造成施工作业未销点作业行为事件
		施工计划冲突
综合部	食品机器设备操作	触电
	煤气使用	爆炸、火灾
	用餐	食物中毒
	烹饪、用餐	其他伤害（传染病）
	设备维修	触电
		高处坠落
	绿化/清洁作业	触电
		窒息（井下作业）
	乘坐总部交通车上下班	发生交通事故造成驾驶员或上下班员工受伤
保卫部	保卫时受伤	其他伤害
	被猎犬咬伤	其他伤害
	巡逻时跌伤	其他伤害
公共办公部	不正确使用办公设备	触电
		火灾
	出差及外出	车辆伤害

3. 风险评估及风险控制策划

在风险评估中，首先需明确风险的基本含义，然后根据危险状况可能会造成的结果合理确定风险等级。根据法律规定及职业健康方针规定，部分风险为可容许风险。对于这类风险，应当采取有效的控制措施，确保其处于容许程度范围内。同时，还应当评估组织可容许风险的标准是否符合法律规定及职业健康方针中的具体要求。

4. 风险控制

风险控制措施的选用，要求综合考虑各项影响因素。如果具备条件，则应当完全消除危险源；如果不能完全消除危险源，则应当尽量降低风险；加强技术创新，采取有效的防控措施；联合应用技术管控及程序控制措施；安装机械设备防护装置，制订维护计划方案等；对各项指标进行监测，判断监视规制及监视措施是否符合计划方案。

6.3 城市轨道交通通用安全技术

城市轨道交通运行的安全范围与一般企业的生产安全有一定区别。城市轨道交通运行安全主要涉及行车安全、施工安全、设备安全、员工伤亡事故、火灾、客运安全等几个方面。

行车安全，具体指列车运行安全。城市轨道交通运行的行车安全包含的事件类型比较多，如危害列车正常运行的事件，列车运行、调车作业中与人和各类设备安全相关的事件，电动列车及施工列车运行过程中危及乘客安全的事件等。

施工安全，是指在城市轨道交通非运营时间段组织的各种工程作业的安全，主要涉及施工作业指导者、作业程序、工程车的运转和组织、人员的安全资质管理及各种作业安全管理等。

设备安全，是指保证在生产活动中设备状态良好、运用安全。设备事故是指运营本部所属设备出现故障，导致设备质量无法保证，技术性能降低，不能投入正常使用，并且其所造成的经济损失已超过规定限额的各类行为或者事件。

员工伤亡事故，是指在日常劳动中所发生的危害员工人身安全的事故类型。也就是说，员工在工作中，由于企业生产环境不合格、劳动条件不符合规定、设备安全性无法保证，或是企业领导将员工向企业外派遣从事本企业活动，导致员工受到人身伤害的事故。

火灾，是指失去时间和空间控制的燃烧灾害。无论是发生在车站还是区间列车上的火灾，都属于地铁消防安全范围。地铁消防安全教育主要包括一般火灾知识和地铁专用消防设备的功能和使用等。

在车站（包括出入口）、站台及列车内发生的乘客人身安全事件，都是客运安全事故。

6.3.1 列车运行安全管理

列车运行安全管理主要包括行车安全管理、施工安全管理及设备安全管理。

1. 行车安全管理

（1）行车事故分类。

根据行车事故的性质、所造成的损失及对于行车所造成的不良影响的不同，可将行车事故划分为四种类型，即重大事故、大事故、危险性事故及一般事故。

① 重大事故，具体指的是在列车运行过程中，由于发生冲突、列车脱轨、火灾、爆炸等，造成人员重大伤亡、车辆重度损毁、调车作业发生严重冲突、脱轨或中断正线行车时间过长等严重后果的。

② 大事故，是指和重大事故相比，其严重程度较小的事故。

③ 危险性事故，是指事故的性质很严重，但是损失的结果和受害的结果不够充分，没有发生大事故。例如，在占有区域开出列车；列车错开车门，开车时开门但车没有停；

超过列车的突进信号或突进标志；列车夹着人开车等。

④ 一般事故，是指性质及所造成的损害后果程度轻微，没有达到大事故及危险性事故的标准的事故。例如，在列车运行中发生的调车脱轨，以及因行车有关人员违反劳动纪律导致漏乘、出务迟延耽误列车运行等，均属于一般事故。

（2）行车事故报告。

一旦发生行车事故，要求根据事故调查结果制订行车事故报告，内容包括事故发生的具体时间，地点，列车车次，关系人员姓名、职务，列车运行线路，人员伤亡情况，设备损坏情况，对于邻线运行的影响，以及其他必须说明的内容及要求等。

收到事故报告后，要积极防止事故扩大，开展救援活动，按照相关规定保持最大限度的运营，并立即向中心值班主任报告，按照“先来后复”的原则指挥事故处理。

（3）事故调查及处理。

事故发生后，在事故调查处理小组到达事故现场之前：发生事故时，在区间内由驾驶员负责；车站附近的值班站长到达现场后，由值班站长负责；事故发生在车站内的，由值班站长负责。具体任务包括：在伤员救治中做好指挥调度；针对应急救援工作做好完善的准备；尽快开通线路，检查现场，收集并保留物证，找出本次事故证人并做好记录等。在事故调查处理小组达到现场后，事故负责人必须详细汇报上述内容。

事故处理结束后，事故调查处理小组召开事故原因分析会议，明确事故责任，认定事故性质，对事故负责人提出处理建议，制订预防措施。

2. 施工安全管理

在施工作业前，首先需确定施工现场负责人，如果有需要，可在辅助车站中设置施工责任人。施工负责人和责任人均要求经过严格培训，并获得安全合格证，确保持证上岗。

施工负责人、施工责任人的工作内容和职责具体如下：对现场设备及作业人员进行管理；对现场施工进行指挥调度；与车站和车场联系，确定具体的作业内容；组织在施工现场安装安全防护设施，作业完成后及时撤销；清理施工场地等。

为保障工程安全，施工人员、调度人员、车站工作人员等必须按照规定设置防护设施。例如，在互联网的停电检查和与停电联动的接地线接触的情况下，供电作业人员在该作业区域的两端画上接地线；在车站内的铁路施工时，工程负责人在车站两端的轨道上设置红色指示灯进行保护；在车站之间的铁路工程中，对于施工部门，应当设置防护，在施工区间内，在两端车站端壁门平行位置，要求在轨道中央安装红灯，以发挥警示作用；施工前，要在车站设置亮红灯，通知工作区对面的车站工作人员放置红色闪烁灯进行保护；工程结束后，在车站撤去红灯，通知工作区另一站值班人员撤去红灯；过车站之间时，车站的防护信号要放在车站对面墙门平行位置的轨道中央。

车站值班人员应当合理安排工作人员进入站台，对红闪灯的安装情况和运行状态进行检查，判断是否符合相关规定，并进行不定期检查。

3. 设备安全管理

在电气化铁路运行过程中，接触网导线及与之相连的各个部件一般均带有高压电，在施工或者运行过程中，工作人员禁止直接或者间接触碰。

在接触网运行过程中，如果接触网绝缘性能降低，则在支柱结构、支撑结构、金属构件、回流线和轨道的连接点上，均可能会产生高压电，因此，应当注意避免触碰上述构件。如果接触网绝缘损坏，则禁止触碰上述构件。

在接触网维护检查中，如果发现断线故障或者零部件损坏、接触网上有线头，则禁止与之接触，应立即联系供电部门派遣人员处理。在接触网检修员到达之前，要对故障处做好防护，任何人均应禁止靠近电线被切断的 10m 以内的范围。

在接触网停电接地之前，禁止爬上电气化铁路上的各种车辆的车顶，或在车顶上进行任何操作，禁止用软管冲洗车辆上部。

若行人持有木棒、竹竿、彩旗等长物靠近接触网下时，不可高举，必须将物品水平通过道口。

要求制订完善的事故报告程序，对安全事故进行全面细致的调查，对事故产生原因进行分析，及时采取有效的处理措施，制订预防性控制措施等。应严格按照各城市轨道交通企业的各种安全规定及相关事故处理规定执行，具体措施可参照前文行车安全管理部分。

6.3.2 消防安全管理

可燃物、助燃物及火源共同组成了燃烧条件，其中，可燃物包括石油、汽油、纸张等；助燃物一般为空气中的氧气；而火源类型较多，包括明火、雷击等。如果同时具备上述三个条件，则可发生燃烧。因此，在防火方面，应根据上述三个条件采取针对性防控措施：第一，对可燃物进行控制，比如，在施工过程中，部分材料具有可燃性，应采用不可燃材料替代；第二，对于小范围危险品场所，应当避免排放气体，降低空气中氧气的浓度；第三，禁止在油箱、化学危险品仓库放烟花，并设置防爆炸电气设备等，一旦发生火灾事故，能够及时灭火。

灭火方法可分为四种类型：第一，冷却法，通常可用水灭火，一般可燃物都能用水救出，把水喷到燃烧区，可使燃烧区的温度快速下降，消灭火焰；第二，窒息法，如果液化石油瓶处于燃烧状态，则可利用湿麻袋或者湿浴巾覆盖；第三，隔离法，在燃烧过程中，着火点附近如果有可燃物，但是尚未燃烧，则应尽快将其转移至安全场所；第四，化学抑制法，将化学灭火剂喷射到燃烧物表面以达到灭火效果。

第七章　运营期保险

7.1　运营期保险概述

随着近年来我国城镇化和社会经济的进一步发展，尤其是城镇化进度的加速，城市轨道交通工程建设数量不断增加，规模不断增大，对运营安全管理的要求也不断增加。城市轨道交通运营过程中的各类风险因素，可通过保险进行风险转移。现如今，很多城市的轨道交通工程已进入运营阶段，对列车运营过程中风险的保险需求也逐渐增加。为有效管控城市轨道交通运营风险，保障公众的安全和设备的可靠性，降低企业风险成本，从城市轨道交通试运营之日起就应购买相关保险。

过去，客户对于理赔服务的重视度比较高，现如今，很多客户已逐渐开始关注风险管控服务。很多客户在选购保险时，不仅将保险作为一种财务安排方式对各类意外损失、自然损失等进行防控，同时更多的是通过借助保险企业成熟的风险管理实践经验和全面且先进的风险管理技术手段，尽可能地减少和避免各类风险事故发生，以保证城市轨道交通运营的连续性。

城市轨道交通运营期保险是指投保人（即运营商、业主或运营期保险的其他利益相关者）与保险公司签订的承保由于自然灾害、意外事故所造成的财产损失、第三者财产损失，以及企业网络安全事故所需承担的经济赔偿责任和各类费用的综合性保险。常见自然灾害包括地震、暴雨、滑坡、崩塌、冰雹、暴风、泥石流等；意外事故指的是无法提前预知并采取有效控制措施的各类突发性事件，如火灾、爆炸等。

我国城市轨道交通保险承保范围主要为工程建设领域。在轨道交通运营过程中，保险类型主要有两种，分别为财产险及公众责任险。目前，轨道交通运营的各个领域，保险保障依然没有实现完全覆盖。

7.1.1　运营期保险的种类

城市轨道交通运营过程中可能会遇到各种风险，复杂多样的潜在风险因素决定了其存在转移各类损失及赔偿风险的需求。因此，为城市轨道交通运营提供专门保障的运营期保险在运营风险转移方面发挥着极其重要的作用。

城市轨道交通运营期购买的常规险种有财产一切险、机器损坏险、公众责任险、雇主责任险、营业中断险、现金保险、安全生产责任险、董事及高管责任险、企业网络安全保险等。具体险种可根据城市轨道交通设备质量及发生故障频次、人员意识及技能水平、外部风险等情况综合评定后选择购买。

7.1.2 运营期保险的保障范围及内容

运营期保险保障范围及内容见表7.1。

表7.1 运营期保险保障范围及内容

保险险种	主要保障范围
财产一切险	地震、暴风、雷击、洪灾等自然灾害；火灾、爆炸、碰撞、管道破裂、盗窃、他人恶意破坏等意外事故
机器损坏险	员工的误操作、恶意破坏行为；电气原因引起的损坏，离心力引起的断裂等
公众责任险	经营过程中发生意外事故造成第三者人身伤亡和财产损失，依法应承担的经济赔偿责任
雇主责任险	员工在工作期间和上下班途中遭受意外伤害、突发疾病或员工患职业病，企业应承担的经济赔偿责任
营业中断险（财产一切险或机器损坏险的附加险）	因保险合同主险条款所承保的风险造成营业所使用的物质财产遭受损失，导致被保险人营业受到干扰或中断，由此产生的赔偿期间内的毛利润损失
现金保险	下列原因造成的保险标的的损失：火灾、爆炸、空中飞行物体坠落；自然灾害；抢劫
安全生产责任险	对生产经营单位发生的生产安全事故造成的人员伤亡和有关经济损失等予以赔偿，并且为投保的生产经营单位提供事故预防服务
董事及高管责任险	被保险董事及高管在履行公司管理职责过程中，因被指控工作疏忽或行为不当（其中不包括恶意、违背忠诚义务、信息披露中故意的虚假或误导性陈述、违反法律的行为）而被追究其个人赔偿责任时，由保险人负责赔偿该董事或高管进行责任抗辩所支出的有关法律费用，并代为偿付其应当承担的民事赔偿责任的保险
企业网络安全保险	主要针对投保企业自身的资产，包含网络安全事件造成的业务中断损失、网络勒索损失、数据泄露损失、企业名誉损失、法律费用等；针对第三方的保险责任主要包括第三方数据的泄露、丢失、损坏等风险

7.2 运营期保险的特征

1. 风险种类和保障范围具有综合性

城市轨道交通的运营范围是一个由社会、经济、自然、文化等诸多因素组成的统一体，在其内容、功能及空间结构上都有独特的属性。城市轨道交通既是现代人类为了追求安全、迅速、准时地抵达目的地而使用的交通工具，也是各种自然灾害和事故风险的聚集地，还是各种社会风险的发生地。城市轨道交通的运营管理系统本身就是一个涵盖了人员、装置、环境、管理等方面的大型系统，又是一个站区之间系统高度关联、相互重复的整体系统。系统中存在着各种各样的风险。各项风险的影响因素错综复杂，风险程度高。因此，运营期保险的风险责任是相当广泛的。

2. 运营风险的后果具有严重性

城市轨道交通是公共交通系统的重要组成部分。列车在高速运行时，乘客处于半封闭环境中，这对城市轨道交通系统内部各类通风设备、照明设备的要求比较高，如果发生故障，则可能会造成严重的影响。随着城市轨道交通建设水平的不断提升，很多轨道交通已逐渐从单线运营发展为多线运营。多线运营逐渐催生很多新型风险因素。同时，风险不断扩大，影响范围广泛，一旦发生事故，则会形成放大效应。

3. 涉及较多的利益关系人

运营期保险的保险标的涉及多个利益关系人，包括业主、运营商、投资者、贷款银行等，他们均可能对保险标的具有保险利益，从而使运营期保险的保险关系较其他财产保险更为复杂。

4. 运营期保险承保的风险是一种巨额风险和技术风险

城市轨道交通本身投资巨大，运营系统庞大而复杂、技术含量高、技术专业性强，各系统之间相互交叉，涉及多种学科或多项技术领域，从而对运营期保险的承保技术、承保手段和承保能力都提出了极高的要求。

7.3 运营期保险的作用

1. 保护投保人或者被保险人的利益

运营期保险的主要作用在于经济补偿。在轨道交通运营过程中，发生风险事故时，如果损失金额比较小，则运营者所需要承担的经济压力也比较小。但是，如果风险事故发生后所造成的损失金额较大，则属于重大损失。若超过了运营者自身的承担能力，则运营者就会面临很大的财务风险。运营期保险不仅可以使运营者通过较小且稳定的保费损失来解决未知的风险问题，而且还能使运营者得到及时的经济损失补偿。

2. 有利于降低处理事故纠纷的协调成本

由于轨道交通运营期保险将所有可能在运营中发生的事故及其可能给运营者造成的损失，均已在轨道交通运营前在保险合同中详细列明，因此，在轨道交通运营过程中，如果发生某种事故，则可以保险合同作为依据，及时进行事故处理，既能有效提高事故处理效率，又能降低运营中发生事故纠纷的沟通协调费用，有利于运营中对风险的控制和管理，使风险发生率最小化。

3. 减少损失的不确定性

风险是客观存在的不确定的损失。风险事故的发生与否不能确定，发生的时间不能确定，发生的可能性和原因也不能确定，损失的后果也不能确定。为了减轻或者消除非预期性风险所带来的影响，运营者可以通过投保把风险直接转移到保险机构。保险企业遵循“大数法则”。如果很多保险目标具有同质化特征，则在一个比较小的波动范围内，风险发生次数较多，同时风险所造成的损失值也比较大。另外，保险企业在经营管理中，还可以选择再保险的形式，将经营风险进行分散处理，一旦发生巨额风险，则可在全国范围内或者全世界范围内进行分散和控制。这一做法可显著提升保险企业经营安全，同时还有利于提高被保险人所接受的风险保障程度。

4. 促进运营商风险管理水平的提升，加快推进科技创新

为了对事故损失进行有效控制，同时使保险公司的损失降低，在保险期限范围内，保险人可根据以往的工作经验，并合理利用专业的风险管控知识，为投保人及被保险人提供风险管理服务，进而达到防损减灾的效果。比如，在事前为投保人及被保险人提供风险预防服务，在事中对风险损失进行评估，事后对风险损失进行赔偿控制等，帮助受害者和被保险人进一步增强自身的安全意识，提升事故应急能力，增加安全装备，强化对风险的防范，从而有效地减小风险事件发生的概率并且有效地降低风险受害者损失的严重性。

保险公司本着实现降低风险为主要目标，客观上也促进了我国城市轨道交通运营商的风险管理水平。通过保险的方式可以让运营商免除后顾之忧，运营商也可以大胆地去研究或者尝试一些新技术、新手段，而不必再担心它们可能带来的经济损失。

7.4 保险的基本原则

7.4.1 保险利益原则

保险利益指投保人对于保险标的具有的法律上承认的利益。在保险合同签订及其他约定义务确定过程中，均要求将保险利益作为重要基础，同时，保险利益也是保证保险合同能够生效、保险在存续过程中能够持续发挥效力的重要保障。

对此，可从以下三个方面来理解。

1. 保险利益受到法律相关规定认可

保险利益必须符合国家法律规定，在保险利益的取得、享有等方面，均要求能够达到法律相关标准。违法取得的保险利益不具有法律效力，即使进行了投保，相关保险也是无效的。例如，投保人对其违章建筑投保财产险，即使在投保完成后发生事故导致损失，保险人也可以以该建筑不具有合法的保险利益为由拒绝理赔。

保险利益的合法性要求，从法律上规范了投保人的各种保险利益和行为都必须满足法律的规定。投保人的行为如果不符合保险利益规定，则所获得的保险赔偿可被认定为非法收益。

2. 保险利益可利用货币衡量

对于保险利益，要求必须能够用货币进行衡量。在保险责任事故发生后，被保险人受到一定的损失，保险人可为其提供与损失相适应的货币，据此为被保险人提供赔偿或者补偿。如果当事人对于保险标的并不具备经济利益，或者部分利益无法采用货币进行准确计量，则不能给付保险金。

3. 保险利益是事实上可确定的

保险利益是已经确定的利益，或者能够采用一定的措施予以确定的利益。其中，如果利益已经确定，则保险利益又称现有利益。能够确定的利益指的是根据客观预期分析能够顺利实现的利益，又称预期利益。在对预期利益的评估和分析中，需将现有利益作为基础，经过合理预计后，认为在未来能够实现该利益，要求具备客观事实作为前提和保障。在利益预期分析中，如果是盲目猜测或者凭想象认为可能会获得的利益，则不能将其作为保险利益。

保险利益原则是保险的基本规则。在保险合同的签订及履行过程中，投保人对于保险标的应当能够获得保险利益，如果不符合这一条件，则保险合同无效。通过制订保险利益原则，即可进一步确定保险人的赔偿责任范围，对于保险人的赔偿责任，应当控制在投保人实际保险利益范围以内。

保险利益原则限制了投保人的投机和赌博行为，如为其不具有保险利益的财产或人身投保，然后希望通过事故发生后保险人的理赔以获取保险金的赔偿。同时，保险利益原则也在一定程度上避免了道德风险，如投保人为与其不相干的人或标的物投保，人为制造保险事故，以获取保险金的赔偿。

7.4.2　最大诚信原则

最大诚信原则要求在保险合同的签订及履行过程中，合同双方均必须保证诚信，严格履行自身义务，避免欺瞒，并且在合同认定中恪守承诺，保障合同的有效性。《中华人民共和国保险法》（以下简称保险法）明确规定，在保险活动中，无论是在当事人行使权利时，还是在履行义务时，均必须遵循诚信原则。在投保过程中及随后的保险责任期间，保险双方均要求遵循最大诚信原则，必须最大限度地互相告知或者通知对方保险标的和保险条款的真实情况和变化情况，互不欺骗和隐瞒，以最大的诚意履行各自的责任和义务。对此，可从以下两个方面来理解。

1. 在一切民事行为中将诚信原则作为基本原则

在所有民事行为的各项原则中，诚信原则为最基本原则，保险行为也不例外。尽管诚信原则属于道德范畴，但很多相关法律已经将其上升到法律规定的层面，具备了法律上的效力。违反了诚信原则，就不仅是违反道德标准，而是违法，必须根据国家法律规定进行制裁。

2. 最大诚信原则的主要内容

（1）告知。

在保险合同订立过程中，保险人应当与投保人进行沟通交流，对保险合同中所规定的各项条款和其他相关事实进行介绍，并且将保险合同中有关的各项事实如实地向投保人进行陈述。告知是保险合同双方当事人的法定义务。

关于保险人违反告知义务的情况，保险法中也做出了明确规定，订立保险合同，采用保险人提供的格式条款的，保险人向投保人提供的投保单应当附格式条款，保险人应向投保人说明合同的内容。在保险合同中，如果部分条款中规定免除保险人责任，则在合同订立过程中，保险人在保险单、投保单及其他凭证上，均要求做出明确提示，并告知投保人各类注意事项。另外，对于相关条款的具体内容，应当采用口头形式或者书面形式，为投保人进行详细说明；如果在条款制订中没有做出提示或者详细说明，则这一条款无法生效。

关于投保人违反告知义务的情况，保险法中也做出了明确规定，订立保险合同，保险人就保险标的或者被保险人的有关情况提出询问的，投保人应当如实告知。投保人故意或者因重大过失未履行如实告知义务，足以影响保险人决定是否同意承保或者提高保险费率的，保险人有权解除合同。规定的合同解除权，自保险人知道有解除事由之日起，超过三十日不行使而消灭。自合同成立之日起超过二年的，保险人不得解除合同；发生保险事故的，保险人应当承担赔偿或者给付保险金的责任。投保人故意不履行如实告知义务的，保险人对于合同解除前发生的保险事故，不承担赔偿或者给付保险金的责任，并不退还保险费。投保人因重大过失未履行如实告知义务，对保险事故的发生有严重影响的，保险人对于合同解除前发生的保险事故，不承担赔偿或者给付保险金的责任，但应当退还保险费。

（2）保证。

在签发保险单时，或者在承担保险责任前，保险人要求投保人针对某一具体事项的作为或者不作为，或者针对某种事态的存在或者不存在所做出的承诺，即为保证。在保险合同订立过程中，需将保证作为重要内容，在保险单签发过程中，投保人必须履行这一义务。

在保险合同签订过程中，保证相关事项是十分重要的内容，同时也是保险合同订立的关键条件。各国法律规范不同，但是，对于投保人不遵守保证事项所制订的相关要求均十分严格，如果投保人违反保证内容，则无论其是否发生过失行为，或者是否对保险人造成损害，保险人均可解除保险合同，并且无须承担相应的责任。

在最大诚信原则中，保证和告知均为十分重要的内容，二者之间有一定的区别。英国大法官曼斯菲尔德对保证和告知进行分析，认为二者之间差异较大，其中，告知仅要求实质上正确，而对于保证内容，则要求严格遵守。由此可见，保证对投保人的要求比告知更为严格。

保险当事人双方均要求遵守最大诚信原则，但是，在保险的实践过程中，对投保人的要求往往更高。保险合同的拟定以保险人为主体，很多保险合同均明确规定投保人所必须履行的特定义务。因此，在保险合同的实际履行环节，如果发生解除保险合同的情况，或者确定保险金给付额时，保险人所拥有的抗辩机会比较多。对此，为了切实保障投保人的权益，避免保险人滥用投保人的违反告知或者保证，进而拒绝履行保险责任，各国均不断完善保险法律规范，并且明确规定弃权和禁止反言，据此对保险人的行为进行约束管理，进而保证保险人与投保人各项权利与义务的平衡性。

（3）弃权与禁止反言。

弃权指的是在保险合同中，当事人主动放弃其所享有的部分权利，常见的有两种：解约权和抗辩权。无论是保险人还是投保人，均可弃权，但是通常情况下，弃权的主要作用是对保险人进行约束控制。在保险人单方面言辞或者行为发生后，弃权即可发生效力。保险人弃权应当符合以下两点要求：第一，保险人享有合同的解释权及抗辩权；第二，保险人针对弃权已做出意思表示。

禁止反言指的是在保险合同双方中，如果某一方已明确做出表示，放弃根据合同规定其所能够享受的某种权利，则后续无法向他方再次主张这种权利。比如，保险人在了解到被保险人陈述的事实条件后，已认定其会对保险合同的效力产生影响，但是依然接受这一事实条件，并接受投保，则在保险履行过程中，保险人不应以其他事实存在而对保险合同的效力提出异议，此时，保险人处于禁止反言状态。

在保险合同履行过程中，弃权及禁止反言的主要作用均是对保险人进行约束控制，保险人必须对自身行为负责，进而充分展现出最大诚信原则。弃权及禁止反言的相关规定起源于英、美、法等国家，2009 年，我国对保险法进行修订，也增加了弃权及禁止反言的相关内容。保险法规定，订立保险合同，保险人就保险标的或者被保险人的有关情况提出询问的，投保人应当如实告知。投保人故意或者因重大过失未履行前款规定的如实告知义务，足以影响保险人决定是否同意承保或者提高保险费率的，保险人有权解除合同。前款规定的合同解除权，自保险人知道有解除事由之日起，超过三十日不行使而消灭。自合同成立之日起超过二年的，保险人不得解除合同；发生保险事故的，保险人应当承担赔偿或者给付保险金的责任。投保人故意不履行如实告知义务的，保险人对于合同解除前发生的保险事故，不承担赔偿或者给付保险金的责任，并不退还保险费。投保人因重大过失未履行如实告知义务，对保险事故的发生有严重影响的，保险人对于合同解除前发生的保险事故，不承担赔偿或者给付保险金的责任，但应当退还保险费。保险人在合同订立时已经知道投保人未如实告知的情况的，保险人不得解除合同；发生保险事故的，保险人应当承担赔偿或者给付保险金的责任。

7.4.3　近因原则

在风险事故和风险损失之间，造成损失结果的最为重要的原因为近因。如果近因属于保险责任，则保险人应当承担赔偿责任，反之，保险人无须承担赔偿责任，此即近因原则。英国《1906 年海上保险法》对近因原则已做出明确规定，除非在保险单以外另有规定，在其他情况下，保险人对于其所承保危险近因所造成的损失，应当承担责任，反之，则概不负责。对此，可从以下两个方面来理解。

1. 近因原则要求的是事故与损失之间的因果关系

在保险责任承担方面，首先需要确定因果关系，因此，保险人应当对风险事故及其所造成的损失进行分析，判断二者之间是否具有因果关系。因果关系是指原因和结果之间的内在联系，具有以下特征。

（1）时间顺序性。

原因在前，结果在后。从保险的角度讲，就是事故发生在先，损失发生在后。

（2）客观性。

原因和结果均是实际存在的、确定的。从保险的角度讲，就是由于一定的原因导致了实际存在的损失结果。

（3）复杂性。

在一种原因的影响下，可能会造成一种结果，也可能会造成另外多个结果；在多种原因的共同影响下，可能会产生一种结果，也可能会产生另外多种结果。从保险的角度讲，损失结果可能是由于一种或者多种原因共同造成的。

2. 近因原则要求的因果关系是最主要、起决定作用的因果关系

在实践中，保险标的损失往往同时存在多种原因，近因原则的意义在于找出导致保险标的损失的决定性影响因素，据此判断保险人是否需要承担相应的赔偿责任。

根据我国保险业务的实践经验，在具体应用近因原则时，有以下两种情况。

（1）损失由单一原因所致。

通过对保险标的损失进行分析，如果是由一种原因造成的，则这一原因可作为近因。对这一近因进行分析，判断其是否处于保险责任范围内。如果近因属于保险责任范围，则保险人应当承担相应的责任，反之，则无须负责赔偿。比如，在利用货车运输货物时，受强降雨影响导致货物受损，如果投保人在水渍险的基础上增加了淡水雨淋险，则保险人应当承担赔偿责任；反之，则无须赔偿。

（2）损失由多种原因所致。

保险标的损失可能是由两种或者两种以上原因造成的，可以分为以下两种情况。

① 多种原因同时发生导致损失。

如果多种原因在同一时间发生，并且没有先后区分，则这多种原因均可作为造成保险标的损失的近因，但是要求根据实际情况区别对待：若各种原因均属于保险责任，则保险人须对所有损失承担赔偿责任；如果所有原因均不属于保险责任，则保险人无须承担赔偿责任；在所有原因中，部分原因属于保险责任，并且能够对保险责任内、外损失进行区分，则保险人只需承担保险责任范围内这部分原因所造成的损失；如果区分各类原因是否属于保险责任范围内有困难，则保险人应当与投保人或被保险人进行沟通交流，并协商处理赔偿事宜。针对这一情况，可根据以下两种意见进行处理：第一，在保险人和被保险人之间平均分摊损失；第二，保险人无须承担赔偿责任。

② 多种原因连续发生导致损失。

损失是由多种原因连续发生造成的，在各类原因中，原因和结果之间具有因果关系，并且在多个原因之间均存在因果关系，则最先发生的且诱发后续一连串风险的原因，可作为近因。如果所有责任均属于保险责任，则保险人应当承担赔偿责任；反之，保险人无须承担赔偿责任。另外，在所有原因中，如果部分原因属于保险责任范围，比如，前因属于保险责任范围而后因不属于保险责任范围，则保险人应当承担赔偿责任；反之，保险人无须承担赔偿责任。

因果关系的复杂程度比较高，近因原则要求保险人在判断因果关系时，找到导致损失结果的最主要、起决定作用的原因，也就是对损失结果起支配作用、主导作用的原因。例如，工程保险中，由特大规模地震引起火灾，导致在建工程发生损失，地震和火灾均为造成损失直接发生的两个主要原因，与其他损失之间存在着因果关系。地震本身就是一个前因，火灾本身就是后因，两种情况导致其他损失连续发生，但这两种原因中导致其他损失

发生的最直接、最主要的原因就是特大规模地震灾害。在保险意义上，地震可作为近因。如果地震灾害属于承担保险责任范围内，则对于地震灾害所造成的损失，应当根据保险规定赔偿；如果地震灾害属于保险的一种除外责任，则地震灾害所造成的损失无法取得保险赔偿。

近因原则要求保险人对赔偿责任的认定，首先必须明确发生的事故和损失之间是否存在着因果关系，其次要确定造成损失的原因是否为保险责任。在对近因进行分析后，如果认为其属于被保风险，则保险人要承担赔偿责任。如果近因为未保险风险，则保险人无须承担赔偿责任。

7.4.4　损失补偿原则

在保险合同履行过程中，经济补偿是保险的基本职能，同时也是保险事业发展的关键，因此，必须严格遵循损失补偿原则。损失补偿原则可应用于财产保险合同或者其他补偿性保险合同中。

通过对损失补偿原则的具体要求进行分析可知，当保险合同发挥效力后，如果损失属于保险责任范围以内，则被保险人可将合同中的各项规定作为依据，进而获得赔偿。在此过程中，保险的作用是在保险标的损失后，为被保险人提供相应的补偿。需要注意的是，被保险人无法获得保险赔偿以外的利益。损失补偿原则充分展现出保险的重要宗旨，具体而言，在保险履行过程中，被保险人可根据保险中的各项条款规定获得经济保障，同时还能够避免被保险人从中获取额外利益。对此，可从以下方面来理解。

1. 损失补偿的前提是发生了保险责任范围内的事故

如果损失属于保险责任范围内，则保险人即应为投保人及被保险人提供保险金作为补偿。如果在事故发生后没有造成较大损失，并且事故并不属于保险责任范围内，则保险人无须承担赔偿责任。

2. 损失补偿的金额不能超过保险金额

如果事故和损失之间已明确具有近因关系，则保险人应当根据合同中的各项规定，为投保人或被保险人提供补偿。确定补偿金额时，要求将投保人或被保险人所遭受的实际损失作为标准，避免超过这一标准。在保险合同履行过程中，投保人或被保险人不能通过保险获得实际损失以外的利益。这充分体现出保险的重要作用在于补偿损失，投保人或被保险人不能将保险作为获得利益的方式，避免产生骗保行为。

3. 损失补偿原则在保险实务中的特殊情况

（1）定值保险。

在保险合同签订过程中，合同双方共同协商约定的保险标的价格，可作为定值保险。根据定值保险即可确定保险金额，通常为足额投保。在发生保险事故后，要求根据损失程度按照一定的比例进行赔付，因此，保险人所付出的保险赔款可能大于实际损失，对此，在损失补偿中，应当采用定值保险方式。比如，在海洋运输货物保险中，由于货物运输具有一定的特殊性，出险地点并非固定，而且不同地区对于货物的定价差异比较大，因此，在发生损失后，如果根据损失发生地点市价来确定损失，则可能会引发纠纷。对此，应当采用定值保险方式。

（2）重置价值保险。

重置价值保险可根据被保险人重置保险标的或者重建保险标的所需成本确定保险金额。通常情况下，在财产保险投保过程中，需将保险标的实际价格作为依据，如果发生损失，则应当对实际损失进行计量，据此确定赔付额。但是，在通货膨胀及物价上涨等因素的影响下，在发生财产损失后，保险赔款已无法达到实际损失额，对此，要求对保险赔款进行重置或者重建。为了能够满足被保险人的这一需求，保险人应当允许投保人根据损失财产的实际价值进行计算，如果超过保险标的，则可对损失价格进行重置或者重建，在发生损失时，即可根据重置费用进行赔付。由此可见，在损失补偿原则中，重置价值保险比较特殊。

7.4.5 代位追偿原则

保险法第六十条规定，因第三者对保险标的的损害而造成保险事故的，保险人自向被保险人赔偿保险金之日起，在赔偿金额范围内代位行使被保险人对第三者请求赔偿的权利。代位追偿原则是从损失补偿原则发展而来的，具体指的是在财产保险中，保险标的发生保险事故，进而导致推定全损，保险人根据合同中的相关规定对投保人或被保险人提供赔偿，进而获得保险标的所有权，或者向对保险标的损失负有责任的第三者提出追偿要求。

保险人代位追偿权的合法取得及行使过程应当具备以下条件。

（1）被保险人的损失是由第三者造成的。如果损失是由不可抗力的自然灾害造成的，则无法确定需负赔偿责任的第三者，此时无法行使保险人代位追偿权。

（2）被保险人对于应承担责任的第三者有权提出索赔，具备赔偿请求权。在代位追偿权的产生过程中，赔偿请求权是十分重要的基础。如果不存在赔偿请求权，或者赔偿请求权不符合法律规定，则保险人无法享有代位追偿权。

（3）保险人已经对被保险人提供保险金，而被保险人所享有的赔偿请求权不以被保险人的全部损失获得补偿作为限制。具体而言，对于被保险人所受到的损失，保险人提供部分赔偿，那么仅能获得已经补偿部分的代位追偿权。

（4）被保险人不能主动放弃追偿权，当被保险人放弃追偿权后，保险人可拒绝提供赔偿。

（5）保险人代位追偿权的行使范围，应当根据实际支付的保险金额作为限定。

代位追偿原则是在损失补偿原则的基础上发展起来的，可作为损失补偿原则的适当补充，因此，代位追偿原则及损失补偿原则，均仅能应用于财产保险中，二者在人身保险中并不适用。人身保险具有一定的特殊性，其保险标的一般无法对人的生命价值及身体机能价值进行评估，不会发生由于第三者赔偿使得被保险人或者其受益人获得额外收益的情况。因此，如果人身伤害是由于第三者侵权行为所造成的，则被保险人能够获得多方面赔偿，并且无须转让其权益，同时，保险人也无法享有代位追偿的权利。

第八章　运营期保险实务

8.1　运营期财产险保单

8.1.1　财产险保单的类型

城市轨道交通运营期内，财产险保单的类型比较多，主要包括以下几种。

1. 财产一切险

财产一切险的承保内容包括由自然灾害或者意外事故所造成的财产损失，在赔付方面，需严格依据保险条款规定。对于合同中规定的除外责任，保险人无须承担；而对于其他部分，保险人均需要赔偿。因此，财产一切险的保障范围比较广泛。

2. 机器损坏险

机器损坏险的承保内容指的是在机械设备保险期限范围内，在受到下列因素影响造成突发的、不可预料的意外事故从而造成的物质损坏：机器设计不合理、制造质量不合格、安装错误或者原材料质量问题；设备操作失误、操作技术不合理、缺乏工作经验、过失及恶意行为；离心力作用所造成的断裂；机器超负荷运行、超电压运行、短路故障、漏电故障、大气放电等。城市轨道交通工具机械问题、电气原因或者操作不当所造成的损失，比如机车操作不合理所造成的损失。机器损坏险及财产一切险的承保范围可相互补充，两者为相辅相成的关系。在选择机器损坏险后，选择同类型财产一切险进行投保，即可获得完善的财产保险服务保障。

3. 现金保险

现金保险的承保内容具体指的是在城市轨道交通运营公司各项业务经营过程中，因受到自然灾害或者意外事故影响，造成被保险人在现金、支票、信用卡等方面的损失。在城市轨道交通运营过程中，各个车站所在位置比较集中，运营时间比较长，票款查询、找零现金及票款的收入流量也比较多，而且票款清分的工作通常都是在正常运营结束后开始进行，在工作人员提款、清点、发放送款的过程中都存在着被盗窃或者抢劫的风险。城市轨道交通的运营者选择投保现金保险，能够分担其运营管理过程中的风险。

8.1.2　财产险保单的结构

财产险保单的结构是指组成财产险保单的主要元素或架构。

财产险保单一般由前言、明细表、条款措辞、附加条款四部分组成，具体包括以下元素：

第一部分　前言

第二部分　明细表

（一）投保人名称

（二）投保人地址

（三）被保险人名称

（四）被保险人营业性质

（五）被保险财产地址

（六）保险金额及保险金额确定方式

（七）每次事故绝对免赔

（八）保险期限

（九）保险费率及保险费

（十）司法管辖

（十一）保险费支付时间及支付方式

（十二）特别约定

（十三）适用基本条款

（十四）适用附加条款

第三部分　条款措辞

（一）总则

（二）保险标的

（三）保险责任

（四）责任免除

（五）保险价值、保险金额与免赔额（率）

（六）保险期间

（七）保险人义务

（八）投保人、被保险人义务

（九）赔偿处理

（十）争议处理和法律适用

（十一）其他事项

第四部分　附加条款

这里仅简单介绍组成保单结构的主要元素的作用，相关条款的具体条文及其解释，详见本书其他章节。

前言：明确签约双方的名称等。

明细表：通常用于描述保险单中一些重要变量的定义和数值，使之符合投保项目的投保信息，将这些变量集中在一起，以便对保险单进行管理和查阅。

投保人、被保险人的名称、地址：名称应当是经过工商或者其他机构登记的正式名称，地址应为其主要营业地或者主要办事机构所在地。

基本条款：又称主条款，是按照城市轨道交通的常规风险设计的条款，主要作用是解决运营期所面临的一般的共性风险。

附加条款：在保险合同签订过程中，合同当事人在基本规定以外有明确约定的条款，即对于合同内容的补充性条款。附加条款通常可在基本规定以外注明，作为保险合同的一部分。附加条款是对基本条款的修改或变更，其效力优于基本条款，主要作用是解决城市轨道交通运营企业在分散风险方面的个性需求。

特别约定：在保险合同签订过程中，为满足被保险人的特殊需求，保险双方在基本条款和附加条款的基础上针对运营期保险的特点而进行的约定。

保险标的：不同保险类型中的保险标的有所不同。在财产保险中，保险标的指的是投保人财产及与其财产相关的利益；而在责任保险中，保险标的指的是被保险人的民事赔偿责任。在保险合同订立过程中，合同双方应该相互沟通交流，确定保险标的的详细情况，包括位置、数量等，避免产生歧义。

保险责任和责任免除：在保险合同的订立过程中，应当确定保险人所必须承担的保险金的赔偿范围及赔付保险金时所具备的条件，保证保险责任相关规定的合理性及明确性；另外，对于免除保险人责任的具体范围，也应做好明确说明。如果保险合同的格式条款由保险人提供，则根据保险法相关规定，在保险合同订立过程中，保险人应当在投保单、保险单及其他凭证中详细标注保险人免责条款，并对投保人做出详细说明；如果没有对投保人做出明确说明，则条款内容无法发挥法律效力。

保险金额：具体指的是保险人所需为投保人赔偿金额的限额，在保险金额计算过程中，应当将保险费作为依据；同时，在保险合同订立过程中，要求确定保险价值的确定方式、具体数额及货币单位等。

保险费及支付方法：保险费是保险人收取的提供保险服务的对价，保险费的数额和计算方式等应规定明确。另外，保险费的支付方式有一次交清、分期付款、按月/季度/年结算等方式，双方当事人应在保险合同中对支付方式和支付时间进行明确约定。

赔偿处理：发生保险责任事故后，即涉及保险人的赔偿，保险合同中应对赔偿的方式或时间予以明确规定。这对明确保险人的义务非常重要，投保人或者被保险人应予以特别重视。

争议处理：保险合同双方当事人在对保险合同的具体内容有异议时或者双方在履行保险合同过程中产生争议时的处理方式。争议处理通常包括协商、仲裁和诉讼三种方式。

8.1.3 财产险保单的保险责任

保险责任是保险人在风险事故发生后所应承担的损失赔偿责任。保险单设计就是要规定保险人在哪些风险（或条件）发生以及这些风险发生引起何种程度的损失的情况下，保险人负赔偿责任。保险责任是规定保险人和被保险人权利和义务的重要边界。

财产险保单的保险责任具体指的是在保险期间，在受到合同责任以外的自然因素及意外事故影响后，对于所造成的保险标的损失，保险公司应当根据合同规定进行赔偿。另外，在发生保险事故后，如果所产生的费用与上述损失相关，则保险公司也应当承担赔付责任。比如，在灾害发生时，在灾害控制中需采取各项措施，由此所产生的费用应根据保险合同由保险公司负责赔偿。另外，在事故发生后，为了对保险标的损失进行有效控制所需支付的费用，也应当由保险公司负责赔偿。

8.2 运营期责任险保单

8.2.1 责任险保单的类型

城市轨道交通运营期内，责任险保单类型比较多，主要包括以下几种。

1. 公众责任保险

公众责任保险又称普通责任保险，其适用范围广泛。公众责任保险的承保对象主要是被保险人的公众责任，具体为城市轨道交通运营商在固定场所或区域内，发生意外事故造成的第三者财产损失、人身伤亡或者疾病，根据法律规定需要承担的经济赔偿责任。在公众责任保险的基础上，可增加恐怖活动险。恐怖活动险可对城市轨道交通运营过程中发生恐怖活动所造成的第三者人身伤亡提供保障。在城市轨道交通运营过程中，如果乘客受到意外事故影响，进而造成财产损失或者人身伤亡，则公众责任保险能够为乘客提供经济补偿，具有公益性特征。

2. 雇主责任保险

在雇主责任保险中，被保险人为雇员。被保险人在受雇过程中从事各项工作时，如果因意外事故导致伤残或者死亡，或者患上与其所从事职业相关的疾病，则保险人可根据国家法律规定及雇主责任保险中的条款，对被保险人提供经济赔偿。雇主责任保险的保险责任比较多，具体指的是在责任事故中，根据相关法律规定，雇主需要对雇员所负的经济赔偿责任及所需支付的法律费用等。在社会经济发展中，通过推广雇主责任保险，能够保障生产安全性，同时能对社会矛盾进行协调管理，有利于创建和谐社会。

3. 安全生产责任保险

在城市轨道交通运营过程中，如果发生安全事故并导致人员伤亡，则根据安全生产责任保险规定，保险公司需要承担赔偿责任，同时，保险人还需对城市轨道交通运营单位提供事故预防责任保险。安全生产责任保险的责任包括城市轨道交通运营单位相关工作人员人身伤害赔偿、事故抢险费用、医疗救护费用、法律诉讼费用等。

4. 企业网络安全责任保险

在企业网络安全责任保险的实际应用中，对于投保人在使用互联网期间所遇到的网络安全问题及由此所造成的损失，要求由保险人负责赔偿。企业网络安全责任保险的责任比较多，包括技术错误造成的财产损失、黑客攻击造成的财产损失、计算机文件被盗窃造成的损失等。

5. 董事及高级管理人员责任保险

公司董事及高级管理人员在职务履行过程中，如果因“不当行为”被追究法律责任，并对其个人造成损失，则保险公司需根据董事及高级管理人员责任保险进行赔付。

8.2.2 责任险保单的结构

责任险保单一般由前言、明细表、条款措辞、附加条款四部分组成，具体包括以下元素。

第一部分　前言

第二部分　明细表

（一）投保人名称

（二）投保人地址

（三）被保险人名称

（四）被保险人营业性质

（五）承保区域范围

（六）赔偿限额

（七）免赔额

（八）保险期限

（九）保险费率及保险费

（十）保险单司法管辖

（十一）索赔司法管辖

（十二）保险费支付

（十三）特别约定

（十四）适用基本条款

（十五）适用附加条款

第三部分　条款措辞

（一）总则

（二）保险责任

（三）责任免除

（四）保险期间

（五）赔偿限额与免赔额

（六）保险人义务

（七）投保人、被保险人义务

（八）赔偿处理

（九）争议处理和法律适用

（十）其他事项

第四部分　附加条款

组成责任险保单的各主要元素的作用同 8.1.2 节中财产险保单，相关条款的具体条文及其解释，详见本书其他章节。

8.2.3　公众责任险保单的保险责任

在保险期限范围内，在责任险保单所列明的各项条款范围内，如果被保险人由于经营业务发生变化，进而发生意外事故，并且造成财产损失或者第三者受到人身伤害，则被保险人应当承担经济赔偿责任，而保险人也应根据保险合同中的相关规定，履行赔偿责任。

如果被保险人经营业务发生变化，导致意外事故的发生，或者造成外包业务供应商及员工财产损失或者人身受到伤害，则对于被保险人所需承担的经济赔偿，应当根据保险合同规定，由保险人负责承担。

在发生保险事故后，如果被保险人在事故影响下，被提起仲裁或者诉讼，则被保险人应当承担仲裁或者诉讼过程中的相关费用，而对于这部分费用，保险人应当根据保险合同规定负责赔偿。

8.3 城市轨道交通运营期财产保险投保方式分析

财产保险投保主要分为企业统保和分散投保两种方式。

8.3.1 企业统保

企业统保是指业主对本企业全部保险标的统一进行投保。企业统保方式具有明显优势，主要体现在以下几点。

1. 能够有效避免漏保或者投保不足的问题，对风险因素进行全面控制

（1）在统保模式的实际应用中，企业可聘请专业保险经纪公司，后者能够为前者提供专业技术支持，相关人员根据自身工作经验及所掌握的专业知识，合理确定企业投保险种的具体范围，从而有效避免发生漏保或者投保不足的问题。

（2）通过对统保规模进行分析可知，该方式具有采购优势，业主可获得保险责任较宽广、责任限额较高、免赔条件较低的保险条件，对运营商的保障更充分，能很大程度避免因投保费率过高或保险公司拒保等导致的保障范围不足等问题。

（3）保险人可以为所有统保公司和企业客户提供一站式、高效率、高标准的专业服务和更加全面的风险保障，还可以通过新产品开发为统保公司无法进入商业性社会责任保险市场上进行资源转移的重大风险问题提供保障。

2. 能够争取优质承保条件，对保费支出进行有效控制

通过对统保市场进行分析可知，该方式经济规模比较大，因此议价能力强，同时具有谈判优势，因此，企业在保险支出方面能够获得更多优惠，进而显著降低保费支出，用较少的保险成本在最大程度上获得保障，促进企业保险效益的提升。

在宏观层面上，通过统保能够对各类保险险种进行分析，并将多个险种进行优化组合，通过应用雇主责任险，能够有效降低保费支出。

3. 把握索赔的主动权，促进保险效益增加

在保险合同签订前，统保企业可与保险公司协商，确定理赔服务，同时制订报案制度，并对损失核定时限做出明确规定等，在发生风险事故后，即可有效提升理赔效率，同时还可提升结案率。

在保险公司各类客户类型中，统保企业一般为 VIP 客户，因此能够享受优质的索赔服务。

通过上述分析可见，在统保管理模式的实际应用中，保险公司一般不会出现拖赔、拒赔等问题，企业经济效益也一定会因此获得一个比较实质性的提高。

4. 能够提升防灾防损和风险管理水平

保险人在和统保企业对风险齐抓共管的过程中，可以知道哪些风险是需要重视的，哪些风险是可以通过制度完善或流程改善去规避的。统保企业可以为企业提供专业化的风险管理建议，帮助企业进行有效风险管理与资源分配，进而提升企业的经营管理水平。

8.3.2　分散投保

分散投保是指业主将本企业全部保险标的交由运营商安排多家保险公司进行投保。

相比于企业统保，分散投保的主体由于在谈判和能力方面相对处于劣势，导致其在为客户投保一些风险性比较高的危险品类和险种时很有可能会遭到保险公司的拒保，从而不能获得自己相应的保险和服务，其对抗风险的能力将会受到很大的影响。或者，即使是经过谈判还是可以取消保险人的投保允许，导致最终实际投保成本远远超出市场的水平。此外，分散投保在免赔额、保险期限、各保单之间的接口等方面存在诸多缺陷和隐患，不利于运营商进行保险管理。总之，在分散投保方式的实际应用中，固有投保主体的谈判能力比较差，因此，可能会对企业投保造成不良影响，或者投保成本较高，不利于企业进行风险转移和成本管控。

企业统保和分散投保简要对比，如表 8.1 所示。

表 8.1　企业统保和分散投保简要对比

比较项目	企业统保	分散投保
保障范围	根据风险情况设计保险方案，风险转移全面，保障范围较宽	一般为基本条款，保障范围较窄
保险费	较低	较高
免赔额	较低	较高
服务质量	较高，可掌握索赔主动权	较低

8.3.3　我国城市轨道交通运营期保险主要投保方式

通过对当前城市轨道交通运营期的保险市场进行调查分析可知，如果推广应用企业统保方式，则能够有效提升整体风险和保险管理的规范性。企业统保模式的应用比较常见。

8.3.4　承保模式

承保模式可分为两种类型：一种为一家保险公司独立承保，另一种为多家保险公司共同承保。

1. 独立承保

这一承保方式的优点在于程序简便、效率高，与共同承保相比，不会产生多家保险公司互相推诿的现象，但独立承保容易受到承保能力的限制，仅限于规模较小的项目。

为解决承保能力不足的问题，保险公司通常利用再保险的形式扩大承保能力，但由于国内城市轨道交通运营期保险市场总体费率水平低于国际再保险市场的费率水平，因此，如过度依赖再保险市场，则势必抬高国内费率水平，投保人短时间内难以接受。而且，费率较低也造成国内保险界不敢大面积、多责任地承保大型、超大型城市轨道交通运营保险。

由于国内保险市场起步较晚，投保人与保险公司间的互信机制及诚信度还比较欠缺，投保人的保险意识不强，部分保险人的服务水平跟不上市场需求，因此造成投保人难以将整个项目完全交由一家保险公司，而是期待着多家保险公司参与从而形成良性竞争。近年来，以下两种承保模式的出现解决了上述问题。

（1）分标段/分区域承保。

分标段/分区域承保，是指将整个运营项目分为若干个标段/区域，一家保险公司只承保其中一个或几个标段/区域，即地理空间上的“划片”共保。该方式可将多家保险公司置于同一平台服务竞争，但整个项目的保险管理会较为烦琐。

（2）分险种承保。

分险种承保是指一家保险公司只承保部分险种。这种承保方式可让保险公司发挥其优势险种的作用，但容易发生责任不易厘清时保险公司互相推诿的现象。

2. 共同承保

共同承保又称共保，具体而言，是指对于同一份保险合同，可由两个或者两个以上保险公司及其分支机构负责，是对同一保险标的、保险责任、保险期限及保险金额所进行的保险。共同保险可选择其中一家保险公司作为主承保，负责出单、勘查、支付赔偿款等，其余的保险公司作为共保人，在出险后根据一定的比例支付相应的赔偿款。共同保险操作方式简单，因此，在城市轨道交通运营保险中的应用比较常见。

8.4 暂保单

暂保单又称临时保险单。在正式保险单签订前，保险人对投保人或者被保险人所签发的保险凭证即为暂保单，暂保单具有临时性特征。暂保单的内容比较简单，其主要作用在于表示投保人已经完成保险手续办理，并且开始等待正式保险单。在形成正式保险单之前，暂保单的法律效力与正式保单相同，但是暂保单的有效期比较短，一般要求控制在30天以内。在正式保险单制订完成并且交付后，暂保单即失效。另外，如果保险人在经过多方面考虑后，最终没有出具正式的保险单，则暂保单也会失去效力。在此之前，保险人应当提前告知投保人。

在保险合同签订过程中，并非必须签订暂保单。通常情况下，暂保单的签订情况包括以下几种。

（1）保险代理人在对保险人办理完成保险单手续前，通过出具暂保单作为证明。

（2）当保险公司分支机构接受投保后，在没有获得总公司的批准前，为投保人提供暂保单作为证明。

（3）在保险合同签订过程中或者续订保险合同时，合同双方对于合同条款中的部分内容还需协商，在没有形成统一意见前，可为被保险人提供暂保单作为保障。

第九章　运营期保险条款解析

9.1　财产险保险条款的类型

根据性质不同，保险条款可以分为基本条款和附加条款。以下以我国大陆地区常见的保险条款为例进行解析。

9.1.1　财产一切险基本条款

总则

第一条　本保险合同由保险条款、投保单、保险单或其他保险凭证以及批单组成。凡涉及本保险合同的约定，均应采用书面形式。

保险标的

第二条　本保险合同载明地址内的下列财产可作为保险标的：

（一）属于被保险人所有或与他人共有而由被保险人负责的财产；

（二）由被保险人经营管理或替他人保管的财产；

（三）其他具有法律上承认的与被保险人有经济利害关系的财产。

第三条　本保险合同载明地址内的下列财产未经保险合同双方特别约定并在保险合同中载明保险价值的，不属于本保险合同的保险标的：

（一）金银、珠宝、钻石、玉器、首饰、古币、古玩、古书、古画、邮票、字画、艺术品、稀有金属等珍贵财物；

（二）堤堰、水闸、铁路、道路、涵洞、隧道、桥梁、码头；

（三）矿井（坑）内的设备和物资；

（四）便携式通信装置、便携式计算机设备、便携式照相摄像器材以及其他便携式装置、设备；

（五）尚未交付使用或验收的工程。

第四条　下列财产不属于本保险合同的保险标的：

（一）土地、矿藏、水资源及其他自然资源；

（二）矿井、矿坑；

（三）货币、票证、有价证券以及有现金价值的磁卡、集成电路（IC）卡等卡类；

（四）文件、账册、图表、技术资料、计算机软件、计算机数据资料等无法鉴定价值的财产；

（五）枪支弹药；

（六）违章建筑、危险建筑、非法占用的财产；

（七）领取公共行驶执照的机动车辆；

（八）动物、植物、农作物。

保险责任

第五条　在保险期间内，由于自然灾害或意外事故造成保险标的直接物质损坏或灭失（以下简称“损失”），保险人按照本保险合同的约定负责赔偿。

前款原因造成的保险事故发生时，为抢救保险标的或防止灾害蔓延，采取必要的、合理的措施而造成保险标的的损失，保险人按照本保险合同的约定也负责赔偿。

第六条　保险事故发生后，被保险人为防止或减少保险标的的损失所支付的必要的、合理的费用，保险人按照本保险合同的约定也负责赔偿。

责任免除

第七条　下列原因造成的损失、费用，保险人不负责赔偿：

（一）投保人、被保险人及其代表的故意或重大过失行为；

（二）行政行为或司法行为；

（三）战争、类似战争行为、敌对行动、军事行动、武装冲突、罢工、骚乱、暴动、政变、谋反、恐怖活动；

（四）地震、海啸及其次生灾害；

（五）核辐射、核裂变、核聚变、核污染及其他放射性污染；

（六）大气污染、土地污染、水污染及其他非放射性污染，但因保险事故造成的非放射性污染不在此限；

（七）保险标的的内在或潜在缺陷、自然磨损、自然损耗，大气（气候或气温）变化、正常水位变化或其他渐变原因，物质本身变化、霉烂、受潮、鼠咬、虫蛀、鸟啄、氧化、锈蚀、渗漏、烘焙；

（八）盗窃、抢劫。

第八条　下列损失、费用，保险人也不负责赔偿：

（一）保险标的遭受保险事故引起的各种间接损失；

（二）设计错误、原材料缺陷或工艺不善造成保险标的本身的损失；

（三）广告牌、天线、霓虹灯、太阳能装置等建筑物外部附属设施，存放于露天或简易建筑物内的保险标的以及简易建筑，由于雷电、暴雨、洪水、暴风、龙卷风、冰雹、台风、飓风、暴雪、冰凌、沙尘暴造成的损失；

（四）锅炉及压力容器爆炸造成其本身的损失；

（五）非外力造成机械或电气设备本身的损失；

（六）被保险人及其雇员的操作不当、技术缺陷造成被操作的机械或电气设备的损失；

（七）盘点时发现的短缺；

（八）任何原因导致公共供电、供水、供气及其他能源供应中断造成的损失和费用；

（九）本保险合同中载明的免赔额或按本保险合同中载明的免赔率计算的免赔额。

保险价值、保险金额与免赔额（率）

第九条　保险标的的保险价值可以为出险时的重置价值、出险时的账面余额、出险时的市场价值或其他价值，由投保人与保险人协商确定，并在本保险合同中载明。

第十条　保险金额由投保人参照保险价值自行确定，并在保险合同中载明。保险金额不得超过保险价值。超过保险价值的，超过部分无效，保险人应当退还相应的保险费。

第十一条　免赔额（率）由投保人与保险人在订立保险合同时协商确定，并在保险合同中载明。

保险期间

第十二条　除另有约定外，保险期间为一年，以保险单载明的起讫时间为准。

保险人义务

第十三条　订立保险合同时，采用保险人提供的格式条款的，保险人向投保人提供的投保单应当附格式条款，保险人应当向投保人说明保险合同的内容。对保险合同中免除保险人责任的条款，保险人在订立合同时应当在投保单、保险单或者其他保险凭证上做出足以引起投保人注意的提示，并对该条款的内容以书面或者口头形式向投保人做出明确说明；未做提示或者明确说明的，该条款不产生效力。

第十四条　本保险合同成立后，保险人应当及时向投保人签发保险单或其他保险凭证。

第十五条　保险人依据第十九条所取得的保险合同解除权，自保险人知道有解除事由之日起，超过三十日不行使而消灭。自保险合同成立之日起超过两年的，保险人不得解除合同；发生保险事故的，保险人承担赔偿责任。

保险人在合同订立时已经知道投保人未如实告知的情况的，保险人不得解除合同；发生保险事故的，保险人应当承担赔偿责任。

第十六条　保险人按照第二十五条的约定，认为被保险人提供的有关索赔的证明和资料不完整的，应当及时一次性通知投保人、被保险人补充提供。

第十七条　保险人收到被保险人的赔偿保险金的请求后，应当及时做出是否属于保险责任的核定；情形复杂的，应当在三十日内做出核定，但保险合同另有约定的除外。

保险人应当将核定结果通知被保险人；对属于保险责任的，在与被保险人达成赔偿保险金的协议后十日内，履行赔偿保险金义务。保险合同对赔偿保险金的期限有约定的，保险人应当按照约定履行赔偿保险金的义务。保险人依照前款约定做出核定后，对不属于保险责任的，应当自做出核定之日起三日内向被保险人发出拒绝赔偿保险金通知书，并说明理由。

第十八条　保险人自收到赔偿的请求和有关证明、资料之日起六十日内，对其赔偿保险金的数额不能确定的，应当根据已有证明和资料可以确定的数额先予支付；保险人最终确定赔偿的数额后，应当支付相应的差额。

投保人、被保险人义务

第十九条　订立保险合同，保险人就保险标的或者被保险人的有关情况提出询问的，投保人应当如实告知，并如实填写投保单。

投保人故意或者因重大过失未履行前款规定的如实告知义务，足以影响保险人决定是否同意承保或者提高保险费率的，保险人有权解除合同。

投保人故意不履行如实告知义务的，保险人对于合同解除前发生的保险事故，不承担赔偿责任，并不退还保险费。

投保人因重大过失未履行如实告知义务，对保险事故的发生有严重影响的，保险人对于合同解除前发生的保险事故，不承担赔偿责任，但应当退还保险费。

第二十条　投保人应按约定交付保险费。

约定一次性交付保险费的，投保人在约定交费日后交付保险费的，保险人对交费之前发生的保险事故不承担保险责任。

约定分期交付保险费的，保险人按照保险事故发生前保险人实际收取保险费总额与投保人应当交付的保险费的比例承担保险责任，投保人应当交付的保险费是指截至保险事故发生时投保人按约定分期应该缴纳的保费总额。

第二十一条　被保险人应当遵守国家有关消防、安全、生产操作、劳动保护等方面的相关法律、法规及规定，加强管理，采取合理的预防措施，尽力避免或减少责任事故的发生，维护保险标的的安全。

保险人可以对被保险人遵守前款约定的情况进行检查，向投保人、被保险人提出消除不安全因素和隐患的书面建议，投保人、被保险人应该认真将之付诸实施。

投保人、被保险人未按照约定履行其对保险标的的安全应尽责任的，保险人有权要求增加保险费或者解除合同。

第二十二条　保险标的转让的，被保险人或者受让人应当及时通知保险人。

因保险标的转让导致危险程度显著增加的，保险人自收到前款规定的通知之日起三十日内，可以按照合同约定增加保险费或者解除合同。保险人解除合同的，应当将已收取的保险费，按照合同约定扣除自保险责任开始之日起至合同解除之日止应收的部分后，退还投保人。

被保险人、受让人未履行本条规定的通知义务的，因转让导致保险标的危险程度显著增加而发生的保险事故，保险人不承担赔偿责任。

第二十三条　在合同有效期内，如保险标的占用与使用性质、保险标的地址及其他可能导致保险标的危险程度显著增加的，或其他足以影响保险人决定是否继续承保或是否增加保险费的保险合同重要事项变更，被保险人应及时书面通知保险人，保险人有权要求增加保险费或者解除合同。

被保险人未履行前款约定的通知义务的，因保险标的的危险程度显著增加而发生的保险事故，保险人不承担赔偿责任。

第二十四条　知道保险事故发生后，被保险人应该：

（一）尽力采取必要、合理的措施，防止或减少损失，否则，对因此扩大的损失，保险人不承担赔偿责任。

（二）立即通知保险人，并书面说明事故发生的原因、经过和损失情况；故意或者因重大过失未及时通知，致使保险事故的性质、原因、损失程度等难以确定的，保险人对无法确定的部分，不承担赔偿责任，但保险人通过其他途径已经及时知道或者应当及时知道保险事故发生的除外。

（三）保护事故现场，允许并且协助保险人进行事故调查；对于拒绝或者妨碍保险人进行事故调查导致无法确定事故原因或核实损失情况的，保险人对无法确定或核实的部分不承担赔偿责任。

第二十五条　被保险人请求赔偿时，应向保险人提供下列证明和资料：

（一）保险单正本、索赔申请、财产损失清单、技术鉴定证明、事故报告书、救护费用发票、必要的账簿、单据和有关部门的证明；

（二）投保人、被保险人所能提供的与确认保险事故的性质、原因、损失程度等有关的其他证明和资料。

投保人、被保险人未履行前款约定的单证提供义务，导致保险人无法核实损失情况的，保险人对无法核实的部分不承担赔偿责任。

赔偿处理

第二十六条　保险事故发生时，被保险人对保险标的不具有保险利益的，不得向保险人请求赔偿保险金。

第二十七条　保险标的发生保险责任范围内的损失，保险人有权选择下列方式赔偿：

（一）货币赔偿：保险人以支付保险金的方式赔偿；

（二）实物赔偿：保险人以实物替换受损标的，该实物应具有保险标的出险前同等的类型、结构、状态和性能；

（三）实际修复：保险人自行或委托他人修理修复受损标的。

对保险标的在修复或替换过程中，被保险人进行的任何变更、性能增加或改进所产生的额外费用，保险人不负责赔偿。

第二十八条　保险标的遭受损失后，如果有残余价值，应由双方协商处理。如折归被保险人，则由双方协商确定其价值，并在保险赔款中扣除。

第二十九条　保险标的发生保险责任范围内的损失，保险人按以下方式计算赔偿：

（一）保险金额等于或高于保险价值时，按实际损失计算赔偿，最高不超过保险价值；

（二）保险金额低于保险价值时，按保险金额与保险价值的比例乘以实际损失计算赔偿，最高不超过保险金额；

（三）若本保险合同所列标的不止一项时，应分项按照本条约定处理。

第三十条　保险标的的保险金额大于或等于其保险价值时，被保险人为防止或减少保险标的的损失所支付的必要的、合理的费用，在保险标的损失赔偿金额之外另行计算，最高不超过被施救保险标的的保险价值。

保险标的的保险金额小于其保险价值时，上述费用按被施救保险标的的保险金额与其保险价值的比例在保险标的损失赔偿金额之外另行计算，最高不超过被施救保险标的的保险金额。

被施救的财产中，含有本保险合同未承保财产的，按被施救保险标的的保险价值与全部被施救财产价值的比例分摊施救费用。

第三十一条　每次事故保险人的赔偿金额为根据第二十九条、第三十条约定计算的金额扣除每次事故免赔额后的金额，或者为根据第二十九条、第三十条约定计算的金额扣除该金额与免赔率乘积后的金额。

第三十二条　保险事故发生时，如果存在重复保险，保险人按照本保险合同的相应保险金额与其他保险合同及本保险合同相应保险金额总和的比例承担赔偿责任。

其他保险人应承担的赔偿金额，本保险人不负责垫付。若被保险人未如实告知导致保险人多支付赔偿金的，保险人有权向被保险人追回多支付的部分。

第三十三条 保险标的发生部分损失，保险人履行赔偿义务后，本保险合同的保险金额自损失发生之日起按保险人的赔偿金额相应减少，保险人不退还保险金额减少部分的保险费。如投保人请求恢复至原保险金额，应按原约定的保险费率另行支付恢复部分从投保人请求的恢复日期起至保险期间届满之日止按日比例计算的保险费。

第三十四条 发生保险责任范围内的损失，应由有关责任方负责赔偿的，保险人自向被保险人赔偿保险金之日起，在赔偿金额范围内代位行使被保险人对有关责任方请求赔偿的权利，被保险人应当向保险人提供必要的文件和所知道的有关情况。

被保险人已经从有关责任方取得赔偿的，保险人赔偿保险金时，可以相应扣减被保险人已从有关责任方取得的赔偿金额。

保险事故发生后，在保险人未赔偿保险金之前，被保险人放弃对有关责任方请求赔偿权利的，保险人不承担赔偿责任；保险人向被保险人赔偿保险金后，被保险人未经保险人同意放弃对有关责任方请求赔偿权利的，该行为无效；由于被保险人故意或者因重大过失致使保险人不能行使代位请求赔偿的权利的，保险人可以扣减或者要求返还相应的保险金。

第三十五条 被保险人向保险人请求赔偿保险金的诉讼时效期间为二年，自其知道或者应当知道保险事故发生之日起计算。

争议处理和法律适用

第三十六条 因履行本保险合同发生的争议，由当事人协商解决。协商不成的，提交保险单载明的仲裁机构仲裁；保险单未载明仲裁机构且争议发生后未达成仲裁协议的，依法向人民法院起诉。

第三十七条 与本保险合同有关的以及履行本保险合同产生的一切争议，适用中华人民共和国法律（不包括港澳台地区法律）。

其他事项

第三十八条 保险标的发生部分损失的，自保险人赔偿之日起三十日内，投保人可以解除合同；除合同另有约定外，保险人也可以解除合同，但应当提前十五日通知投保人。

保险合同依据前款规定解除的，保险人应当将保险标的未受损失部分的保险费，按照合同约定扣除自保险责任开始之日起至合同解除之日止应收的部分后，退还投保人。

第三十九条 保险责任开始前，投保人要求解除保险合同的，应当按本保险合同的约定向保险人支付退保手续费，保险人应当退还剩余部分保险费。

保险责任开始后，投保人要求解除保险合同的，自通知保险人之日起，保险合同解除，保险人按短期费率计收保险责任开始之日起至合同解除之日止期间的保险费，并退还剩余部分保险费。

保险责任开始后，保险人要求解除保险合同的，可提前十五日向投保人发出解约通知书解除本保险合同，保险人按照保险责任开始之日起至合同解除之日止期间与保险期间的日比例计收保险费，并退还剩余部分保险费。

第四十条 保险标的发生全部损失，属于保险责任的，保险人在履行赔偿义务后，本保险合同终止；不属于保险责任的，本保险合同终止，保险人按短期费率计收自保险责任开始之日起至损失发生之日止期间的保险费，并退还剩余部分保险费。

9.1.2　机器损坏保险基本条款

总则

第一条　本保险合同由保险条款、投保单、保险单或其他保险凭证以及批单组成。凡涉及本保险合同的约定，均应采用书面形式。

保险标的

第二条　本保险合同载明的机器及附属设备，均可作为保险标的。

保险责任

第三条　在保险期间内，因下列原因引起或构成突然的、不可预料的意外事故造成的物质损坏或灭失（以下简称“损失”），保险人按照本保险合同的约定负责赔偿：

（一）设计、制造或安装错误、铸造和原材料缺陷；

（二）工人、技术人员操作错误、缺乏经验、技术不善、疏忽、过失、恶意行为；

（三）离心力引起的断裂；

（四）超负荷、超电压、碰线、电弧、漏电、短路、大气放电、感应电及其他电气原因；

（五）除本条款中“责任免除”规定以外的其他原因。

第四条　保险事故发生后，被保险人为防止或减少保险标的的损失所支付的必要的、合理的费用，保险人按照本保险合同的约定也负责赔偿。

责任免除

第五条　下列原因造成的损失、费用，保险人不负责赔偿：

（一）被保险人及其代表的故意或重大过失行为；

（二）被保险人及其代表已经知道或应该知道的保险机器及其附属设备在本保险开始前已经存在的缺点或缺陷；

（三）战争、类似战争行为、敌对行为、武装冲突、恐怖活动、谋反、政变、罢工、暴动、民众骚乱；

（四）政府命令或任何公共当局没收、征用、销毁或毁坏；

（五）核裂变、核聚变、核武器、核材料、核辐射及放射性污染；

（六）机器设备运行必然引起的后果，如自然磨损、氧化、腐蚀、锈蚀、孔蚀、锅垢等物理性变化或化学反应；

（七）由于公共设施部门的限制性供应及故意行为或非意外事故引起的停电、停气、停水；

（八）火灾、爆炸；

（九）地震、海啸及其次生灾害；

（十）雷击、飓风、台风、龙卷风、暴风、暴雨、洪水、冰雹、地崩、山崩、雪崩、火山爆发、地面下陷下沉及其他自然灾害；

（十一）飞机坠毁、飞机部件或飞机物体坠落；

（十二）机动车碰撞；

（十三）水箱、水管爆裂。

第六条　下列损失、费用，保险人也不负责赔偿：

（一）保险事故发生后引起的各种间接损失或费用；

（二）各种传送带、缆绳、金属线、链条、轮胎、可调换或替代的钻头、钻杆、刀具、印刷滚筒、套筒、活动管道、玻璃、磁、陶及钢筛、网筛、毛毡制品、一切操作中的媒介物（如润滑油、燃料、催化剂等）及其他各种易损、易耗品；

（三）根据法律或契约应由供货方、制造人、安装人或修理人负责的损失或费用；

（四）保险机器设备在修复或重置过程中发生的任何变更、性能增加或改进所产生的额外费用；

（五）本保险合同中载明的免赔额或按本保险合同中载明的免赔率计算的免赔额。

保险金额与免赔额（率）

第七条　本保险合同承保的机器设备的保险金额应为该机器设备的重置价值，即重新换置同一厂牌或相类似的型号、规格、性能的新机器设备的价格，包括出厂价格、运保费、税款、可能支付的关税及安装费用等。

第八条　免赔额（率）由投保人与保险人在订立保险合同时协商确定，并在保险合同中载明。

保险期间

第九条　除另有约定外，保险期间为一年，以保险单载明的起讫时间为准。

保险人义务

第十条　订立本保险合同时，保险人应向投保人说明本合同的条款内容。对保险合同中免除保险人责任的条款，保险人在订立合同时应当在投保单、保险单或者其他保险凭证上做出足以引起投保人注意的提示，并对该条款的内容以书面或者口头形式向投保人做出明确说明；未做提示或者明确说明的，该条款不产生效力。

第十一条　本保险合同成立后，保险人应当及时向投保人签发保险单或其他保险凭证。

第十二条　保险人依据第十六条所取得的保险合同解除权，自保险人知道有解除事由之日起，超过三十日不行使而消灭。自保险合同成立之日起超过两年的，保险人不得解除合同；发生保险事故的，保险人承担赔偿责任。

保险人在合同订立时已经知道投保人未如实告知的情况的，保险人不得解除合同；发生保险事故的，保险人应当承担赔偿责任。

第十三条　保险人按照第二十二条的约定，认为被保险人提供的有关索赔的证明和资料不完整的，应当及时一次性通知投保人、被保险人补充提供。

第十四条　保险人收到被保险人的赔偿保险金的请求后，应当及时做出是否属于保险责任的核定；情形复杂的，应当在三十日内做出核定，但保险合同另有约定的除外。

保险人应当将核定结果通知被保险人；对属于保险责任的，在与被保险人达成赔偿保险金的协议后十日内，履行赔偿保险金义务。保险合同对赔偿保险金的期限有约定的，保险人应当按照约定履行赔偿保险金的义务。保险人依照前款约定做出核定后，对不属于保险责任的，应当自做出核定之日起三日内向被保险人发出拒绝赔偿保险金通知书，并说明理由。

第十五条　保险人自收到赔偿的请求和有关证明、资料之日起六十日内，对其赔偿保险金的数额不能确定的，应当根据已有证明和资料可以确定的数额先予支付；保险人最终确定赔偿的数额后，应当支付相应的差额。

投保人、被保险人义务

第十六条　订立保险合同，保险人就保险标的或者被保险人的有关情况提出询问的，投保人应当如实告知，并如实填写投保单。

投保人故意或者因重大过失未履行前款规定的如实告知义务，足以影响保险人决定是否同意承保或者提高保险费率的，保险人有权解除合同。

投保人故意不履行如实告知义务的，保险人对于合同解除前发生的保险事故，不承担赔偿责任，并不退还保险费。

投保人因重大过失未履行如实告知义务，对保险事故的发生有严重影响的，保险人对于合同解除前发生的保险事故，不承担赔偿责任，但应当退还保险费。

第十七条　除另有约定外，投保人应在保险合同成立时交清保险费。保险费交清前发生的保险事故，保险人不承担赔偿责任。

第十八条　被保险人应当遵守国家有关消防、安全、生产操作、劳动保护等方面的相关法律、法规及规定，加强管理，采取合理的预防措施，尽力避免或减少责任事故的发生，维护保险标的的安全。保险人可以对被保险人遵守前款约定的情况进行检查，向投保人、被保险人提出消除不安全因素和隐患的书面建议，投保人、被保险人应该认真付诸实施。

投保人、被保险人未按照约定履行其对保险标的的安全应尽责任的，保险人有权要求增加保险费或者解除合同。

第十九条　保险标的转让的，被保险人或者受让人应当及时通知保险人。

因保险标的转让导致危险程度显著增加的，保险人自收到前款规定的通知之日起三十日内，可以按照合同约定增加保险费或者解除合同。保险人解除合同的，应当将已收取的保险费，按照合同约定扣除自保险责任开始之日起至合同解除之日止应收的部分后，退还投保人。

被保险人、受让人未履行本条规定的通知义务的，因转让导致保险标的危险程度显著增加而发生的保险事故，保险人不承担赔偿责任。

第二十条　在合同有效期内，如保险标的占用与使用性质、保险标的地址及其他可能导致保险标的危险程度显著增加的，或其他足以影响保险人决定是否继续承保或是否增加保险费的保险合同重要事项变更，被保险人应及时书面通知保险人，保险人有权要求增加保险费或者解除合同。

被保险人未履行前款约定的通知义务的，因保险标的的危险程度显著增加而发生的保险事故，保险人不承担赔偿责任。

第二十一条　知道保险事故发生后，被保险人应该：

（一）尽力采取必要、合理的措施，防止或减少损失，否则，对因此扩大的损失，保险人不承担赔偿责任。

（二）立即通知保险人，并书面说明事故发生的原因、经过和损失情况；故意或者因重大过失未及时通知，致使保险事故的性质、原因、损失程度等难以确定的，保险人对无法确定的部分，不承担赔偿责任，但保险人通过其他途径已经及时知道或者应当及时知道保险事故发生的除外。

（三）保护事故现场，允许并且协助保险人进行事故调查；对于拒绝或者妨碍保险人进行事故调查导致无法确定事故原因或核实损失情况的，保险人对无法确定或核实的部分不承担赔偿责任。

第二十二条　被保险人请求赔偿时，应向保险人提供下列证明和资料：

（一）保险单正本、索赔申请、财产损失清单、技术鉴定证明、事故报告书、救护费用发票、必要的账簿、单据和有关部门的证明；

（二）投保人、被保险人所能提供的与确认保险事故的性质、原因、损失程度等有关的其他证明和资料。

投保人、被保险人未履行前款约定的单证提供义务，导致保险人无法核实损失情况的，保险人对无法核实的部分不承担赔偿责任。

赔偿处理

第二十三条　保险事故发生时，被保险人对保险标的不具有保险利益的，不得向保险人请求赔偿保险金。

第二十四条　保险标的发生保险责任范围内的损失，保险人有权选择下列方式赔偿：

（一）货币赔偿：保险人以支付保险金的方式赔偿；

（二）实物赔偿：保险人以实物替换受损标的，该实物应具有保险标的出险前同等的类型、结构、状态和性能；

（三）实际修复：保险人自行或委托他人修理修复受损标的。

对保险标的在修复或替换过程中，被保险人进行的任何变更、性能增加或改进所产生的额外费用，保险人不负责赔偿。

第二十五条　保险标的遭受损失后，如果有残余价值，应由双方协商处理。如折归被保险人，则由双方协商确定其价值，并在保险赔款中扣除。

第二十六条　保险标的发生保险责任范围内的损失，保险人按以下方式计算赔偿：

（一）部分损失以将被保险机器设备修复至其基本恢复受损前状态的费用金额为准，如残值折归被保险人，则按双方协商确定的价值，在上述费用金额中扣除；

（二）全部损失或推定全损以保险机器设备损失前的实际价值为准，如残值折归被保险人，则按双方协商确定的价值，在上述费用金额中扣除；

（三）任何属于成对或成套的设备项目，若发生损失，保险人的赔偿责任不超过该受损项目在所属整对或整套设备项目的保险金额中所占的比例；

（四）发生保险事故时，若受损保险标的的分项或总保险金额低于重置价值时，其差额部分视为被保险人所自保，保险人则按本保险合同中列明的保险金额与对应的重置价值的比例负责赔偿。如保险机器多于一项时，则每一项将按照本保险合同规定的分项保险金额单独计算比例赔偿的责任。

第二十七条　发生保险事故后，被保险人为减少损失而采取必要措施所产生的合理费用，保险人也予以赔偿，但本项费用以被施救保险机器设备的保险金额为限。

被施救的财产中，含有本保险合同未承保财产的，按被施救保险标的的重置价值与全部被施救财产价值的比例分摊施救费用。

第二十八条　每次事故保险人的赔偿金额为根据第二十六条、第二十七条约定计算的金额扣除每次事故免赔额后的金额，或者为根据第二十六条、第二十七条约定计算的金额扣除该金额与免赔率乘积后的金额。

第二十九条　保险事故发生时，如果存在重复保险，保险人按照本保险合同的相应保险金额与其他保险合同及本保险合同相应保险金额总和的比例承担赔偿责任。

其他保险人应承担的赔偿金额，本保险人不负责垫付。若被保险人未如实告知导致保险人多支付赔偿金的，保险人有权向被保险人追回多支付的部分。

第三十条　保险标的发生部分损失，保险人履行赔偿义务后，本保险合同的保险金额自损失发生之日起按保险人的赔偿金额相应减少，保险人不退还保险金额减少部分的保险费。如投保人请求恢复至原保险金额，则应按原约定的保险费率另行支付恢复部分从投保人请求的恢复日期起至保险期间届满之日止按日比例计算的保险费。

第三十一条　发生保险责任范围内的损失，应由有关责任方负责赔偿的，保险人自向被保险人赔偿保险金之日起，在赔偿金额范围内代位行使被保险人对有关责任方请求赔偿的权利，被保险人应当向保险人提供必要的文件和所知道的有关情况。

被保险人已经从有关责任方取得赔偿的，保险人赔偿保险金时，可以相应扣减被保险人已从有关责任方取得的赔偿金额。

保险事故发生后，在保险人未赔偿保险金之前，被保险人放弃对有关责任方请求赔偿权利的，保险人不承担赔偿责任；保险人向被保险人赔偿保险金后，被保险人未经保险人同意放弃对有关责任方请求赔偿权利的，该行为无效；由于被保险人故意或者因重大过失致使保险人不能行使代位请求赔偿的权利的，保险人可以扣减或者要求返还相应的保险金。

第三十二条　被保险人向保险人请求赔偿保险金的诉讼时效期间为二年，自其知道或者应当知道保险事故发生之日起计算。

争议处理和法律适用

第三十三条　因履行本保险合同发生的争议，由当事人协商解决。协商不成的，提交保险单载明的仲裁机构仲裁；保险单未载明仲裁机构且争议发生后未达成仲裁协议的，依法向人民法院起诉。

第三十四条　与本保险合同有关的以及履行本保险合同产生的一切争议，适用中华人民共和国法律（不包括港澳台地区法律）。

其他事项

第三十五条　保险标的发生部分损失的，自保险人赔偿之日起三十日内，投保人可以解除合同；除合同另有约定外，保险人也可以解除合同，但应当提前十五日通知投保人。

保险合同依据前款规定解除的，保险人应当将保险标的未受损失部分的保险费，按照合同约定扣除自保险责任开始之日起至合同解除之日止应收的部分后，退还投保人。

第三十六条　保险责任开始前，投保人要求解除保险合同的，应当按本保险合同的约定向保险人支付退保手续费，保险人应当退还剩余部分保险费。

保险责任开始后，投保人要求解除保险合同的，自通知保险人之日起，保险合同解除，保险人按短期费率计收保险责任开始之日起至合同解除之日止期间的保险费，并退还剩余部分保险费。

保险责任开始后，保险人要求解除保险合同的，可提前十五日向投保人发出解约通知书解除本保险合同，保险人按照保险责任开始之日起至合同解除之日止期间与保险期间的日比例计收保险费，并退还剩余部分保险费。

第三十七条　保险标的发生全部损失，属于保险责任的，保险人在履行赔偿义务后，本保险合同终止；不属于保险责任的，本保险合同终止，保险人按短期费率计收自保险责任开始之日起至损失发生之日止期间的保险费，并退还剩余部分保险费。

9.1.3　现金保险基本条款

总则

第一条　本保险合同（以下简称“本合同”）由投保单、保险单或其他保险凭证及所附条款，与本合同有关的投保文件、声明、批注、附贴批单及其他书面文件构成。凡涉及本合同的约定，均应采用书面形式。

保险标的

第二条　凡投保人与保险人在保险单中约定承保，并在保险单中载明承保区域范围内存放或运输的现金、支票、本票、汇票、有价证券以及其他有价票证为本合同保险标的。

保险责任

第三条　在保险期间，由于下列原因造成保险标的的损失，保险人按照本合同的约定负责赔偿：

（一）火灾、爆炸；

（二）雷击、暴风、暴雨、热带风暴、台风、龙卷风、雹灾、雪灾、冰凌、沙尘暴、洪水、地震、海啸、滑坡、崖崩、泥石流、地面突然塌陷；

（三）飞行物体及其他空中运行物体坠落；

（四）抢劫。

第四条　保险事故发生后，被保险人为防止或者减少保险标的的损失所支付的必要、合理的费用（以下简称“施救费用”），保险人按照本合同的约定也负责赔偿。

责任免除

第五条　下列原因造成的损失、费用，保险人不负责赔偿：

（一）战争、敌对行为、军事行动、武装冲突、恐怖主义活动、罢工、暴动、骚乱；

（二）行政行为、司法行为；

（三）被保险人及其代表的故意或重大过失行为；

（四）核爆炸、核裂变、核聚变；

（五）放射性污染和其他各类环境污染；

（六）除第三条列明以外的其他自然灾害和意外事故。

第六条　下列损失、费用，保险人不负责赔偿：

（一）间接损失；

（二）在保险单中载明承保区域范围以外发生的损失；

（三）保险单中载明的应由被保险人自行承担的免赔额。

保险价值、保险金额和免赔额（率）

第七条　本合同保险标的的保险价值为保险事故发生时保险标的在中华人民共和国境内（不包括港澳台地区）合法金融机构可以兑现的价值。

第八条　本合同保险标的的保险金额由投保人参照保险价值自行确定，并在保险单中分项载明。保险金额不得超过保险价值。超过保险价值的，超过部分无效，保险人应当退还相应的保险费。

第九条　免赔额（率）由投保人与保险人在订立本合同时协商确定，并在保险单中载明。

保险期间

第十条　除另有约定外，本合同的保险期间为一年，以保险单载明的起讫时间为准。

保险人义务

第十一条　本合同成立后，保险人应当及时向投保人签发保险单或其他保险凭证。

第十二条　保险人按照第二十一条的约定，认为被保险人提供的有关索赔的证明和资料不完整的，应当及时一次性通知投保人、被保险人补充提供。

第十三条　保险人收到被保险人的赔偿保险金的请求后，应当及时对是否属于保险责任做出核定；情形复杂的，应当在三十日内做出核定；情形特别复杂的，由非保险人可以控制的原因导致核定困难的，保险人应与被保险人商议合理核定期间，并在商定的期间内做出核定。

保险人应当将核定结果通知被保险人；对属于保险责任的，在与被保险人达成赔偿保险金的协议后十日内，履行赔偿保险金义务。本合同对赔偿保险金的期限有约定的，保险人应当按照约定履行赔偿保险金的义务。保险人依照前款约定做出核定后，对不属于保险责任的，应当自做出核定之日起三日内向被保险人发出拒绝赔偿保险金通知书，并说明理由。

第十四条　保险人自收到赔偿保险金的请求和有关证明、资料之日起六十日内，对其赔偿保险金的数额不能确定的，应当根据已有证明和资料可以确定的数额先予支付；保险人最终确定赔偿保险金的数额后，应当支付相应的差额。

投保人、被保险人义务

第十五条　订立保险合同，保险人就保险标的或者被保险人的有关情况提出询问的，投保人应当如实告知。

投保人故意或者因重大过失未履行前款规定的如实告知义务，足以影响保险人决定是否同意承保或者提高保险费率的，保险人有权解除保险合同。

前款规定的合同解除权，自保险人知道有解除事由之日起，超过三十日不行使而消灭。自合同成立之日起超过两年的，保险人不得解除合同；发生保险事故的，保险人应当承担赔偿保险金的责任。

投保人故意不履行如实告知义务的，保险人对于合同解除前发生的保险事故，不承担赔偿保险金的责任，并不退还保险费。

投保人因重大过失未履行如实告知义务，对保险事故的发生有严重影响的，保险人对于合同解除前发生的保险事故，不承担赔偿保险金的责任，但应当退还保险费。

保险人在合同订立时已经知道投保人未如实告知的情况的，保险人不得解除合同；发生保险事故的，保险人应当承担赔偿保险金的责任。

第十六条　投保人应按照本合同的约定交付保险费。本合同约定一次性交付保险费或对保险费交付方式、交付时间没有约定的，投保人应在保险责任起始日前一次性交付保险费；约定以分期付款方式交付保险费的，投保人应按期交付第一期保险费。投保人未按本款约定交付保险费的，本合同不生效，保险人不承担保险责任。

如果发生投保人未按期足额交付保险费或不按约定日期交付第二期或以后任何一期保险费的情形，从违约之日起，保险人有权解除本合同并追收已经承担保险责任期间的保险费和利息，本合同自解除通知送达投保人时解除；在本合同解除前发生保险事故的，保险人按照保险事故发生前保险人实际收取的保险费总额与投保人应当交付保险费的比例承担保险责任，投保人应当交付保险费是指按照付款约定截至保险事故发生时投保人应该交纳的保险费总额。

第十七条　被保险人应遵守国家有关部门制定的会计制度和有关保护财产安全的各项规定，被保险人需具有完备的安全防盗措施，在非营业时间内，应将保险标的锁入金库或保险箱（柜）内，撤去金库、保险箱（柜）的钥匙，并安排专门人员值班。对安全检查中发现的各种灾害事故隐患，在接到安全主管部门或保险人提出的整改通知书后，应该认真付诸实施。

投保人、被保险人未按照约定履行其对保险标的的安全应尽责任的，保险人有权要求增加保险费或者解除本合同。

第十八条　保险标的转让的，被保险人或者受让人应当及时通知保险人。

因保险标的转让导致危险程度显著增加的，保险人自收到前款规定的通知之日起三十日内，可以增加保险费或者解除本合同。

被保险人、受让人未履行本条规定的通知义务的，因转让导致保险标的危险程度显著增加而发生的保险事故，保险人不承担赔偿保险金的责任。

第十九条　在本合同有效期内，保险标的的危险程度显著增加的，被保险人应当及时通知保险人，保险人可以增加保险费或者解除本合同。

被保险人未履行前款约定的通知义务的，因保险标的的危险程度显著增加而发生的保险事故，保险人不承担赔偿保险金的责任。

第二十条　知道保险事故发生后，被保险人应该：

（一）尽力采取必要、合理的措施，防止或减少损失，否则，对因此扩大的损失，保险人不承担赔偿责任；

（二）及时通知保险人，并书面说明事故发生的原因、经过和损失情况；故意或者因重大过失未及时通知，致使保险事故的性质、原因、损失程度等难以确定的，保险人对无法确定的部分，不承担赔偿保险金的责任，但保险人通过其他途径已经及时知道或者应当及时知道保险事故发生的除外；

（三）保护事故现场，允许并且协助保险人进行事故调查；对于拒绝或者妨碍保险人进行事故调查导致无法确定事故原因或核实损失情况的，保险人对无法确定或核实的部分不承担赔偿责任。

第二十一条　被保险人请求赔偿时，应向保险人提供下列证明和资料：

（一）保险单正本和保险费收据；

（二）事故报告书；

（三）公安、消防等部门出具的证明；

（四）损失清单或相关账册；

（五）投保人或被保险人所能提供的与确认保险事故的性质、原因、损失程度等有关的其他证明和资料。

被保险人未履行前款约定的索赔材料提供义务，导致保险人无法核实损失情况的，保险人对无法核实的部分不承担赔偿责任。

赔偿处理

第二十二条　保险事故发生时，被保险人对保险标的应当具有保险利益，否则，不得向保险人请求赔偿保险金。

第二十三条　保险标的发生保险责任范围内的损失，保险人按以下方式计算赔偿：

（一）保险金额等于或高于保险价值时，按实际损失计算赔偿，最高不超过保险价值；

（二）保险金额低于保险价值时，按保险金额与保险价值的比例乘以实际损失计算赔偿，最高不超过保险金额；

（三）若本合同所列标的不止一项时，应分项按照本条约定处理。

第二十四条　保险标的的保险金额大于或等于其保险价值时，施救费用在保险标的损失赔偿金额之外另行计算，最高不超过被施救保险标的的保险价值。

保险标的的保险金额小于其保险价值时，施救费用按被施救标的的保险金额与其保险价值的比例在保险标的损失赔偿金额之外另行计算，最高不超过被施救保险标的的保险金额。

被施救的财产中，含有本合同未承保财产的，按被施救保险标的的保险价值与全部被施救财产价值的比例分摊施救费用。

第二十五条　保险人赔偿保险标的损失时应扣除保险单中载明的免赔额，但赔偿施救费用时不扣除免赔额。

第二十六条　保险事故发生时，如果存在重复保险，保险人按照本合同的相应保险金额与其他保险合同及本合同相应保险金额总和的比例承担赔偿责任。

其他保险人应承担的赔偿金额，本保险人不负责垫付。若被保险人未如实告知导致保险人多支付赔偿金的，保险人有权向被保险人追回多支付的部分。

第二十七条　保险标的发生部分损失，保险人履行赔偿义务后，本合同的保险金额自损失发生之日起按保险人的赔偿金额（不含施救费用赔偿金额）相应减少，保险人不退还保险金额减少部分的保险费。如果投保人请求恢复至原保险金额，应按原约定的保险费率另行支付恢复部分从投保人请求的恢复日期起至保险期间届满之日止按日比例计算的保险费。

第二十八条　发生保险责任范围内的损失，应由有关责任方负责赔偿的，保险人自向被保险人赔偿保险金之日起，在赔偿金额范围内代位行使被保险人对有关责任方请求赔偿的权利，被保险人应当向保险人提供必要的文件并告知所知道的有关情况。

被保险人已经从有关责任方取得赔偿的，保险人赔偿保险金时，可以相应扣减被保险人已从有关责任方取得的赔偿金额。

保险事故发生后，在保险人未赔偿保险金之前，被保险人放弃对有关责任方请求赔偿权利的，保险人不承担赔偿责任；保险人向被保险人赔偿保险金后，被保险人未经保险人同意放弃对有关责任方请求赔偿权利的，该行为无效；由于被保险人故意或者因重大过失致使保险人不能行使代位请求赔偿的权利的，保险人可以扣减或者要求返还相应的保险金。

第二十九条　被保险人向保险人请求赔偿保险金的诉讼时效期间为二年，自其知道或者应当知道保险事故发生之日起计算。

争议处理和法律适用

第三十条　因履行本合同发生的争议，由当事人协商解决。协商不成的，提交保险单载明的仲裁机构仲裁；保险单未载明仲裁机构且争议发生后未达成仲裁协议的，依法向人民法院起诉。

第三十一条　与本合同有关的以及履行本合同产生的一切争议，适用中华人民共和国法律（不包括港澳台地区法律）。

其他事项

第三十二条　本合同成立后，投保人可要求解除本合同。投保人要求解除本合同的，应当向保险人提出书面申请，本合同自保险人收到书面申请时终止。

第三十三条　本合同成立后，保险人根据保险法规定或者本合同约定要求解除本合同的，除保险法另有规定或本合同另有约定外，本合同自解除通知送达投保人最后所留通信地址时终止。

第三十四条　在保险单中载明的保险责任起始日前，投保人要求解除本合同的，除本合同另有约定外，投保人应当按照保险费5%的比例向保险人支付手续费，保险人退还已收取的保险费。

在保险单中载明的保险责任起始日后解除本合同的，除本合同另有约定外，保险人应向投保人退还未满期保险费。

如果解除时，本合同项下仍有尚未赔偿结案的保险事故，保险人可在赔偿结案后再向投保人退还未满期保险费。

9.1.4　财产保险附加条款

附加条款是在保单主条款的基础之上对保单内容和保障范围做进一步的调整和修正，根据其性质和作用可分为三类：扩展性附加条款、限制性附加条款和规范性附加条款。

1. 扩展性附加条款

扩展性附加条款是指对保险范围进行扩展的条款，包括扩展保险责任、保险标的、保险期限，是对投保人有利的条款，可根据实际需要选择使用。现对上述三类扩展性附加条款分别举例说明如下。

（1）保险责任扩展类，如内陆运输扩展条款，经双方同意，鉴于被保险人已交付了附加的保险费，本保险扩展承保在中华人民共和国境内直接和不间断陆运过程中的保险财产，自其离开工厂、仓库、货栈或其他起运点开始，持续承保其后直接和不间断的正常陆运过程中，处于被保险人所有或经营的交通工具中的，或任何公共或契约承运人照管下的保险财产，至其运送至仓库、货栈或中华人民共和国境内的其他目的地为止，并包括上述交通工具处于中华人民共和国地域范围内的常规渡船运送的过程。

（2）保险标的扩展类，如清理残骸费用条款，经双方同意，保险人负责赔偿被保险人因本保险单项下承保的风险造成保险财产损失而发生的清除、拆除或支撑受损财产的费用，但不得超过本保险单明细表中列明的赔偿限额。

（3）保险期限扩展类，如有限责任保证期扩展条款等。

需要说明的是，扩展性附加条款的选择至关重要，直接决定保障范围是否满足投保人的正常需要，对保险费率也有很大影响。有些扩展条款需要适当提高保险费率。

2. 限制性附加条款

限制性附加条款是指对保险范围进行限制的条款，包括限制保险责任、保险标的，由保险公司提出，对特别项目中的某些风险予以排除或增加限制条件，影响到投保人的保险效力。比如，地震除外条款，保险人对被保险人直接或间接因地震引起的损失和责任不负责赔偿。

3. 规范性附加条款

该类条款是为了避免产生误解和争议，对一些重要问题进行进一步的明确和规定。此类条款比较多，如指定理算人条款约定，经双方同意，对于保险事故是否属于保险责任范围或损失金额较难确定的，保险双方存在分歧的或双方认为有必要的，或根据甲方的要求，保险双方同意可聘请公估人进行损失理算。

上述三类附加条款需结合具体项目使用，针对具体项目，还应该认真研究其特点，制定有针对性的附加条款。

9.2 责任险保险条款类型

9.2.1 公众责任保险基本条款

总则

第一条 本保险合同（以下简称“本合同”）由保险条款、投保单、保险单或其他保险凭证、与本合同有关的投保文件、声明、批注、附贴批单或其他书面文件构成。凡涉及本合同的约定，均应采用书面形式。

第二条 凡中华人民共和国境内（不含香港、澳门特别行政区和台湾地区，下同）的政府机构、企事业单位、社会团体、个体经济组织及其他合法成立的组织均可成为本合同的被保险人。

保险责任

第三条 在保险期间内，被保险人在列明的场所范围内，在从事经营活动或自身业务过程中因过失导致意外事故发生，造成第三者人身伤害或财产损失并且受害方在保险期限内首次提出赔偿请求，依照中华人民共和国法律（不含香港、澳门特别行政区和台湾地区法律，下同）应由被保险人承担的经济赔偿责任，保险人按照本合同约定负责赔偿。

第四条 保险事故发生后，被保险人因保险事故而被提起仲裁或者诉讼的，对应由被保险人支付的仲裁或诉讼费用以及事先经保险人书面同意支付的其他必要的、合理的费用（以下简称“法律费用”），保险人按照本保险合同约定也负责赔偿。

责任免除

第五条 出现下列任一情形时，保险人不负责赔偿：

（一）对于未载入本保险单明细表而属于被保险人的或其所占有的或以其名义使用的

任何牲畜、自行车、汽车、机车、各类船只、飞机、电梯、升降机、自动梯、起重机、吊车或其他升降装置；

（二）被保险人或其雇员或其代表出售或赠与产品、货物、商品；

（三）有缺陷的卫生装置，任何类型的中毒，任何不洁或有害的食物或饮料；

（四）被保险人或其雇员因从事医师、律师、会计师等属专门职业性质的工作过程中所发生的赔偿责任；

（五）被保险人从事建筑、安装或装修工程。

第六条　下列原因造成的损失、费用或责任，保险人不负责赔偿：

（一）被保险人或其雇员或其代表的故意或重大过失行为、犯罪行为或重大过失；

（二）战争、敌对行为、军事行动、武装冲突、恐怖主义活动、罢工、暴动、民众骚乱；

（三）行政行为、司法行为；

（四）自然灾害；

（五）火灾、爆炸、烟熏；

（六）核反应、核辐射、核爆炸及其他放射性污染；

（七）大气、土地、水污染及其他非放射性污染；

（八）被保险人或其雇员或其代表超越其经营范围或职责范围的行为；

（九）接触、使用石棉、石棉制品或含有石棉成分的物质。

第七条　对于下列损失、费用或责任，保险人不负责赔偿：

（一）被保险人或其雇员或其代表的人身损害；

（二）被保险人或其雇员或其代表所有的或由其保管的或由其控制的财产的损失；

（三）被保险人或其雇员或其代表因经营或职责需要一直使用或占用的任何物品、土地、房屋或其他建筑的损失；

（四）为被保险人提供服务的任何人的人身损害和财产损失；

（五）被保险人或其雇员或其代表因从事加工、修理、改进、承揽等工作造成委托人的人身损害和财产损失；

（六）罚款、罚金或惩罚性赔款；

（七）在合同或协议中约定的应由被保险人承担的赔偿责任，但即使没有这种合同或协议，被保险人依法仍应承担的赔偿责任不在本款责任免除范围内；

（八）保险单中载明的应由被保险人自行承担的免赔额。

第八条　不属于保险责任范围内的其他损失、费用和赔偿责任，保险人不负责赔偿。

保险期间

第九条　本合同的保险期间为一年，自保险单载明的保险责任起始日零时起至约定的保险责任终止日二十四时止。

赔偿限额与免赔额

第十条　本合同的赔偿限额包括每次事故赔偿限额和保单累计赔偿限额，也可约定其他特定计算方式的赔偿限额。各项赔偿限额由投保人与保险人协商确定，并在保险单中载明。

第十一条　每次事故免赔额由投保人与保险人协商确定，并在保险单中载明。

保险人义务

第十二条　本合同成立后，保险人应当及时向投保人签发保险单或其他保险凭证。

第十三条　保险人收到被保险人的赔偿请求后，应当及时做出核定。对情形复杂的赔偿请求保险人可采取进一步合理必要的核定方式。对在投保时约定的针对不同情况下的赔偿处理方式，保险人应认真履行。

保险人应当将核定结果通知被保险人；对属于保险责任的赔偿请求，在与被保险人达成保险赔偿协议后十日内或在合同约定的赔偿期限内履行赔偿义务。

第十四条　保险人认为本合同约定的被保险人应提供的有关索赔证明和资料不完整的，应当及时一次性通知投保人、被保险人补充提供。

第十五条　保险人自收到索赔请求和有关证明、资料之日起六十日内，对其赔偿保险金的数额不能确定的，应当根据已有证明和资料可以确定的数额先予支付，待最终确定赔偿数额后支付相应差额。

投保人、被保险人义务

第十六条　订立保险合同时，投保人对所填写的投保单及保险人对有关情况的询问应如实告知。

投保人故意或者因重大过失未履行前款规定的如实告知义务，足以影响保险人决定是否同意承保或者提高保险费率的，保险人有权解除合同。

投保人故意不履行如实告知义务的，保险人对于合同解除前发生的保险事故，不承担赔偿或者给付保险金的责任，并不退还保险费。

投保人因重大过失未履行如实告知义务，对保险事故的发生有严重影响的，保险人对于合同解除前发生的保险事故，不承担赔偿或者给付保险金的责任，但退还保险费。

保险人在合同订立时已经知道投保人未如实告知的情况的，保险人不得解除合同；发生保险事故的，保险人应当承担赔偿或者给付保险金的责任。

第十七条　投保人应按照本合同的约定交付保险费。本合同约定一次性交付保险费或对保险费交付方式、交付时间没有约定的，投保人应在保险责任起始日前一次性交付保险费；约定以分期付款方式交付保险费的，投保人应按期交付第一期保险费。投保人未按本款约定交付保险费的，本合同不生效，保险人不承担保险责任。

如果发生投保人未按期足额交付保险费或不按约定日期交付第二期或以后任何一期保险费的情形，从违约之日起，保险人有权解除本合同并追收已经承担保险责任期间的保险费和利息，本合同自解除通知送达投保人时解除；在本合同解除前发生保险事故的，保险人按投保人已付保险费占保险单中载明的总保险费的比例承担保险责任。

第十八条　在本合同有效期内，保险标的的危险程度显著增加的，被保险人应及时书面通知保险人，保险人可视情况增加保险费或者解除本合同。

被保险人未予通知的，因危险程度显著增加而发生之保险事故，保险人不承担赔偿责任。

第十九条　被保险人应严格遵守国家和所从事行业内有关的安全管理规定，防止事故发生。对有关管理部门或保险人提出的消除安全隐患防止事故发生的要求和建议应认真付诸实施。

被保险人未履行前款约定的义务，保险人有权增加保险费或者解除本合同；对因此而导致保险事故发生的，保险人有权拒绝赔偿；对因此而导致其赔偿责任扩大的，保险人有权对扩大的部分拒绝赔偿。

第二十条　收到第三者索赔通知后，被保险人应该：

（一）尽力采取必要、合理的措施，防止或减少损失，否则，对因此扩大的损失，保险人不承担赔偿责任；

（二）及时通知保险人，并书面说明事故发生的原因、经过和损失情况；故意或者因重大过失未及时通知，致使保险事故的性质、原因、损失程度等难以确定的，保险人对无法确定的部分，不承担赔偿责任，但保险人通过其他途径已经及时知道或者应当及时知道保险事故发生的除外；

（三）保护事故现场或有关记录，允许并且协助保险人进行事故调查；对于拒绝或者妨碍保险人进行事故调查导致无法确定事故原因或核实损失情况的，对无法确定或核实的部分，保险人不承担赔偿责任。

第二十一条　被保险人获悉可能发生诉讼、仲裁时，应立即以书面形式通知保险人；接到法院传票或其他法律文书后，应将其副本及时送交保险人。保险人有权以被保险人的名义处理有关诉讼或仲裁事宜，被保险人应提供有关文件，并给予必要的协助。

对因未及时提供上述通知或必要协助导致扩大的损失，保险人不承担赔偿责任。

第二十二条　发生保险事故后，未经保险人书面同意，被保险人对受害人及其代理人做出的任何承诺、拒绝、出价、约定、付款或赔偿，保险人不受其约束。对于被保险人自行承诺或支付的赔偿金额，保险人有权重新核定，不属于本保险责任范围或超出应赔偿限额的，保险人不承担赔偿责任。在处理索赔过程中，保险人有权自行处理由其承担最终赔偿责任的任何索赔案件，被保险人有义务向保险人提供其所能提供的资料和协助。

第二十三条　被保险人应及时向保险人提供与索赔相关的各种证明和资料，并确保其真实、完整。

因被保险人未履行前款约定的义务，导致部分或全部保险责任无法确定，保险人对无法确定的部分不承担赔偿责任。

第二十四条　被保险人在申请赔偿时，应当如实向保险人说明与本合同保险责任有关的其他保险合同的情况。被保险人未如实说明情况导致保险人多支付保险赔偿金的，保险人有权向被保险人追回应由其他保险合同的保险人负责赔偿的部分。

赔偿处理

第二十五条　被保险人请求赔偿时，应向保险人提供下列证明和资料：

（一）保险单正本和保险费交付凭证；

（二）索赔申请书；

（三）第三者或其代理人向被保险人提出损害赔偿的相关材料；

（四）有关部门出具的事故证明；

（五）造成第三者人身损害的，应提供：二级以上或保险人认可的医疗机构出具的原始医疗费用收据、诊断证明及病历；造成第三者伤残的，还应提供具备相关法律法规要求的伤残鉴定资格的医疗机构出具的伤残程度证明；造成第三者死亡的，还应提供公安机关或医疗机构出具的死亡证明书；

（六）造成第三者财产损失的，应提供：财产损失清单、费用清单；

（七）生效的法律文书（包括裁定书、裁决书、判决书、调解书等）；

（八）投保人或被保险人所能提供的，与索赔有关的、必要的，并能证明损失性质、原因和程度的其他证明和资料。

第二十六条　发生保险事故后，保险人的赔偿金额以按照下列方式之一确定的被保险人的经济赔偿责任为依据：

（一）被保险人与第三者或其他索赔权利人协商并经保险人确认；

（二）仲裁机构裁决；

（三）人民法院判决；

（四）保险人认可的其他方式。

在按照上述方式之一确定经济赔偿责任后，保险人对每次事故的实际赔偿金额还应在此基础上扣减保险单中载明的每次事故免赔额，并且保险人对每次事故的赔偿金额不超过保险单中载明的每次事故赔偿限额。

在保险期间内，保险人的累计赔偿金额不超过保险单中载明的累计赔偿限额。

第二十七条　除另有约定外，保险人对每次事故法律费用的赔偿在第三者人身损害和财产损失的赔偿金额以外另行计算，并且赔偿时不扣减每次事故免赔额，但每次事故的赔偿总额不超过约定的赔偿限额。

如果被保险人的赔偿责任同时涉及保险事故和非保险事故，并且无法区分法律费用是因何种事故而产生的，保险人按照本合同保险赔偿金额（不含法律费用）占应由被保险人承担的全部赔偿金额（不含法律费用）的比例赔偿法律费用。

第二十八条　被保险人给第三者造成损害，被保险人未向该第三者赔偿的，保险人不得向被保险人赔偿保险金。

第二十九条　发生保险事故时，如果被保险人的损失在有相同保障的其他保险项下也能够获得赔偿，则本保险人按照本保险合同的赔偿限额与其他保险合同及本合同的赔偿限额总和的比例承担赔偿责任。

其他保险人应承担的赔偿金额，本保险人不负责垫付。若被保险人未如实告知导致保险人多支付赔偿金的，保险人有权向被保险人追回多支付的部分。

第三十条　发生保险责任范围内的损失，应由有关责任方负责赔偿的，保险人自向被保险人赔偿保险金之日起，在赔偿金额范围内代位行使被保险人对有关责任方请求赔偿的权利，被保险人应当向保险人提供必要的文件和所知道的有关情况。

被保险人已经从有关责任方取得赔偿的，保险人赔偿保险金时，可以相应扣减被保险人已从有关责任方取得的赔偿金额。

保险事故发生后，在保险人未赔偿保险金之前，被保险人放弃对有关责任方请求赔偿权利的，保险人不承担赔偿责任；保险人向被保险人赔偿保险金后，被保险人未经保险人同意放弃对有关责任方请求赔偿权利的，该行为无效；由于被保险人故意或者因重大过失致使保险人不能行使代位请求赔偿的权利的，保险人可以扣减或者要求返还相应的保险金。

第三十一条　每次事故的保险赔偿结案后，保险人不再负责赔偿任何新增加的与该次保险事故相关的损失、费用或赔偿责任。

当一次保险事故涉及多名第三者时，如果保险人和被保险人双方已经确认了其中部分第三者的赔偿金额，保险人可根据被保险人的申请予以先行赔付。先行赔付后，保险人不再负责赔偿与这些第三者相关的任何新增加的赔偿金。

第三十二条 保险人自收到赔偿请求和有关证明、资料之日起六十日内，对其赔偿数额不能确定的，应当根据已有证明和资料可以确定的数额先予支付；保险人最终确定赔偿保险金的数额后，应当支付相应的差额。

第三十三条 被保险人向保险人请求赔偿保险金的诉讼时效期间为二年，自其知道或者应当知道保险事故发生之日起计算。

争议处理和法律适用

第三十四条 因履行本合同发生的争议，由当事人协商解决。协商不成的，提交保险单载明的仲裁机构仲裁；保险单未载明仲裁机构且争议发生后未达成仲裁协议的，依法向中华人民共和国人民法院起诉。

第三十五条 本合同的争议处理适用中华人民共和国法律。

其他事项

第三十六条 本合同成立后，投保人可要求解除本合同。投保人要求解除本合同的，应当向保险人提出书面申请，本合同自保险人收到书面申请时终止。

第三十七条 本合同成立后，保险人根据保险法规定或者本合同约定要求解除本合同的，除保险法另有规定或本合同另有约定外，本合同自解除通知送达投保人最后所留通信地址时终止。

第三十八条 在保险单中载明的保险责任起始日前，投保人要求解除本合同的，除本合同另有约定外，投保人应当按照保险费5%的比例向保险人支付手续费，保险人退还已收取的保险费。

在保险单中载明的保险责任起始日后解除本合同的，除本合同另有约定外，保险人应向投保人退还未满期保险费。

如果解除时，本合同项下仍有尚未赔偿结案的保险事故，保险人可在赔偿结案后再向投保人退还未满期保险费。

9.2.2 雇主责任保险基本条款

总则

第一条 本保险合同（以下简称为“本合同”）由保险条款、投保单、保险单或其他保险凭证、与本合同有关的投保文件、声明、批注、附贴批单或其他书面文件构成。凡涉及本合同的约定，均应采用书面形式。

第二条 凡中华人民共和国境内（本合同不含香港、澳门特别行政区和台湾地区，下同）的政府机构、企事业单位、社会团体、个体经济组织及其他合法成立的组织均可成为本合同的被保险人。

保险责任

第三条 在保险期间内，被保险人的工作人员在中华人民共和国境内因下列情形导致伤残或死亡，依照中华人民共和国法律（本合同不含香港、澳门特别行政区和台湾地区法律，下同）应由被保险人承担的经济赔偿责任，保险人按照本保险合同约定负责赔偿：

（一）在工作时间和工作场所内，因工作原因受到事故伤害的；

（二）工作时间前后在工作场所内，从事与工作有关的预备性或者收尾性工作受到事故伤害的；

（三）在工作时间和工作场所内，因履行工作职责受到暴力等意外伤害的；

（四）被诊断、鉴定为职业病；

（五）因工外出期间，由于工作原因受到伤害或者发生事故下落不明的；

（六）在上下班途中，受到机动车事故伤害的；

（七）在工作时间和工作岗位，突发疾病死亡或者在四十八小时之内经抢救无效死亡的；

（八）在抢险救灾等维护国家利益、公共利益活动中受到伤害的；

（九）被保险职员原在军队服役，因战、因公负伤致残，已取得革命伤残军人证，到被保险人处工作后旧伤复发的；

（十）法律、行政法规规定应当认定为工伤的其他情形。

第四条　保险事故发生后，被保险人因保险事故而被提起仲裁或者诉讼的，对应由被保险人支付的仲裁或诉讼费用以及事先经保险人书面同意支付的其他必要的、合理的费用（以下简称“法律费用”），保险人按照本保险合同约定也负责赔偿。

责任免除

第五条　由于下列原因造成的任何损失、费用或赔偿责任，保险人不负责赔偿：

（一）被保险人或其代表的故意行为或重大过失；

（二）战争、敌对行为、军事行动、武装冲突、恐怖主义活动、罢工、暴动、民众骚乱；

（三）行政行为、司法行为；

（四）核辐射、核爆炸；

（五）被保险人职员接触、使用含有放射性物质的材料；

（六）被保险人职员接触、使用石棉、石棉制品或含有石棉成分的物质。

第六条　被保险人的雇员有下列情形之一，导致自身遭受人身损害的，保险人不负责赔偿：

（一）故意行为、犯罪行为、违反治安管理法律、法规和规章；

（二）自残、自杀、醉酒；

（三）服用、吸食、注射毒品；

（四）饮酒后或者服用国家管制的精神药品、麻醉药品后驾驶机动车；

（五）无驾驶证、驾驶证失效或者被依法扣留、暂扣、吊销期间驾驶机动车，驾驶与驾驶证载明的准驾车型不相符合的机动车；

（六）无国家有关部门核发的有效操作资格证而使用各种专用机械、特种设备或特种车辆或类似设备装置的。

第七条　对于下列损失、费用或责任，保险人不负责赔偿：

（一）除本合同列明负责赔偿的项目外，其他超出被保险人职员所在地工伤保险和基本医疗保险诊疗项目目录、药品目录、医疗服务设施范围和支付标准的医疗费用；

（二）罚款、罚金或惩罚性赔款；

（三）在合同或协议中约定的应由被保险人承担的赔偿责任，但即使没有这种合同或协议，被保险人依法仍应承担的赔偿责任不在本款责任免除范围内；

（四）保险单中载明的应由被保险人自行承担的免赔额。

第八条　其他不属于本保险责任范围内的损失、费用和责任，保险人不负责赔偿。

赔偿限额与免赔额

第九条　本合同的赔偿限额包括每人赔偿限额、死亡每人赔偿限额、伤残每人赔偿限额、误工费用每人赔偿限额、医疗费用每人赔偿限额和累计赔偿限额。各项赔偿限额由投保人与保险人协商确定，并在保险单中载明。

第十条　每次事故医疗费用每人免赔额由投保人与保险人协商确定，并在保险单中载明。

保险期间

第十一条　本合同的保险期间为一年，自保险单载明的保险责任起始日零时起至保险责任终止日二十四时止。

保险人义务

第十二条　本合同成立后，保险人应当及时向投保人签发保险单或其他保险凭证。

第十三条　保险人收到被保险人的赔偿请求后，应当及时做出核定。对情形复杂的保险人可采取进一步合理必要的核定方式。对在投保时约定的针对不同情况下的赔偿处理方式，保险人应认真履行。

保险人应当将核定结果通知被保险人；对属于保险责任的，在与被保险人达成保险赔偿协议后十日内或在合同约定的赔偿期限内履行赔偿义务。

第十四条　保险人认为本合同约定的被保险人应提供的有关索赔证明和资料不完整的，应当及时一次性通知投保人、被保险人补充提供。

第十五条　保险人自收到索赔请求和有关证明、资料之日起六十日内，对其赔偿保险金的数额不能确定的，应当根据已有证明和资料可以确定的数额先予支付，待最终确定赔偿数额后支付相应差额。

投保人、被保险人义务

第十六条　订立保险合同时，投保人对所填写的投保单及保险人对有关情况的询问应如实告知。

投保人故意或者因重大过失未履行前款规定的如实告知义务，足以影响保险人决定是否同意承保或者提高保险费率的，保险人有权解除合同。

前款规定的合同解除权，自保险人知道有解除事由之日起，超过三十日不行使而消灭。自合同成立之日起超过两年的，保险人不得解除合同；发生保险事故的，保险人应当承担赔偿保险金的责任。

投保人故意不履行如实告知义务的，保险人对于合同解除前发生的保险事故，不承担赔偿或者给付保险金的责任，并不退还保险费。

投保人因重大过失未履行如实告知义务，对保险事故的发生有严重影响的，保险人对于合同解除前发生的保险事故，不承担赔偿或者给付保险金的责任，但退还保险费。

保险人在合同订立时已经知道投保人未如实告知的情况的，保险人不得解除合同；发生保险事故的，保险人应当承担赔偿或者给付保险金的责任。

第十七条　投保人应按照本合同的约定交付保险费。本合同约定一次性交付保险费或对保险费交付方式、交付时间没有约定的，投保人应在保险责任起始日前一次性交付保险费；约定以分期付款方式交付保险费的，投保人应按期交付第一期保险费。投保人未按本款约定交付保险费的，本合同不生效，保险人不承担保险责任。

如果发生投保人未按期足额交付保险费或不按约定日期交付第二期或以后任何一期保险费的情形，从违约之日起，保险人有权解除本合同并追收已经承担保险责任期间的保险费和利息，本合同自解除通知送达投保人时解除；在本合同解除前发生保险事故的，保险人按投保人已付保险费占保险单中载明的总保险费的比例承担保险责任。

第十八条　在本合同有效期内，保险标的的危险程度显著增加的，被保险人应及时书面通知保险人，保险人可视情况增加保险费或者解除本合同。

被保险人未予通知的，因危险增加而发生之保险事故，保险人不承担赔偿责任。

第十九条　被保险人应严格遵守有关安全生产和职业伤病防治的法律、法规和规章，采取合理的预防措施，预防保险事故发生。对保险人提出的消除不安全因素和隐患的书面建议，被保险人应该认真付诸实施。

因被保险人未履行前款约定的义务而导致保险事故发生的，保险人有权拒绝赔偿；对因此而导致其赔偿责任扩大的，保险人有权对扩大的部分拒绝赔偿。

第二十条　知道保险事故发生后，被保险人应该：

（一）尽力采取必要、合理的措施，防止或减少损失，否则，对因此扩大的损失保险人不承担赔偿责任。

（二）及时通知保险人，并书面说明事故发生的原因、经过和损失情况；故意或因重大过失未及时通知，致使保险事故的性质、原因、损失程度等难以确定的，保险人对无法确定的部分，不承担赔偿责任。但保险人通过其他途径已经及时知道或者应当及时知道保险事故发生的除外。

（三）保护事故现场或保存事故记录，允许并且协助保险人进行事故调查。对于拒绝或者妨碍保险人进行事故调查导致无法确定事故原因或核实损失情况的，保险人对无法确定或核实部分不承担赔偿责任。

第二十一条　发生保险事故后，未经保险人书面同意，被保险人对受害人及其代理人做出的任何承诺、拒绝、出价、约定、付款或赔偿，保险人不受其约束。对于被保险人自行承诺或支付的赔偿金额，保险人有权重新核定，不属于本保险责任范围或超出应赔偿限额的，保险人不承担赔偿责任。

在处理索赔过程中，保险人有权自行处理由其承担最终赔偿责任的任何索赔案件，被保险人有义务向保险人提供其所能提供的资料和协助。

被保险人未履行前款约定的义务导致其赔偿责任扩大的，保险人有权扣减赔偿金额或拒绝赔偿。

第二十二条　被保险人获悉可能发生诉讼、仲裁时，应立即以书面形式通知保险人；接到法院传票或其他法律文书后，应将其副本或复印件及时送交保险人。保险人有权以被保险人的名义处理有关诉讼或仲裁事宜，被保险人应提供有关文件，并给予必要的协助。

对因未及时提供上述通知或必要协助导致扩大的损失，保险人不承担赔偿责任。

第二十三条　被保险人应及时向保险人提供与索赔相关的各种证明和资料，并确保其真实、完整。

因被保险人未履行前款约定的义务，导致部分或全部保险责任无法确定，保险人对无法确定的部分不承担赔偿责任。

第二十四条　被保险人在请求赔偿时，应当如实向保险人说明与本合同保险责任有关的其他保险合同的情况。被保险人未如实说明情况导致保险人多支付保险赔偿金的，保险人有权向被保险人追回应由其他保险合同的保险人负责赔偿的部分。

赔偿处理

第二十五条　被保险人请求赔偿时，应向保险人提供下列证明和资料：

（一）保险单正本和保险费交付凭证；

（二）索赔申请、事故证明和职员名单；

（三）被保险人与所雇人员签订的雇佣关系证明及所雇人员的薪金证明；

（四）有关部门或机构出具的伤残鉴定书、死亡证明或其他证明；

（五）二级以上（含）或保险人认可的医疗机构出具的附有病理检查、化验检查及其他医疗仪器检查报告的医疗诊断证明、病历及医疗、医药费原始单据、结算明细表；

（六）劳动保障行政部门出具的工伤认定证明、职业病诊断机构出具的职业病诊断证明书或职业病诊断鉴定委员会出具的职业病诊断鉴定书、劳动能力鉴定委员会做出的劳动能力鉴定结论；

（七）生效的法律文书（包括裁定书、裁决书、判决书、调解书等）；

（八）投保人或被保险人所能提供的，与索赔有关的、必要的，并能证明损失性质、原因和程度的其他证明和资料。

第二十六条　发生保险事故后，保险人的赔偿金额以按照下列方式之一确定的被保险人的经济赔偿责任为依据：

（一）被保险人与向其提出赔偿要求的所雇人员或其他索赔权利人协商并经保险人确认；

（二）仲裁机构裁决；

（三）人民法院判决；

（四）保险人认可的其他方式。

第二十七条　在确定被保险人对其职员的经济赔偿责任后，对于应由被保险人承担的各项费用、津贴、补助金、抚恤金和其他赔偿金，保险人按以下约定赔偿：

（一）死亡赔偿金。

最高赔偿额度按保单约定办理。

（二）伤残赔偿金。

A. 永久丧失全部工作能力：最高赔偿额度按保单规定办理；

B. 永久丧失部分工作能力：最高赔偿额度按受伤部位及程度，参照本保单所附赔偿金额表规定的百分率乘以保单规定的赔偿额度。

（三）误工费用。

最高赔偿额度按保单约定办理，暂时丧失工作能力超过五天的，在此期间，经医生证明，按被雇人员的工资给予赔偿。被雇人员的月工资是按事故发生之日或经医生证明发生疾病之日该人员的前十二个月的平均工资。不足十二个月按实际月数平均。

（四）医疗费用。

最高赔偿额度按保单约定办理。

（五）在保险期间内，如果发生多次保险事故的，保险人对同一被保险人职员的累计赔偿限额不超过保单约定的每人赔偿限额。

如果保单分别载明伤残每人赔偿限额、误工费用每人赔偿限额、医疗费用每人赔偿限额，保险人对同一被保险人职员的伤残赔偿金、误工费用和医疗费用的累计赔偿金额分别不超过保险单中载明的伤残每人赔偿限额、误工费用每人赔偿限额和医疗费用每人赔偿限额。

除合同另有约定外，保险人对被保险人所雇佣的每个雇员承担的法律费用的赔偿金额不超过每人赔偿限额的10％。

第二十八条　在保险期间内，保险人对死亡赔偿金、伤残赔偿金、误工费用、医疗费用以及法律费用的累计赔偿金额不超过保险单中载明的累计赔偿限额。

第二十九条　保险人按照投保人提供的被保险人职员名单承担赔偿责任。被保险人对名单范围以外职员的经济赔偿责任，保险人不负责赔偿。

经保险人同意按约定人数投保的，如果发生保险事故时被保险人职员人数多于投保时人数，保险人按投保人数与实际人数的比例承担赔偿责任。

第三十条　发生保险事故时，如果被保险人的损失在有相同保障的其他保险项下也能够获得赔偿，则本保险人按照本保险合同的赔偿限额与其他保险合同及本合同的赔偿限额总和的比例承担赔偿责任。

其他保险人应承担的赔偿金额，本保险人不负责垫付。若被保险人未如实告知导致保险人多支付赔偿金的，保险人有权向被保险人追回多支付的部分。

第三十一条　属于本合同项下的赔偿责任涉及其他责任方时，保险人自向被保险人赔偿保险金之日起，在赔偿金额范围内代位行使被保险人对其他责任方请求赔偿的权利。被保险人已经从其他责任方取得赔偿的，保险人赔偿保险金时，可以相应扣减被保险人已从其他责任方取得的赔偿金额。

保险事故发生后，在保险人未赔偿保险金之前，被保险人放弃对其他责任方请求赔偿权利的，保险人不承担赔偿责任；保险人向被保险人赔偿保险金后，被保险人未经保险人同意放弃对其他责任方请求赔偿权利的，该行为无效；由于被保险人的过错致使保险人不能行使代位请求赔偿的权利的，保险人可以扣减或者要求返还相应的保险赔偿金。

在保险人向其他责任方行使代位请求赔偿权时，被保险人应向保险人告知其知晓的有关情况并根据保险人的要求提供必要的证明和资料，积极协助保险人追偿。

第三十二条　保险赔偿结案后，保险人不再负责赔偿任何新增加的与该次保险事故相关的损失、费用或赔偿责任。

当一次保险事故涉及多名索赔人时，如果保险人和被保险人双方已经确认了其中部分索赔人的赔偿金额，保险人可根据被保险人的申请予以先行赔付。先行赔付后，保险人不再负责赔偿与这些索赔人相关的任何新增加的赔偿金。

争议处理

第三十三条　因履行本合同发生的争议，由当事人协商解决。协商不成的，提交保险单中载明的仲裁机构仲裁；保险单中未载明仲裁机构并且争议发生后未达成仲裁协议的，可依法向人民法院起诉。

司法管辖

第三十四条　本合同适用中华人民共和国法律，并受中华人民共和国司法管辖。

9.2.3 安全生产责任保险基本条款

总则

第一条 本保险合同（以下简称“本合同”）由保险条款、投保单、保险单或其他保险凭证，与本合同有关的投保文件、声明、批注、附贴批单或其他书面文件构成。凡涉及本合同的约定，均应采用书面形式。

第二条 凡在中华人民共和国境内（本合同不含香港、澳门特别行政区和台湾地区，下同）依法成立，取得合法生产、经营资格的生产经营单位，均可作为本合同的投保人和被保险人。

第三条 本合同所涉及的下列术语，其含义为：

雇员：指与被保险人存在劳动关系（包括事实劳动关系）的各种用工形式、各种用工期限的劳动者及个体工商户的经营者本人。个体工商户经营者的直系亲属在生产经营活动中视为雇员。

生产安全事故：指被保险人在生产经营活动过程中发生的人员伤亡事故。

相关事故：指在生产经营活动过程中，其他与生产安全相关的应由被保险人承担经济赔偿责任的人员伤亡事故。

第三者：指除保险人、被保险人及其雇员以外的人。

每次事故：指一次生产安全事故或是同一事件引起的一系列生产安全事故。因同一起事故造成多人伤亡，导致多人同时或先后向被保险人索赔的，视为一次保险事故。

惩罚性赔款：指法院判决的、赔偿性赔款之外被保险人应当支付给受害方的赔款，其目的一般是为了惩罚和警告被保险人的恶意行为或不作为。

医疗费用：指对事故受伤人员进行医疗救治所发生的门急诊费用和住院手术费用，包括：门急诊挂号费或医事服务费、门急诊诊疗费、检查费、门急诊手术费、门急诊药费、救护车使用费及其他住院费用。

保险责任

第四条 在保险期间内，被保险人在保险单载明的场所和区域范围内从事生产、储存、经营等活动过程中，因发生生产安全事故及相关事故导致雇员或第三者死亡或伤残，依照中华人民共和国法律（本合同不含香港、澳门特别行政区和台湾地区法律，下同）应由被保险人承担的经济赔偿责任，保险人按照本合同约定负责赔偿。

第五条 在保险期间内，被保险人在保险单载明的场所和区域范围内从事生产、储存、经营等活动过程中，因发生生产安全事故及相关事故导致雇员或第三者遭受伤害所产生的医疗费用，依照中华人民共和国法律应由被保险人承担的经济赔偿责任，保险人按照本合同约定负责赔偿。

第六条 在保险期间内，被保险人在保险单载明的场所和区域范围内从事生产、储存、经营等活动过程中，发生生产安全事故及相关事故时，被保险人为抢救受伤、被困人员或者避免人员伤亡，采取紧急抢险救援、人员疏散措施而支出的必要、合理的费用（以下简称“救援费用”），保险人按照本合同约定负责赔偿，包括但不限于：

（一）救援人员劳务费用；

（二）救援物资、器材、设备的租赁、使用费用；

（三）单价低于二百元人民币的救援工具购置费用；

（四）十日以内的人员疏散费用。

第七条　保险事故发生后，被保险人因保险事故而被提起仲裁或者诉讼的，对应由被保险人支付的仲裁或诉讼费用以及事先经保险人书面同意支付的事故鉴定费和其他必要的、合理的法律费用（以下简称“法律费用”），保险人在本合同约定责任限额内负责赔偿。

责任免除

第八条　下列原因造成的损失、费用和责任，保险人不负责赔偿：

（一）投保人、被保险人的故意行为；

（二）战争、敌对行动、军事行为、武装冲突、罢工、暴动、民众骚乱、恐怖活动；

（三）核爆炸、核裂变、核聚变；

（四）放射性污染及其他各种环境污染；

（五）行政行为或司法行为；

（六）雇员在上下班途中，受到交通及意外事故伤害；

（七）原在军队服役，因战、因公负伤致残，已取得革命伤残军人证，到用人单位后旧伤复发；

（八）在工作时间和工作岗位，雇员因疾病、分娩或流产导致的死亡或伤残；

（九）职业病；

（十）雇员因故意犯罪导致自身伤亡的；

（十一）雇员醉酒导致自身伤亡的；

（十二）雇员自残或者自杀的；

（十三）雇员因吸毒导致的死亡或伤残。

第九条　有下列情形之一的，保险人不负责赔偿：

（一）被保险人被政府有关部门责令停产、停业整顿期间擅自从事生产经营活动发生的事故，但在停产、停业整顿期间采取必要的整改措施以及进行设备检测、维修引起的安全事故不在此限；

（二）被保险人从事与本合同载明的经营范围不符的生产、储存、经营等活动的。

第十条　下列损失、费用和责任，保险人不负责赔偿：

（一）任何财产损失；

（二）工伤保险报销已经支付的医疗费用；

（三）被保险人应该承担的合同责任，但无合同存在时依法仍然应由被保险人承担的赔偿责任不在此限；

（四）罚款、罚金及惩罚性赔款；

（五）精神损害赔偿；

（六）被保险人的间接损失；

（七）本合同载明的免赔额及按本合同载明的免赔率计算的免赔额；

（八）已投保机动车交通事故责任强制保险和机动车辆商业保险的保险合同承担的赔款；

（九）根据本条款其他部分内容中的相关约定，保险人应不承担或免除保险责任的各种情形下的损失、费用或责任，或保险人有权予以扣除、减少的部分；

（十）其他不属于保险责任范围内的损失、费用或责任。

责任限额和免赔额（率）

第十一条　除另有约定外，责任限额包括每人死亡责任限额、每人伤残责任限额、每次事故救援费用责任限额、每次事故每人医疗费用责任限额、每次事故每人每天人员疏散费用责任限额、法律费用责任限额、每次事故责任限额及累计责任限额，由投保人和保险人协商确定，并在保险合同中载明。

第十二条　每次事故每人医疗费用免赔额（率）由投保人和保险人协商确定，并在保险合同中载明。

保险合同中同时载明了免赔额与免赔率的，赔偿计算时应扣减的金额以免赔额与按照免赔率计算的金额中的高者为准。

保险期间

第十三条　除另有约定外，保险期间为一年，以保险单载明的起讫时间为准。

保险人义务

第十四条　订立本合同时，保险人应向投保人说明本合同的条款内容，并对免除保险人责任的条款内容以书面或者口头形式向投保人做出明确说明；未做提示或者明确说明的，该免除保险人责任的条款不产生效力。

第十五条　本合同成立后，保险人应当及时向投保人签发保险单或其他保险凭证。

第十六条　保险人在合同订立时已经知道投保人未如实告知的情况的，保险人不得解除合同；发生保险事故的，保险人应当承担赔偿责任。

第十七条　保险人按照保险合同的约定，认为被保险人提供的有关索赔的证明和资料不完整的，应当及时一次性通知投保人、被保险人补充提供。

第十八条　保险人收到被保险人的赔偿请求后，应当及时做出核定；情形复杂的，除另有约定外应当在三十日内做出核定。

保险人收到被保险人的赔偿请求后，应当及时做出核定，并将核定结果通知被保险人；对属于保险责任的，在与被保险人达成有关赔偿金额的协议后十日内，履行赔偿义务。

保险人依照前款的规定做出核定后，对不属于保险责任的，应当自做出核定之日起三日内向被保险人发出拒绝赔偿或者拒绝给付保险金通知书，并说明理由。

第十九条　保险人自收到赔偿的请求和有关证明、资料之日起六十日内，对其赔偿的数额不能确定的，应当根据已有证明和资料可以确定的数额先予以支付；保险人最终确定赔偿的数额后，应当支付相应的差额。

投保人、被保险人义务

第二十条　投保人应履行如实告知义务，如实回答保险人就保险标的或被保险人的有关情况提出的询问，并如实填写投保单。

投保人故意或者因重大过失未履行前款规定的如实告知义务，足以影响保险人决定是否同意承保或者提高保险费率的，保险人有权加收保险费。

投保人故意不履行如实告知义务的，保险人对于合同解除前发生的保险事故，不承担赔偿保险金的责任，并不退还保险费。

投保人因重大过失未履行如实告知义务，对保险事故的发生有严重影响的，保险人对于合同解除前发生的保险事故，不承担赔偿保险金的责任，但应当退还保险费。

第二十一条　除另有约定外，投保人应在本合同成立时交清保险费。

第二十二条　被保险人应严格遵守有关安全生产的法律法规以及政府有关部门制定的其他相关规定，日常作业严格执行相关安全标准、规程，加强对雇员的安全管理和安全教育培训，定期进行安全评价、检测和维护，增强重大危险源的辨识和管理，及时排查安全隐患，预防保险事故发生，避免和减少损失。

被保险人应按照相关法律、法规或规定，编制事故应急救援预案，建立健全事故应急救援组织，并做好应急救援演习。

保险人可以对被保险人遵守本条前款约定的情况进行检查，向投保人、被保险人提出消除不安全因素和隐患的书面建议并同时报送安全生产监督管理部门，投保人、被保险人应该对整改建议认真付诸实施。

投保人、被保险人未按整改建议要求和期限消除安全隐患而导致保险事故发生，保险人不承担赔偿责任；投保人、被保险人未遵守上述约定而导致损失扩大的，保险人对扩大部分的损失不承担赔偿责任。

第二十三条　在保险期间内，如保险标的危险程度显著增加或有其他足以影响保险人决定是否继续承保或是否增加保险费的保险合同重要事项变更，被保险人应当及时书面通知保险人，保险人有权要求增加保险费。

被保险人未履行通知义务，因上述保险合同重要事项变更而导致保险事故发生的，保险人不承担赔偿责任。

第二十四条　发生本保险责任范围内的事故，被保险人应该：

（一）尽力采取必要、合理的措施防止或减少损失、避免人员伤亡。对未尽此义务造成损失扩大的，保险人对扩大部分的损失不承担赔偿责任；

（二）及时通知保险人，并书面说明事故发生的原因、经过和损失情况；故意或者因重大过失未及时通知，致使保险事故的性质、原因、损失程度等难以确定或导致政府相关部门和保险人无法对事故原因、经过、损失程度进行合理查勘或事故调查的，保险人对无法确定的部分，不承担赔偿责任，但保险人通过其他途径已经及时知道或者应当及时知道保险事故发生的除外；

（三）保护事故现场，允许并且协助保险人进行事故调查；对于拒绝或者妨碍保险人进行事故调查导致无法认定事故原因或核实损失情况的，保险人对无法确定或核实的部分不承担赔偿责任。

第二十五条　被保险人收到事故伤亡人员的损害赔偿请求时，应立即通知保险人。未经保险人书面同意，被保险人自行对事故伤亡人员做出的任何承诺、拒绝、出价、约定、付款或赔偿，保险人有权重新核定，不属于本保险责任范围或超出责任限额的，保险人不承担赔偿责任。

第二十六条　被保险人获悉可能发生诉讼、仲裁时，应立即以书面形式通知保险人；接到法院传票或其他法律文书后，应将其副本及时送交保险人。保险人有权以被保险人的名义对诉讼进行抗辩或处理有关仲裁事宜，被保险人应提供有关文件，并给予必要的协助。

对因未及时提供上述通知或必要协助引起或扩大的损失，保险人不承担赔偿责任。

第二十七条　被保险人向保险人请求赔偿时，应提交下列证明材料：

（一）保险单正本；

（二）相关政府部门出具的事故证明、事故鉴定书或保险人认可的证明材料；

（三）索赔申请；

（四）死亡索赔需提供：二级以上（含）医院或公安部门出具的死亡证明，或法院宣告死亡的证明材料；

（五）残疾索赔需提供：劳动保障行政部门出具的工伤认定证明、劳动能力鉴定委员会出具的劳动能力鉴定证明，或保险人认可的医疗机构出具的残疾程度证明；

（六）雇员索赔需提供：被保险人的人事（或工资发放）证明、伤亡雇员名单；

（七）第三者或其代理人向被保险人提出损害赔偿的相关材料；

（八）医疗费用需要提供：二级以上（含）或保险人认可的医疗机构出具的附有病理检查、化验检查及其他医疗仪器检查报告的医疗诊断证明、病历及医疗、医药费原始单据、结算明细表；

（九）被保险人的救援费用支付凭证；

（十）有关的法律文书（包括裁定书、裁决书、判决书、调解书等）或和解协议以及保险人合理要求的有效的、作为请求赔偿依据的其他证明材料。

被保险人未履行前款约定的单证提供义务，导致保险人无法核实损失的，保险人对无法核实部分不承担赔偿责任。

赔偿处理

第二十八条　保险人的赔偿以下列方式之一确定的被保险人的赔偿责任为基础：

（一）被保险人和向其提出损害赔偿请求的人员协商并经保险人确认；

（二）仲裁机构裁决；

（三）人民法院判决；

（四）保险人认可的其他方式。

第二十九条　发生保险责任范围内的损失，保险人根据不同情况，按照以下两种方式支付赔款：

（一）被保险人已经支付赔款给雇员或第三方的，保险人对依法应由被保险人承担的赔偿责任按照本合同约定进行赔偿；

（二）被保险人及其代表在保险事故发生后逃逸的，或者在保险事故发生后，未在规定时间内主动承担责任，支付抢险、救灾及善后处理费用的，雇员或第三方可以直接向保险人提出索赔，保险人按本合同约定的赔付标准将赔款支付给雇员或第三者。

第三十条　发生保险责任范围内的损失，对于被保险人对事故伤亡人员死亡伤残依法应承担的经济赔偿责任，保险人按照以下方式计算赔偿：

（一）死亡：按照保险单载明的每人死亡责任限额进行全额赔偿；

（二）伤残：

1. 对于雇员：依据保险人认可的鉴定机构出具的以《劳动能力鉴定 职工工伤与职业病致残等级》（GB/T 16180—2014）为依据确定的伤残程度证明，按保险合同“伤残赔偿比例表”对应的伤残赔偿比例乘以本合同约定的每人伤残责任限额所得的数额内予以赔偿；

2. 对于第三者：依据保险人认可的鉴定机构出具的以《人体损伤致残程度分级》（最高人民法院、最高人民检察院、公安部、国家安全部、司法部联合发布）为依据确定的伤残程度证明，按保险合同“伤残赔偿比例表”对应的伤残赔偿比例乘以本合同约定的每人伤残责任限额所得的数额内予以赔偿；

（三）被保险人不得就同一伤亡人员因同一保险事故同时申请伤残赔偿金和死亡赔偿金；

（四）医疗费用：在保险责任范围内，被保险人对其雇员或第三者因本合同列明的情形所致人身伤亡依法应承担的下列医疗费用，保险人在本合同约定的每次事故每人医疗费用责任限额内据实赔偿，包括：门急诊挂号费（医事服务费）、门急诊诊疗费、检查费、门急诊手术费、门急诊药费、救护车使用费、住院费用及非自费药费部分。除紧急抢救外，受伤的雇员及第三者均应在二级以上（含二级）医院或政府有关部门或保险人指定的医院就诊。

被保险人承担的诊疗项目、药品使用费用，保险人均按照《工伤保险条例》及相关司法解释规定的标准，在依据前款计算的基础上，扣除每次事故每人医疗费用免赔金额后进行赔偿。

第三十一条　对于每次事故发生的救援费用，保险人按照被保险人实际支出的金额，在每次事故救援费用责任限额内负责赔偿。对于人员疏散费用按照本合同约定的每次事故每人每天人员疏散费用责任限额内进行赔付。

第三十二条　除另有约定外，保险人对每次事故法律费用的赔偿在死亡赔偿金、伤残赔偿金、医疗费用及事故救援费赔偿金以外另行计算，但每次事故的法律费用责任限额不超过本合同每次事故责任限额的25％。保险人对法律费用的累计责任金额不超过累计责任限额的5％。

第三十三条　在保险期间内，保险人对每次事故的赔偿金额不超过保险单列明的每次事故责任限额；保险人对多次事故损失的累计赔偿金额不超过保险单列明的累计责任限额。

第三十四条　保险事故发生时，如果被保险人的损失在有相同保障的其他保险项下也能够获得赔偿，保险人按照本合同的累计责任限额与所有有关保险合同的累计责任限额总和的比例承担赔偿责任。

第三十五条　被保险人在请求赔偿时应当如实向保险人说明与本合同保险责任有关的其他保险合同的情况。对未如实说明导致保险人多支付赔款的，保险人有权向被保险人追回多支付的部分。

第三十六条　发生保险责任范围内的损失，应由有关责任方负责赔偿的，保险人应在责任限额内先予赔偿。保险人自向被保险人赔偿保险金之日起，在赔偿金额范围内代位行使被保险人对有关责任方请求赔偿的权利，被保险人应当向保险人提供必要的文件和所知道的有关情况。

被保险人已经从有关责任方取得赔偿的，保险人赔偿保险金时，可以相应扣减被保险人已从有关责任方取得的赔偿金额。

保险事故发生后，在保险人未支付赔款之前，被保险人放弃对有关责任方请求赔偿权利的，保险人不承担赔偿责任；保险人向被保险人支付赔款后，被保险人未经保险人同意放弃对有关责任方请求赔偿权利的，该行为无效；由于被保险人故意或者因重大过失致使保险人不能行使代位请求赔偿的权利的，保险人可以扣减或者要求返还相应的赔款。

第三十七条　被保险人对雇员或第三者造成损害，被保险人未向该受害人赔偿的，保险人不得向被保险人支付赔款。

第三十八条　保险人受理报案、进行现场查勘、核损定价、参与案件诉讼、向被保险人提供建议等行为，均不构成保险人对赔偿责任的承诺。

第三十九条　保险人按照被保险人的投保人数计算保险费的，保险人按照保险事故发生时保险合同最终备案的被保险人提供的雇员名单承担赔偿责任。被保险人对名单范围以外的雇员承担的赔偿责任，保险人不负责赔偿。

保险人按照累计责任限额、年生产值或销售额、年营业收入等方式计算保险费的，保险人按照投保时被保险人提供的雇员人数承担赔偿责任。如发生保险事故时雇员人数多于投保时人数，保险人按投保人数与实际人数的比例承担赔偿责任。

争议处理和法律适用

第四十条　合同争议解决方式由当事人在合同约定，从下列两种方式中选择一种：

（一）因履行本合同发生的争议，由当事人协商解决。协商不成的，提交保险合同载明的仲裁机构仲裁；

（二）因履行本合同发生的争议，由当事人协商解决，协商不成的，依法向人民法院起诉。

第四十一条　本合同的争议处理适用中华人民共和国法律。

其他事项

第四十二条　保险责任开始前，投保人要求解除保险合同的，应当向保险人支付相当于保险费5%的退保手续费，保险人应当退还剩余部分保险费；保险责任开始后，投保人要求解除保险合同的，自通知保险人之日起，保险合同解除，保险人按保险责任开始之日起至合同解除之日止期间与保险期间的日比例计收保险费，并退还剩余部分保险费。

保险人可提前十五日向投保人发出解约通知书解除本合同，保险人按照保险责任开始之日起至合同解除之日止期间与保险期间的日比例计收保险费后，退还剩余部分保险费。

9.2.4　企业网络安全责任保险基本条款

第一条　承保范围

如本条项下任何保障项目在保险单中标注为“不承保”，则所涉保障项目不发生效力。

1.1 网络营业中断损失

本公司依据本保险合同的各项规定，以保险单第七项所载的相应分项责任限额为限，对被保险人在免赔期届满后完全由于安全事故造成的营业中断损失承担相应的赔偿责任。

本项保障不适用保险单第七项所载的免赔额。

1.2 数据恢复费用

对于保险期间内首次发生并向本公司报告的数据安全事故，本公司依据本保险合同的各项规定，以保险单所载的相应分项责任限额为限，对被保险人因与下述事项有关所发生的合理费用和支出承担相应的赔偿责任：

1. 确定电子数据是否能够恢复、重建或重新收集；

2. 如有可能，恢复、重建或重新收集电子数据。

本项保障不适用保险单所载的免赔额。

1.3 鉴定服务

若实际或疑似发生数据安全事故，本公司依据本保险合同的各项规定，以保险单所载的相应分项责任限额为限，对被保险人因此发生的鉴定服务费承担相应的赔偿责任。

本公司在本保障项下承担任何保险责任的前提条件是，被保险公司应在联络鉴定服务顾问后二十四小时内通知本公司。

1.4 媒体内容侵权责任

若被保险人或其代表在搜集、创建、发布、印刷、广播或发行媒体内容的过程中由于实际或被指称存在的行为、错误、错误陈述、误导陈述或疏忽导致下列任一情形的，本公司依据本保险合同的各项规定，以保险单第七项所载的相应分项责任限额为限，对被保险人因此依法应承担的损失承担相应的赔偿责任：

1. 侵犯他人著作权、名称、广告用语、商标、商号、域名；

2. 侵犯或侵占他人创意；

3. 发布他人错误信息、公开披露他人私人信息，或以书面、口头或广播方式非恶意损害他人的名誉权，包括因前述行为所导致的精神痛苦或精神损害；

4. 侵害、干涉他人隐私权、非法进入或驱逐、非法侵入。

1.5 计算机勒索损失

本公司依据本保险合同的各项规定，以保险单所载的相应分项责任限额为限，对被保险人完全由于安全威胁造成的勒索损失承担相应的赔偿责任。

本项保障不适用保险单所载的免赔额。

1.6 数据责任

本公司依据本保险合同的各项规定，以保险单所载的相应分项责任限额为限，对被保险人因实际或被指称发生的个人信息泄密或公司信息泄密遭受任何赔偿请求所发生的损失承担相应的赔偿责任。

1.7 外包商数据责任

如外包商因实际或被指称发生的个人信息泄密或公司信息泄密而遭受任何赔偿请求，本公司依据本保险合同的各项规定，以保险单所载的相应分项责任限额为限，对被保险公司因此依法应承担的损失承担相应的赔偿责任。

1.8 数据安全责任

本公司依据本保险合同的各项规定，以保险单所载的相应分项责任限额为限，对被保险人因实际或被指称从事或存在引致下列任一情形的行为、错误或疏忽而遭受任何赔偿请求所依法应承担的损失承担相应的赔偿责任：

1. 第三方个人信息或公司信息因任何未经授权的软件、计算机编码或专门设计用于破坏被保险公司计算机系统的病毒而受到损害；

2. 不当拒绝或错误拒绝经授权的第三方获取个人信息或公司信息；

3. 通过电子或非电子方式窃取被保险公司经营场所、计算机系统或员工的登录密码；

4. 任何计算机系统上存储的个人信息或公司信息由于数据安全事故而被损毁、修改、损坏、破坏或删除；

5. 第三方盗窃被保险公司的硬件；

6. 由于数据安全事故导致第三方操作、拥有或租用的任何联网的计算机硬件或软件遭到未经授权的访问、未经授权的使用或被植入恶意代码。

1.9 抗辩费用

本公司有权依据本保险合同的规定对本保险项下各保障项目可能予以承保的赔偿请求进行抗辩。本公司依据本保险合同的各项规定，以保险单所载的相应分项责任限额为限，补偿被保险人因该赔偿请求而发生的抗辩费用。

在本条1.6至1.9项所述保障项下，除非实际或被指称发生的个人信息泄密、公司信息泄密，或行为、错误或疏忽首次发生在追溯日当日或之后，否则本公司对相关保障项下所述的损失不承担任何赔偿责任。

第二条　扩展承保范围

如本条项下任何扩展承保项目在保险单中标注为“不承保”，则所涉扩展保障项目不发生效力。

2.1 延长报告期

如果本公司非因投保人未支付保险费或被保险人违反本保险合同的行为而解除或拒绝续保本保险合同，则被保险人有权获得自本保险合同解除或到期之日起算90天的报告期。对于在保险期间内首次向被保险人提出且为本保险合同所承保的赔偿请求，被保险人可于前述报告期内通知本公司。如果本保险合同或其项下保障被其他保险合同或保障替代，则被保险人无权获得本项扩展保障。

2.2 名誉修复

若因赔偿请求、个人信息泄密、公司信息泄密或数据安全事故导致被保险公司或其董事、首席合规官、首席数据保护官或总法律顾问的名誉受到损害，对于被保险公司或上述人员经本公司事先书面同意为减轻其名誉损害聘请独立的公共关系专业顾问提供建议和支持而产生的合理的费用和支出，本公司依据本保险合同的各项规定，以保险单所载的相应分项责任限额为限，对被保险人承担相应的赔偿责任。

本项扩展保障不适用保险单所载的免赔额。

2.3 通报监测费用

本公司依据本保险合同的各项规定，以保险单所载的相应分项责任限额为限，对被保险人因保险期间内首次发生并向本公司报告的个人信息泄密或数据安全事故所发生的通报监测费用承担相应的赔偿责任。

本项扩展保障不适用保险单所载的免赔额。

2.4 数据行政调查

本公司依据本保险合同的各项规定，以保险单所载的相应分项责任限额为限，对被保险人因调查而寻求法律咨询或代理所产生的合理的费用、成本和支出承担相应的赔偿责任。

本项扩展保障不适用保险单所载的免赔额。

第三条　责任免除

任何基于或可归因于下列任一情形所引起的损失或赔偿请求，或出现下列任一情形时，本公司不负任何赔偿责任：

3.1 反垄断

任何实际或被指称违反反垄断法规、限制贸易或不正当竞争的行为。

3.2 人身伤害和财产损害

1. 身体伤害、病痛、疾病或死亡，以及由于前述情形引起的神经性休克、情绪困扰、精神痛苦或精神损害，但不包括被保险公司因违反个人信息保护有关的法律法规引发赔偿请求所导致的情绪困扰、精神痛苦或精神损害，以及本保险条款第一条“承保范围”第 4 款“媒体内容侵权责任”项下所规定的精神痛苦或精神损害；

2. 有形资产（不包括个人信息）的损失或损毁，或丧失功用。

3.3 合同责任

被保险人根据任何合同或协议规定而承担或接受的任何担保、保证或责任，但在没有前述合同或协议的情况下，被保险人仍应承担的责任除外。

3.4 雇主责任

实际或被指称存在下列任一情形，但由于被保险公司违反数据保护法律或法规而引起的除外：

1. 劳动用工相关行为；

2. 违反保护或规范下列任何一项的责任、义务或职责：

（1）员工养老金计划、员工福利计划、员工退休储蓄计划、员工利润分享或员工收益计划；

（2）社会保障福利；

（3）工作场所健康安全。

3.5 执法通知书

未能按期响应或遵守执法通知书。

3.6 政府实体或公共权力机构

1. 对于本保险条款第一条“承保范围”第 1 款“网络营业中断损失”所规定的保险保障，执行任何政府实体或公共权力机构命令而查封、没收、国有化或销毁计算机系统；

2. 对于本保险条款第一条“承保范围”第 5 款“计算机勒索损失”所规定的保险保障，由任何政府实体或公共权力机构所做的安全威胁。

3.7 基础设施或安全事故

1. 机械故障；

2. 电气故障，包括供电中断、电力或电压突然升高、短路；

3. 电信系统故障或卫星系统故障；

4. 被保险公司或外包商的计算机系统安全维护达不到合理的行业标准。

3.8 知识产权

侵犯任何知识产权（包括但不限于专利权和商业秘密）。

本项责任免除条款不适用于本保险条款第一条“承保范围”第 4 款“媒体内容侵权责任”所规定的保险保障（如该项保障在保险单第五项中标注为“承保”）。

3.9 故意行为

经合理预期判断可能导致针对被保险人提起赔偿请求的任何故意或蓄意行为。

本项责任免除条款不适用于被保险公司的任何雇员所从事的故意或蓄意行为，但本保险不承保该雇员的任何损失。

3.10 经确定的不法行为

经法院、正式的裁判庭或仲裁认定，或被保险人承认，被保险公司的董事、首席合规官、首席数据保护官或总法律顾问单独或同他人共谋实施的或外包商与前述人员共谋实施的犯罪、不诚实或欺诈行为。

在法院、正式的裁判庭、仲裁或监管机构未对上述予以认定前，本公司将继续支付被保险人的抗辩费用。若被前述机构认定为犯罪、不诚实或欺诈行为或被保险人予以承认，被保险人须退还本公司已赔偿的与此相关的保险赔偿金。

3.11 先前赔偿请求和情事

在本保险生效时，被保险人已经合理预期可能导致赔偿请求的任何情事，或在本保险起始日之前已经提出的或未决的赔偿请求。

3.12 有价证券赔偿请求

实际或被指称违反与所有、购买、出售、要约或要约邀请购买或出售有价证券有关的法律、法规或规定（无论是成文法还是普通法）的行为。

3.13 特定网络中断

1. 因任何原因对第三方承担的任何赔偿责任；

2. 任何类型的法律成本或法律费用；

3. 计算机系统更新、升级、增强或更换后的水平超过遭受营业中断损失前的水平；

4. 业务状况不佳；

5. 去除软件程序中的错误或弱点。

本项责任免除条款仅适用于本保险条款第一条“承保范围”第 1 款“网络营业中断损失”所规定的保险保障。

3.14 恐怖活动/战争

任何形式的战争、恐怖活动（不包括安全威胁，但仅以其在本保险合同项下承保为限）或骚乱。

3.15 交易损失

1. 交易损失或交易责任，但本项责任免除条款不适用于本保险条款第一条“承保范围”第 1 款“网络营业中断损失”所规定的保险保障（如该项保障在保险单第五项中标注为“承保”）；

2. 被保险人进行的或代表被保险人进行的电子资金转账或交易中造成的货币价值在转出、转入或在多个账户之间转账过程中发生的损失、减少或损害；

3. 优惠券、价格折扣、奖金、奖品或任何其他超出约定总额或预期金额的有价物品的面值。

3.16 司法管辖区域限制

1. 在中华人民共和国（本合同不包括香港、澳门和台湾地区）境外提起的或未决的赔偿请求；

2. 为了执行在中华人民共和国（本合同不包括香港、澳门和台湾地区）境外获得的法院判决而引发的赔偿请求。

3.17 经济制裁

本公司在本保险合同项下提供任何保险保障、利益或支付任何保险赔偿金会导致本公司违反联合国决议项下的任何制裁、禁止性或限制性规定，或者违反中华人民共和国或美国颁布的任何经济贸易制裁、法律法规。

第四条　定义

4.1 公司信息泄密：指公开泄露任何被保险公司负责保管的保密的公司信息。

4.2 数据安全事故：指未经被保险公司授权，或超越被保险公司的授权，使用或访问被保险公司的计算机系统。

4.3 个人信息泄密：指公开泄露任何被保险公司负责保管的非公开个人信息。

4.4 赔偿请求

1. 送达的执法通知书；

2. 寻求法律救济的书面要求；

3. 寻求法律救济、合规或其他处罚的民事、监管、行政或刑事程序；

4. 本保险条款第二条“扩展承保范围”第 4 款“数据行政调查”有关的调查。

赔偿请求不包括以下任何一项：

（1）数据对象查询请求；

（2）由被保险公司的任何董事、首席合规官、首席数据保护官或总法律顾问提出的或代表其提出的指控。

4.5 被保险公司：投保人及任何子公司。

4.6 计算机系统：指由被保险公司操作、所有或租用的任何联网的计算机硬件或软件。

4.7 公司信息

1. 任何第三方的商业秘密，包括但不限于预算、客户名单、招股说明书、营销计划等一旦泄露将有利于竞争对手的信息或公众无法通过其他途径知悉的信息；

2. 任何第三方的专业信息，包括但不限于向律师、会计师或其他专业顾问提供的便于其进行工作的信息，但以该信息为公众无法通过其他途径知悉为限。

4.8 赔偿金：指被保险人根据判决依法应向第三方承担的赔偿金额，或经被保险人或投保人同意，由本公司协商达成的和解金额。

“赔偿金”不包括且本保险不承保以下各项：

1. 非补偿性质的赔偿金，包括惩罚性的或倍增的赔偿金或约定的违约赔偿金；

2. 罚款或罚金；

3. 执行禁止令或提供其他非金钱救济的法令、许可或协议而产生的成本和开支；

4. 依据本保险合同适用的法律或者提出赔偿请求的管辖地法律不可承保的任何事项。

4.9 个人信息：指被保险公司持有的与数据对象有关的任何个人数据，但以为合法、特定的目的收集，且可用于识别数据对象者为限。

4.10 数据保护机构：指依据法律授权或规定，对个人信息的收集、存储或处理进行调查、起诉或以其他方式强制执行适用法律法规的任何数据保护机构、政府机构、监管机构或其他公共团体。

4.11 首席数据保护官：指被保险公司内部负责执行、监测、监督、汇报和披露被保险公司与数据收集、数据处理和委托数据处理有关的合规标准的雇员。

4.12 数据对象：指个人信息被被保险人或其代表收集或处理的任何自然人，包括被保险公司的雇员。

4.13 数据对象查询请求：指数据对象向被保险公司提交的书面请求，强制要求被保险公司提供下列任何一项：

1. 被保险公司持有的可识别所涉自然人的个人信息；

2. 收集或处理个人信息的原因；

3. 已经或可能会接收个人信息的接收人或接收人类型；

4. 个人信息的来源。

4.14 抗辩费用：指经本公司事先书面同意，被保险人对赔偿请求进行抗辩、上诉或和解所产生的合理且必要的费用。

4.15 电子数据：指以电子方式存储在计算机系统上的任何软件或个人信息。

4.16 执法通知书

指数据保护机构要求被保险公司在规定的时限内采取下列措施的通知书：

1. 确认是否遵守数据保护和/或隐私保护相关的法律、法规；

2. 采取特定措施遵守数据保护和/或隐私保护相关的法律、法规；或

3. 停止处理特定个人信息。

4.17 勒索损失

指下列任何一项：

1. 被保险人为了终止或结束可能引致对其损害的安全威胁，按照当地法律规定，经本公司书面同意所支付的款项，包括谈判、斡旋以及危机管理的费用；

2. 为确定安全威胁的原因所发生的调查费用。

4.18 鉴定服务费

指鉴定服务顾问为被保险公司提供下列服务所产生的合理且必要的费用、成本和支出：

1. 确认数据安全事故是否已经发生或正在发生；

2. 确定数据安全事故的原因；

3. 避免或降低数据安全事故的建议。

4.19 鉴定服务顾问：指由本公司指定的专业服务顾问。

4.20 被保险人

1. 被保险公司；

2. 过去或现在担任被保险公司的董事、负责人或合伙人的任何自然人；

3. 被保险公司的雇员（包括但不限于被保险公司的首席合规官、首席数据保护官或总法律顾问）；

4. 上述三项所述被保险人的任何承继方或法定代理人。

4.21 本公司：指保险单所载的保险公司。

4.22 调查：指数据保护机构针对被保险公司的数据收集、数据处理或委托第三方进行的数据处理的程序，实施的任何正式的或官方的行动、调查、质询或稽查，但不包括对整个行业或者非专门针对被保险公司的任何质询或行动。

4.23 责任限额：指保险单所载的金额。

4.24 损失

1. 本保险条款第一条“承保范围”第 4 款及第 6 至 8 款所述保障项下承保的赔偿金；

2. 抗辩费用；

3. 本保险条款第一条“承保范围”第 1 款项下承保的营业中断损失；

4. 本保险条款第一条“承保范围”第 2 款“数据恢复费用”所述保险保障项下承保的费用；

5. 本保险条款第一条“承保范围”第 3 款“鉴定服务”所述保险保障项下承保的费用；

6. 本保险条款第一条“承保范围”第 5 款“计算机勒索损失”所述保险保障项下承保的损失；

7. 本保险条款第二条“扩展承保范围”第 2 款“名誉修复”所述保险保障项下承保的费用；

8. 本保险条款第二条“扩展承保范围”第 3 款“通报监测费用”所述保险保障项下所承保的费用；

9. 本保险条款第二条“扩展承保范围”第 4 款“数据行政调查”所述保险保障项下承保的费用；

除本保险条款第一条“承保范围”第 1 款所述保障项目外，“损失”不包括任何被保险人的内部或营运费用（包括工资、薪金或其他报酬）或任何被保险人的时间成本。

4.25 媒体内容：指下列任何一项所载的媒体内容、广告以及书面、印刷、视频、电子、数字或数字化的内容：

1. 广播，包括通过电视、电影、有线电视、卫星电视、广播、无线装置或互联网进行的广播；

2. 出版物，包括报纸、时事通讯、杂志、书籍及其他文学作品、专著、手册、号码簿、音乐、人名地址目录、电子、剧本、电影剧本、剧作形式的出版物以及有关出版资料研究、编制、长篇连载、展览或发行的视频出版物；

3. 广告、平面设计、徽标或商标设计、广告时间和广告位采购、市场调研、公共关系、游戏设计、竞赛或特价优惠；

4.26 重大中断：指被保险人的业务直接由于安全事故造成的实际且可量度的中断或暂停。

4.27 营业中断损失

指重大中断结束后 120 天（若被保险人已尽合理勤勉义务，则为重大中断原本会结束后的 120 天）内发生的下列费用：

1. 如未发生重大中断原本不会发生的费用；以及

2. 下列两项按小时计算的总和：

（1）原本会取得的净收入（税前净利润或损失）；

（2）发生的持续性正常运营费用，包括工资支出。

4.28 通报监测费用

1. 经本公司事先书面同意，任何被保险人或其代表按法律规定或其他原因向相应的数据对象披露个人信息泄密或数据安全事故所产生的合理的费用、成本和支出；

2. 因个人信息泄密或数据安全事故导致的与身份资料被窃后的教育和信用档案或者身份资料监控有关的合理的费用和支出。

4.29 外包商：指基于合同安排或法律规定，代表被保险公司收集或处理个人信息的自然人或实体。

4.30 安全事故：指计算机系统安全故障或事故，包括但不限于导致或未能减轻任何未经授权的访问、未经授权的使用、拒绝服务、攻击、接收或传输恶意代码。安全事故包括由于直接违反被保险公司的特定书面安全制度或程序通过非电子手段从被保险公司的营业场所、被保险公司的计算机系统或被保险公司的高级管理人员、董事或雇员盗取密码或登录码所引起的任何故障或侵害事件。

4.31 安全威胁：指为了向被保险人索取金钱、有价证券或其他有价动产或不动产，声称将通过当地、跨境或多国对计算机系统实施攻击的威胁或与之有关的一系列威胁。

4.32 短期费率

指投保人按合同约定解除本保险合同时，本公司依下列百分比计算应收取的保险费：

1. 如本保险合同于起保后零至九十日内终止，为保险单第九项所载保险费的百分之四十；

2. 如本保险合同于起保后九十一日至一百八十日内终止，为保险单第九项所载保险费的百分之七十；

3. 如本保险合同于起保后一百八十一日至二百七十日内终止，为保险单第九项所载保险费的百分之九十；

4. 如本保险合同于起保后二百七十日以后终止，为保险单第九项所载保险费的百分之百。

4.33 子公司

指投保人直接或通过一个或多个实体间接对其实施下列控制的任何实体：

1. 控制该实体的董事会组成；

2. 控制该实体过半数的股东表决权；

3. 持有该实体百分之五十（50%）以上已发行的股份或股本。

对于任何子公司或其任何被保险人，本保险仅承保该实体在保险期间内作为投保人的子公司期间内所发生的个人信息泄密、公司信息泄密、数据安全事故。

4.34 第三方

指下列以外的任何实体或自然人：

1. 任何被保险人，不包括雇员；

2. 任何在被保险公司的经营活动中担任重要财务投资或管理层职位的其他自然人或实体。

4.35 免赔期：指重大中断发生后起算的一段期间，具体应以保险单所载为准。

第五条　赔偿请求

5.1 赔偿请求通知

本保险仅承保同时满足以下条件的赔偿请求、个人信息泄密、公司信息泄密以及数据安全事故：

1. 在保险期间或延长报告期内（如适用）首次向被保险人提出；

2. 被保险人应尽快以书面形式报告本公司，如果被保险人在首次遭受赔偿请求或个人信息泄密、公司信息泄密、数据安全事故发生后三十天内通知本公司的，在任何情况下，均不得晚于保险期间或延长报告期届满之日起三十天。

被保险人索赔时应当向本公司提供其所能提供的与确认保险事故的性质、原因、损失程度等有关的证明和资料。被保险人未履行前款约定的索赔材料提供义务，导致本公司无法核实损失情况的，本公司对无法核实部分不承担赔偿责任。

本公司认为被保险人提供的有关索赔的证明和资料不完整的，应当及时一次性通知被保险人补充提供。

本公司收到被保险人的保险赔偿请求及完整的索赔资料后，应当及时做出核定；情形复杂的，如无法在法律规定的时限内做出核定，则双方同意适当延长，但延长的时限最长不超过三十天。

本公司应当将核定结果通知被保险人；对属于保险责任的，在与被保险人达成赔偿协议后十天内，履行赔偿义务。本保险合同对赔偿的期限有约定的，本公司应当按照约定履行赔偿义务。本公司依照前款的规定做出核定后，对不属于保险责任的，应当自做出核定之日起三天内向被保险人发出拒绝赔偿通知书，并说明理由。

本公司自收到保险赔偿请求和有关证明、资料之日起六十天内，对其赔偿数额不能确定的，应当根据已有证明和资料可以确定的数额先予支付；本公司最终确定赔偿的数额后，应当支付相应的差额。

被保险人可通过电子邮件、传真或邮寄方式将赔偿请求通知本公司。

对因故意或重大过失未及时提供上述通知导致保险事故的性质、原因、损失程度等难以确定的，本公司对无法确定的部分不承担赔偿责任，但本公司通过其他途径已经及时知道或应当及时知道保险事故发生的除外。

作为本公司在保险条款第一条“承保范围”第 1 款“网络营业中断损失”项下成本赔偿责任的前提条件，每一被保险人必须做到下列各项：

（1）在发现损失后九十天（或本公司以书面形式延长的期间）内填写并签署书面损失证明文件，其中应详列营业中断损失的全部描述以及营业中断损失的各项有关情况。书面证明同时应当列明营业中断损失的详细计算方式以及与损失有关的或构成损失证明一部分的所有文件和资料；

（2）根据本公司要求，同意接受宣誓审查；以及

（3）按本公司要求提供任何合作和协助，包括协助本公司从事下列事项：

① 任何针对安全事故、营业中断损失或情事的调查；

② 强制执行被保险人或本公司可能对被保险人的任何赔偿义务人所享有的任何法律权利；

③ 签署本公司认为为取得本保险合同项下权利所必要的任何文件；以及

④ 本公司或其代表根据“网络营业中断损失”项下的保险保障所作的任何计算或评估。

被保险人按上述第（1）、（2）和（3）项的规定提交营业中断损失的书面证明后，如本公司后续以书面形式予以接受的，则所有厘定的保险金赔偿请求将在其后三十天到期

赔付。

5.2 情事通知

如果被保险人在保险期间内获知可能引致赔偿请求、调查、个人信息泄密、公司信息泄密或数据安全事故的情事，被保险人应将此类情事以书面形式通知本公司。上述通知必须按时间顺序对上述情事进行详细描述，且至少应包含以下信息：

1. 被指称的、推测的或潜在的泄密行为；

2. 被指称的、推测的或潜在的泄密行为发生的日期、时间和地点；

3. 潜在的索赔人和所有其他可能涉及的人员和/或实体；

4. 损失预估。

如果本公司接受所述情事通知，则随后针对被保险人提出的任何赔偿请求，凡可归因于先前通知的情事的，均应被视为在首次通知上述情事时已经向本公司报告。

5.3 相关联的赔偿请求

若被保险人依照本保险合同的规定将其遭受的赔偿请求通知本公司，则由该赔偿请求指称的事实所产生的或以其为基础或原因产生的任何后续赔偿请求，以及任何指称与该赔偿请求所指称损失相同或相关的损失的后续赔偿请求，应被视为已在首次书面通知时向该被保险人提出并通知本公司。

任何可归因于下列任何一项的赔偿请求，在本保险合同下应被视为单一赔偿请求：

1. 相同原因；

2. 单一损失；

3. 一系列连续的、重复的或相关联的损失。

第六条　抗辩和和解

6.1 抗辩和抗辩费用

对于任何针对被保险人提出的赔偿请求，本公司不承担抗辩义务，被保险人应就其遭受的任何赔偿请求自行提出抗辩和辩驳，但本公司根据自身单独判断书面决定对赔偿请求进行抗辩和和解的除外。若本公司未做出上述决定，当抗辩和和解谈判涉及或经合理判断可能会涉及本公司时，本公司应有权但无义务全面参与抗辩和和解谈判。

未经本公司事前书面同意，被保险人不得发生任何抗辩费用，但本公司不得不合理地拒绝或拖延做出前述同意。抗辩费用不包括被保险公司的任何内部费用（如工资、薪金或其他报酬）。

被保险人必须提供本公司所有合理要求的协助，采取一切合理的措施，以避免或减少损失，或者核定本公司依据本保险合同应承担的保险责任。

6.2 预付抗辩费用、名誉修复费用、勒索费用

对于任何承保的抗辩费用、保险条款第二条“扩展承保范围”第 2 款“名誉修复”所规定的保障或保险条款第一条“承保范围”第 5 款“计算机勒索损失”所规定的保障，本公司将在赔偿请求获最终解决之前预付相关费用。但是，如果本公司按保险合同约定认定上述费用不属于承保范围，或者预付金额将超出责任限额或任何适用的分项责任限额，本公司将不会预付相关款项。如果本公司和被保险人无法就上述费用的预付金额达成一致意见，本公司将按其认为公平、适当的金额进行预付，直至按照本保险合同的规定，双方就某一金额达成一致或最终确定某一金额。如果被保险人后经认定无权获得上述预付款项

的，本公司有权要求被保险人退还上述预付款项。

6.3 本公司的同意

未经本公司事先书面同意，被保险人不得承认或同意承担任何赔偿责任、达成任何和解协议、同意任何判决或发生任何抗辩费用。否则，对于被保险人自行承诺或支付的赔偿金额，本公司不受其约束，并有权重新核定，不属于本保险责任范围或超出应赔偿限额的，本公司不承担赔偿责任。就赔偿金和抗辩费用而言，本保险合同仅承保经本公司同意的和解金额、判决金额及抗辩费用，以及根据本保险合同的规定对赔偿请求进行抗辩后产生的判决金额。在本公司有权行使其在本保险合同项下的一切权利的前提下，本公司不得不合理地拒绝给予同意。本规定不适用于本保险条款第二条“扩展承保范围”第 2 款“名誉修复”项下因预先核准的公共关系/传媒顾问所产生的名誉修复费用。

6.4 被保险人的同意

若本公司认为有利于被保险人且经被保险人书面同意，则本公司可就赔偿请求提出和解建议。若被保险人不同意此和解建议，则本公司对基于该赔偿请求的损失的赔偿责任应以不超过按以下公式计算所得的金额为限：原可达成的和解金额加上截至本公司提出此书面和解建议日之前所产生的所有抗辩费用，再减去共保金额（如有）和适用的免赔额。

仅针对本保险条款第一条“承保范围”第 5 款“计算机勒索损失”，任何勒索损失的支付或者对所报告事故的处理均应符合当地的法律要求，并与任何相关的刑事执法机关或其他当局进行合作并听从其指导。

6.5 代位求偿权和追偿权

本公司依照本保险合同约定进行赔偿后，本公司应在赔偿金额范围内代位行使被保险人的追偿权，并有权以被保险人的名义寻求和执行该权利，即使被保险人已经获得相关损失的赔偿款。

仅当被保险公司的雇员（包括董事或高级管理人员）因故意、欺诈或犯罪行为被任何法庭或政府机构的终局判决判定有罪时，本公司才可以对该被保险公司的雇员行使代位求偿权。

被保险人应向本公司提供所有合理的协助，并尽一切可能确保本公司可以行使代位求偿权，包括签署必要的文件，以确保本公司能以被保险人的名义提起诉讼。如果本公司的追偿所得超过本公司对被保险人的赔付总额，则超过的部分应在扣除追偿费用后归还被保险人。

被保险人已经从有关责任方取得赔偿的，本公司赔偿时，可以相应扣减被保险人已从有关责任方取得的赔偿金额。

保险事故发生后，在本公司未赔偿之前，被保险人放弃对有关责任方请求赔偿权利的，本公司不承担赔偿责任；本公司向被保险人赔偿后，被保险人未经本公司同意放弃对有关责任方请求赔偿权利的，该行为无效。由于被保险人故意或者因重大过失致使本公司不能行使代位请求赔偿的权利，本公司可以扣减或者要求返还相应的保险赔偿金。

6.6 净利润的计算

为了核定本保险条款第一条“承保范围”第 1 款“网络营业中断损失”项下的营业中断损失，在对承保的净利润（或净损失）以及费用和支出的金额进行确定的过程中，本公司应适当考虑被保险人在安全事故开始前的业务历史记录以及被保险人在如若未发生安全事故的情形下原本能够达到的业务成果。但是，按前述规定计算的净利润（或净损失）不应包括其他企业因发生安全事故造成有利的营运状况所增加的收益。上述所有净利润（或净损失）以及费用和支出应根据被保险人的实际净利润（或净损失）以及费用和支出按小时进行计算。

第七条 免赔额和责任限额

7.1 责任限额

在本保险合同项下，本公司的总赔偿金额以责任限额为限。分项责任限额（包括扩展保障项目适用的分项责任限额）及抗辩费用均包含在责任限额内，而非额外增加责任限额。本保险合同承保多名被保险人并不增加本公司在本保险合同项下的总赔偿金额。

7.2 免赔额

对于所有的赔偿请求，本公司仅对损失超过保险单所载免赔额的部分承担赔偿责任，但如下列任何保险保障或扩展保障在保险单中标注为“承保”，则免赔额不适用于该保险保障或扩展保障：

1. 本保险条款第一条“承保范围”第 1 款“网络营业中断损失”所规定的保险保障；
2. 本保险条款第一条“承保范围”第 2 款“数据恢复费用”所规定的保险保障；
3. 本保险条款第一条“承保范围”第 5 款“计算机勒索损失”所规定的保险保障；
4. 本保险条款第二条“扩展承保范围”第 2 款“名誉修复”所规定的保险保障；
5. 本保险条款第二条“扩展承保范围”第 3 款“通报监测费用”；
6. 本保险条款第二条“扩展承保范围”第 4 款“数据行政调查”。

免赔额应由被保险公司自行承担。根据本保险条款第五条“赔偿请求”第 3 款“相关联的赔偿请求”的规定，所有被视为相关联的赔偿请求所引起的损失应适用单一免赔额。

7.3 其他保险/补偿

除非法律另有规定，本保险合同仅对损失超出任何免赔额或其他有效保险所承保的部分承担赔偿责任，但其他有效保险作为本保险合同的特定超赔责任保险时除外。如果其他有效保险由本公司或本公司的关联公司承保，则被保险人于上述所有保险合同项下获得的所有保险赔偿金总额以其中责任限额最高者为限。本保险合同中的任何规定均不得解释为增加本保险合同的责任限额。如其他保险合同规定其项下保险公司负有抗辩义务的，则由此产生的抗辩费用不属于本保险合同的承保范围。

第八条 一般事项

8.1 合作

被保险人应履行下列义务并自负相关费用：

1. 向本公司提供所有合理的协助，并在对任何赔偿请求进行抗辩和主张分摊或补偿的权利的过程中予以合作；

2. 谨慎行事，采取或同意采取一切合理可行的措施以避免或减少本保险合同项下的损失；和

3. 在合理要求范围内，向本公司提供信息和协助，使本公司能够调查损失，或核定本公司在本保险合同项下是否承担赔偿责任。

8.2 责任分担

若任何针对被保险人的书面请求、民事诉讼程序或行政监管程序同时涉及本保险合同

项下的承保事项和不承保事项，则本公司仅对能公平适当地反映由承保事项所引起的损失部分的金额承担赔偿责任，计算时应考虑以下因素：

1. 比较由承保事项所致的索赔金额和不承保事项所致的索赔金额；

2. 比较承保事项的法律依据和不承保事项的法律依据；

3. 比较对承保事项进行抗辩的复杂程度和对不承保事项进行抗辩的复杂程度。

如被保险人不同意本公司根据以上规定计算的赔付额，则本项争议应按照本保险条款第八条“一般事项”第9款“争议解决”的相关规定进行处理。

8.3 合同转让

未经本公司事先书面同意，本保险合同以及其项下任何权利均不得转让。

8.4 保险合同的解除

由投保人解除：

投保人有权按照法律允许的方式提前解除本保险合同。若在解除本保险合同之前无任何赔偿请求和情事通知，本公司将按短期费率收取保险费；否则，本保险合同项下已缴纳的保险费将被视为于保险合同起始日已完全赚取而不予退还。

由本公司解除：

本公司有权解除本保险合同。本公司可通过挂号邮件、保证邮件或其他高级邮件或其他合理的投递方式，按保险单所载投保人的地址，书面通知投保人解除保险合同，该书面通知应载明保险合同的解除生效日，合同解除应自该通知发出之日起三十天后生效（如因未支付保险费而解除保险合同的，则解除应自该通知发出之日起十天后生效），但法律另有规定或本保险合同另有约定的除外。邮寄或投递该通知的证明构成已发出通知的充分证据，且对所有被保险人而言，本保险合同应视为已按通知中列明的日期和时间解除。在此情形下，本公司有权按承保日比例收取保险费。本公司退还未满期保险费不构成保险合同解除生效的先决条件，但本公司仍应于实际可行时尽快退还未满期保险费。

8.5 保险费支付保证

保险费应于本保险合同起始日后九十天内缴纳，否则本公司有权解除本保险合同。

8.6 条款标题

本保险合同项下的标题仅为查阅方便而设，不影响保险合同的解释。保险合同项下的粗体词具有特别含义，具体请参见本保险条款中的定义或保险单。保险合同项下没有特别定义的词语，应从其通常含义。

8.7 诉讼时效

被保险人向本公司请求赔偿保险金的诉讼时效期间为两年，自其知道或者应当知道保险事故发生之日起计算。

8.8 索赔欺诈

若被保险人明知索赔请求的赔偿金额或其他事项存在虚假或欺诈仍提出索赔申请的，本公司不承担赔偿责任，并有权解除保险合同且不退还保险费；但如属于夸大损失程度的，本公司仅对其虚报的部分不承担赔偿的责任。

8.9 争议解决

本保险合同争议解决方式由当事人根据合同约定从下列两种方式中选择一种：

1. 因履行本保险合同发生的争议，由当事人协商解决，协商不成的，提交双方约定的仲裁委员会仲裁；

2. 因履行本保险合同发生的争议，由当事人协商解决，协商不成的，依法向人民法院起诉。

8.10 法律适用

本保险合同的解释、效力或履行均受中华人民共和国法律（本合同不包括香港、澳门和台湾地区法律）管辖。

9.2.5 董事与高级管理人员责任保险基本条款

第一条 承保范围

1.1 董事与高级管理人员责任保险

在保险期间内，被保险人在履行被保险公司董事、高级管理人员或雇员职务时，因其不当行为致使第三者受到损失，由第三者在保险期间内首次向被保险人提出赔偿请求时，依法应由被保险人承担的经济赔偿责任，保险人根据本保险合同的约定负责赔偿，但被保险公司已经补偿被保险人损失的金额不在此限。

依照本保险合同的规定，在赔偿请求最终解决前，由保险人预付因此所产生的抗辩费用。

1.2 公司补偿保险

在保险期间内，被保险公司由于被保险人履行被保险公司董事、高级管理人员或雇员职务时，因其不当行为而首次遭受赔偿请求所引起的损失，保险人根据本保险合同的约定负责赔偿，但应以被保险公司已经补偿被保险人损失的金额为限。

保险人应依照本保险合同的规定，在赔偿请求最终解决前，预付因此所产生的抗辩费用。

第二条 定义

本保险合同内所使用的名词，其定义如下：

2.1 关联企业：指在保险期间起始日或之前，其已发行有表决权股份中超过百分之二十但百分之五十以下的股份，为投保人直接或间接经由其子公司所持有的公司。

2.2 赔偿请求

1. 任何个人或组织因请求给予金钱赔偿或其他救济（包括非金钱的救济）对被保险人所提起的诉讼或法律程序；

2. 任何个人或组织要求被保险人应对特定不当行为的结果承担责任的书面请求；

3. 任何针对被保险人提起的刑事诉讼；

4. 任何有关被保险人的特定不当行为所进行的行政程序或管理程序或官方调查。

可归因于单一不当行为，或由其所产生，或以其为基础的任何单次或多次的赔偿请求，在本保险合同下应被视为单一赔偿请求。

2.3 被保险公司：指保险单的第一项所载的投保人及在不当行为发生日前，在章程或类似文件中详细载明并经投保人或其子公司授予此地位的子公司，区域性机构、部门、地区、生产群体或其他的公司内部单位。

2.4 继续承保日：指保险单所记载的日期。关于待决或以前已进行诉讼的继续承保日系指被保险公司持续从保险人获得本类保险保障的首日，或持续从其他保险公司获得本类保险保障的首日（但以被保险公司向保险人提供其给予其他保险公司的首份要保书且为保险人在本保险合同起始日时所接受为限），或其他经保险人同意的日期。

2.5 抗辩费用：指完全系因赔偿请求的调查、理算、抗辩及上诉所产生且经保险人书面同意的合理且必要的费用（包括因提供诉讼保证金，扣押保证金或类似的保证金所产生的费用，但保险人无义务申请或提供任何保证金），但不包括被保险人的薪金。

2.6 董事或高级管理人员：指任何被合法指派或选任为被保险公司董事或高级管理人员的自然人。

2.7 发现期间：指依第四条第 2 款规定，自本保险合同终止后立即起算的期间；不当行为发生于本保险期间到期前或依其他规定为本保险合同所承保者，被保险人于发现期间内遭受赔偿请求，应于此发现期间内书面通知保险人。

2.8 雇佣行为赔偿请求：指有关于被保险公司过去、现在或未来由下列原因引起雇员的赔偿请求或一系列相关联的赔偿请求：

1. 实际上或被指称有不公平或不正当的免职，或事实的或推定的雇佣契约终止行为；

2. 与雇佣有关的错误陈述；

3. 不当的不予雇佣或提升；

4. 不当的剥夺工作机会；

5. 不当的惩罚；

6. 未提供正确的求职推荐函；

7. 对雇员的评估有疏误；

8. 任何形式的在性别、工作地点、种族、残障方面的骚扰（包括被指称营造一种具有骚扰性的工作环境）；

9. 直接或间接、有意或无意的不合法歧视；

10. 未能提供充分的雇佣政策或程序。

2.9 全额年保险费：指在保险期间到期前有效的年保险费。

2.10 被保险人：指任何过去、现在或未来被保险公司董事或高级管理人员的自然人，或是针对被保险公司雇员利益成立的年金、退休金或福利金基金的受托人。本保险合同承保范围将自动适用于在保险期间首日后成为董事或高级管理人员的自然人。被保险人包括被保险公司的雇员，但仅以雇员履行管理或监督职务时的不当行为引起的赔偿请求为限。关于雇佣行为赔偿请求，被保险人包括被保险公司过去、现在及未来的雇员。

2.11 保险人：指承保本保险的中国人民财产保险股份有限公司。

2.12 损失：指裁决或和解的损害赔偿金及抗辩费用，但不包括法律规定的民事或刑事的罚金或罚款、非补偿性的损害赔偿金（包括惩罚性赔偿金）、税金、被保险人依法不应负责的金额，或依本保险合同规定不得承保的事故。由单一不当行为引起的一次以上关于裁决或和解的损害赔偿金及抗辩费用的赔偿请求，视为单一损失。

2.13 无责任

1. 用尽所有救济手段后，由于驳回请求或申请简易判决，被保险人在审判前获得无责任的最终有利裁决；

2. 用尽所有救济手段后，被保险人在审判后获得无责任的最终有利裁决。若赔偿请求已达成和解，则"无责任"一词不适用于该赔偿请求。

2.14 非营利团体：指根据适用的法律登记成立的团体或商业协会或成立于其他国家境内的同性质团体，就本保险合同而言，指为促进其组成成员所代表的商业利益的多数人的集合体，不论是否为法人。

2.15 外部团体：指任何关联企业、非营利团体或其他法人、合伙、合资企业或本保险合同的批单所列明的其他组织。

2.16 投保人：指保险单第一项所记载的公司。

2.17 保险期间：指保险单第二项所记载起始日起至到期日止的期间。

2.18 污染物质：包括（但不限于）任何固态的、液态的、气态的或具有热量的刺激物质或污染物质，包括烟、蒸气、煤灰、臭气、酸、化学物质及废弃物。废弃物包括（但不限于）回收、修复或再制的物质。

2.19 有价证券：指被保险公司的任何票据、股票、公债、公司债券、债券凭证、股份或其他股东权益或债务担保品，且应包括任何关于上述有价证券的权益凭证、收据、认购权、表决权、信托凭证、存托凭证或其他利益。

2.20 单一不当行为：指一个不当行为或任何相关联的、连续的或重复的多次不当行为，不论是单个或多个被保险人所为，亦不论是指向或影响一个或多个自然人或法人。

2.21 子公司

指被投保人直接或间接通过其一间或多间子公司：

1. 控制其董事会组成的公司；

2. 控制其过半数表决权的公司；

3. 控制其过半数已发行股份的公司。

本保险仅承保上述公司已经成为投保人的子公司后，其董事、高级管理人员或雇员因不当行为引起的赔偿请求。但是，应投保人的书面请求，保险人对增加的风险进行评估后，可以将承保范围扩展至投保人购并该子公司前的不当行为。

2.22 交易

指下列事件任何一件：

1. 投保人与他人合并或被兼并，向他人出售其全部或主要资产；

2. 任何个人或团体，不论系个别或集体取得代表投保人董事选举权总数超过百分之五十的已发行股份，或取得上述股份的选举权。

2.23 “不当行为”：指董事或高级管理人员或雇员，以被保险公司或外部团体的董事或高级管理人员或雇员的身份，在执行其职务时的实际的或被指称的违反职责、违反信托、疏忽、错误、错误陈述、误导性陈述、遗漏、违反授权或其他行为，或其他针对其作为被保险公司的董事或高级管理人员或雇员身份的索赔。

第三条　除外责任

保险人对针对被保险人的下列赔偿请求引起的损失不负赔偿责任：

3.1 可归因于下述原因或由其所产生或以其为基础的赔偿请求：

1. 被保险人个人实际取得的因任何个人利润或优势而获取的非法收入；

2. 被保险人事实上自买自卖被保险公司的有价证券所得的利润；

3. 被保险人事实上的不诚实、欺诈行为。

为确定是否适用除外责任，任一被保险人的不当行为不应被归咎于任何其他被保险人。上述除外责任，仅在经不利于被保险人的判决或其他最终裁决确认属实后，或被保险人承认相关行为属实后，才能适用。

3.2 可归因于已申报的，或在本保险合同的续保、替代或继受时已通知的被指称的事实，或任何赔偿请求中被指称的或涵盖的不当行为或相关不当行为，或由之产生，或以之为基础的赔偿请求。

3.3 可归因于自保险单第六项所载的继续承保日之前的待决诉讼或以前的诉讼，或由之产生，或以之为基础的赔偿请求，或从该诉讼主张的相同或本质相同的事实中得以主张或衍生出的赔偿请求。

3.4 由被保险人或被保险公司所提出的赔偿请求，但下列赔偿请求仍予以承保：

1. 被保险人所提出的雇佣行为赔偿请求；

2. 被保险人要求分摊或补偿的赔偿请求，此赔偿请求是由另一赔偿请求直接导致的，但以本保险合同所承保的另一赔偿请求为限；

3. 代表被保险公司所提出的股东权益诉讼，但以未经被保险人或被保险公司要求、协助或参与者为限；

4. 清算人、破产管理人或行政接管人直接或间接代表被保险公司所提出的赔偿请求，但以未经被保险人或被保险公司要求、协助或参与为限；

5. 被保险人或被保险公司的雇员，以其是为被保险公司董事、高级管理人员、雇员的利益成立的养老金、退休金、福利金基金成员或受益人的身份，所提出的赔偿请求；

6. 被保险公司的前董事、前高级管理人员或前雇员所提出的赔偿请求。

3.5 直接或间接归因于实际的或被指称的或有可能的污染物质排放、散布、渗漏的赔偿请求；或者对于污染物质、核子物料或废料施以测试、监控、清理、移去、抑制、处理、消除毒性或中和等工作的指示或要求引起的赔偿请求，若被保险公司股东直接或衍生地声称公司或股东受到损害而向被保险人提出赔偿请求，则不适用上述除外责任；但在保险单第六项所载污染继续承保日当日或之前，就有关环境的事务，控制或遵守负有管理职责的被保险公司、被保险人或被保险公司的任何雇员，知悉或可合理地预见有引起对被保险公司或被保险人提出赔偿请求的情形、情况或不当行为存在者，仍适用上述除外责任。

3.6 由于实际上或被指称的违反“美国 1974 年受雇人退休收入保障法及其修正条款”所规定义务或责任的行为所产生的赔偿请求（适用于在美国上市的公司）。

3.7 归因于被保险人担任被保险公司以外其他团体的董事或高级管理人员职务时的任何作为或不作为的赔偿请求，或由其产生或以其为基础的赔偿请求；或是以被保险人在其他团体担任董事、高级管理人员或雇员为理由提出的赔偿请求，但第四条第 1 款所规定者不在此限。

3.8 因任何人遭受身体伤害、疾病、死亡或精神损害赔偿引起的赔偿请求，或任何有形资产的毁损灭失，包括使用利益丧失引发的赔偿请求，但因任何精神损害而提起的相关雇佣行为赔偿请求的不在此限。

第四条　扩展责任

以本保险合同其他条款为前提条件，承保范围扩展如下：

4.1 外部董事职位

承保范围包括被保险人过去、现在或未来，在被保险公司的特定要求下，担任外部团体的董事或高级管理人员时，因其执行职务时的不当行为产生的损失所提出的赔偿请求。

本条的承保范围，仅对上述损失中超过该外部团体的其他有效保险的保险金额及该外部团体补偿金额的超额部分负赔偿责任。若其他保险由保险人或任何中国人民财产保险股份有限公司分支机构提供（或可能提供，除非适用自负额或达到责任限额），则由本条所承保的全部损失的总责任限额，应为减去中国人民财产保险股份有限公司其他分支机构提供予该外部团体的其他保险单所载责任限额后的余额。

本条的承保范围不包括外部团体、外部团体的董事、高级管理人员或持有其已发行有表决权股份超过百分之二十的股东等对被保险人提出的赔偿请求。

4.2 发现期间

本保险合同于保险期间到期时，若投保人拒绝续保，投保人有权以支付相当于全额年保险费百分之五十的附加保险费，获得自保险期间到期日起十二个月的发现期间。

本保险合同于保险期间到期时，若保险人拒绝续保，投保人有权以支付相当于全额年保险费百分之二十五的附加保险费，获得保险期间到期日起十二个月的发现期间。

不论系投保人或保险人拒绝续保，被保险人均免费享有为期三十天的发现期间，若投保人选择购买十二个月的发现期间，则上述三十天发现期间应计入该十二个月的发现期间。

为购买发现期间，投保人应于本保险合同到期日起十五天内书面要求购买，并于本保险合同到期日起三十天内缴付附加保险费。缴付的附加保险费概不退还，已购买的发现期间亦不得撤销。

若有交易发生，投保人不得购买上述的发现期间，但投保人有权于保险期间到期日起三十天内，要求保险人提供最长达七十二个月的发现期间的要约，保险人应提出合理条款及保费的要约。

4.3 继承人、遗产及法定代理人

本保险合同承保范围扩展至被保险人死亡、丧失民事行为能力、丧失债务清偿能力或破产时，因被保险人的不当行为对其遗产、继承人或法定代理人提出的赔偿请求所产生的损失。

4.4 共同财产责任

本保险合同承保范围扩展至被保险人的合法配偶（不论此身份是由成文法或普通法或其他法域所赋予）因其为被保险人配偶身份遭受赔偿请求所产生的损失，上述赔偿请求包括对于被保险人及其配偶在婚姻存续期间取得的共同财产或共有财产取得损害赔偿的请求，但对于配偶自身的不当行为提出的赔偿请求除外。

第五条　一般事项

5.1 说明义务与可分性

保险人依据投保单内的各项陈述及其附件与其他被提供的信息决定承保范围，所以，投保单内的陈述、附件及信息为承保范围的基础，均构成本保险合同的一部分。

投保单应被视为单个被保险人的投保。关于投保单内的陈述与细节，任何一名被保险人的陈述或了解的信息，不应对保险人决定其他被保险人的承保范围造成负面影响。

5.2 保险期间内的风险变更

下列事项将影响保险人所承担的风险，故保险人对承保范围做下述修改：

1. 如果于保险期间内有交易发生，则本保险合同承保范围变更为仅承保在该交易起始日前所做的不当行为。

2. 于保险期间内，若被保险公司决定首次公开发行其有价证券时，不论其有价证券是否已被以任何方式交易，被保险公司应在此信息公开时向保险人提供招股说明书或发行报告书，使保险人得以评估承保被保险人可能增加的风险，保险人并有权修改本保险合同条款，及/或收取与增加风险相当的附加保险费。

在该有价证券发行事宜公开前，保险人应依投保人的请求评估所增加的风险，并向其告知所有必要的保险合同修改内容和附加保险费。在此情况下，保险人将依投保人的请求，就提供予保险人的任何有关该有价证券拟发行的信息，与投保人签订保密协议书。

5.3 责任限额

保险单第三项所载的责任限额，指保险人在本保险合同下承保范围内，对全部被保险人和被保险公司遭受赔偿请求所产生的全部损失的总责任限额。发现期间内的责任限额属于上述保险期间内总责任限额的一部分，而非额外的责任限额。依照第五条第 5 款规定，保险期间或发现期间到期后三十天内，且不晚于该赔偿请求首次对被保险人提出后三十天内遭受赔偿请求而产生的损失，视为保险期内或发现期内遭受赔偿请求产生的损失，亦应适用上述同一总责任限额。保险人对超过总责任限额的抗辩费用不承担赔偿责任。抗辩费用为损失的一部分且适用上述总责任限额。

5.4 自负额

关于本保险合同承保范围内被保险公司已补偿、被允许或被要求补偿被保险人的所有损失，保险人对因赔偿请求所产生损失，仅对超过保险单第四项所载自负额的金额承担赔偿责任。自负额应为被保险公司自行承担的金额，单一自负金额适用于指称的单一不当行为导致的全部赔偿请求所产生的损失。

但是，自负额不适用于下述情形，保险人负责赔偿被保险公司所支付的下述任何抗辩费用：

1. 裁判全部被保险人均无责任；

2. 驳回或规定驳回赔偿请求，且被保险人就此未给付对价或减损权益。

关于上述 2 的情形，若该赔偿请求于驳回或驳回的规定后九十天内未再被提出（或依第五条第 4 款的规定应适用同一自负额的任何其他赔偿请求未被提出），且被保险公司提出保险人可接受的承诺书，承诺于上述九十天期间后若该赔偿请求（或依本保险合同第五条第 4 款应适用同一自负额的任何其他赔偿请求）被提出时，被保险公司偿还已受领的抗辩费用赔偿，则保险人应于驳回或规定驳回后九十天内赔偿抗辩费用。

5.5 理赔事故的通知

1. 遭受赔偿请求或可能遭受赔偿请求，应书面通知保险人。若邮寄通知，则以交付邮寄日为发出通知日，且邮寄证明视为充分的通知证明。

2. 作为保险人履行本保险合同项下义务的先决条件，被保险公司或被保险人应于实际可行时书面通知保险人被保险人遭受赔偿请求的情况，被保险公司或被保险人的书面通知时间应在：

（1）保险期间或发现期间内任何时刻；

（2）保险期间或发现期间到期后三十天内，且不晚于该赔偿请求首次对被保险人提出后三十天。

3. 如果被保险公司或被保险人在保险期间或发现期间内依本保险合同的条款已书面通知保险人被保险人遭受赔偿请求的情况，则由该赔偿请求指称的事实所产生的任何其他赔偿请求，或与该赔偿请求有关的任何不当行为具有相同或相关联单一不当行为的其他赔偿请求，均被视为对该被保险人的赔偿请求且已在第一次通知时通知保险人。

4. 如果被保险公司或被保险人在保险期间或发现期间内，得知或合理预期被保险人将遭受赔偿请求，应将此情况以书面通知保险人，并说明预期将有赔偿请求的理由，包括所涉及的时间与人员的详情，则随后通知保险人的任何对被保险人的赔偿请求，若系由已通知保险人的情况所产生、以之为基础或以之为原因者，或所指称的不当行为与已通知的情况相同或相关联，均被视为对该被保险人的赔偿请求且已在通知上述情况时通知保险人。

5.6 抗辩费用的预付

在赔偿请求获最终解决前，保险人应预先给付被保险人或被保险公司在本保险合同下承保范围内的抗辩费用。如果被保险公司或被保险人依本保险合同条款，无权得到损失赔偿，则在此范围内，被保险公司或被保险人应依照其各自取得的利益，分别偿还保险人所预付的抗辩费用。

被保险公司如被准许或被要求赔偿被保险人时，但因任何原因被保险公司未能做到该要求，则保险人应代表被保险公司预先向被保险人支付全部抗辩费用，在这种情况下，除非被保险公司无清偿能力，保险单第四项所载自负额应由被保险公司偿还保险人。

5.7 抗辩行为

被保险人有权利亦有义务对任何赔偿请求提出抗辩及异议。当赔偿请求在合理情况下可能会涉及保险人时，保险人有权协助被保险人及被保险公司提出抗辩或解决该赔偿请求，包括但不限于在和解协商中予以协助。未取得保险人先行承担因赔偿请求引起的损失的书面同意，被保险人不得承认或承担任何赔偿责任、签署和解协议、约定任何裁判内容或产生任何抗辩费用。唯有经保险人同意的和解、裁判内容约定的抗辩费用才能成为本保险合同下可赔偿的损失。若保险人有权在赔偿请求的抗辩及和解协商中提供有效的协助达成合理的决定，则保险人不得不合理地拒绝给予上述同意。若保险人认为有利于被保险人且经被保险人书面同意，保险人可就赔偿请求提出和解协议。若被保险人对此和解建议未予同意，则保险人对该赔偿请求的损失赔偿责任不超过原可达成的和解金额，加上截至保险人提出此书面和解建议日时所产生抗辩费用的总额。

保险人对赔偿请求承担赔偿责任的前提条件是应保险人的合理要求，被保险公司和被保险人应完全配合保险人并提供全部信息。若被保险人与保险人就是否应对任何法律程序提出异议有所争议，被保险人或被保险公司均不应被要求对该法律程序提出异议，除非经一名资深律师或具有相同资格者（经投保人与保险人双方同意）建议应对该法律程序提出异议，该资深律师的费用由保险人负担。

5.8 责任分担

1. 在本保险合同项下，保险人对于被保险公司的抗辩费用、或不利于被保险公司的裁判或被保险公司达成的和解，或者被保险公司因对第三人承担法律责任而负有的给付义务，均不负赔偿责任，因此，关于：

（1）被保险公司与被保险人共同的抗辩费用；

（2）被保险公司与被保险人达成的共同和解；

（3）被保险公司与被保险人承担连带责任的裁判。

被保险公司、被保险人与保险人同意尽最大努力，在考虑被保险公司与被保险人法律和财务上的风险与既得利益后，就上述金额在被保险公司、被保险人与保险人间做公平适当的分担。

2. 若赔偿请求同时涉及本保险合同所承保事故及非承保事故，则应在考虑可归因于承保事故与非承保事故的相对法律上和财务上风险后，就抗辩费用、裁判金额或和解金额在被保险公司、被保险人与保险人之间做公平适当的分担。

3. 若保险人无法确定应预付被保险人的抗辩费用时，依本保险合同条款及适用法律决定另一金额前，保险人应先预付保险人认为公平适当的金额。

5.9 代位追偿权

保险人依本保险合同的规定就某项主张给付赔偿金额后，任何被保险人及被保险公司对应负责的第三人的损害追偿权由保险人代位行使，而该被保险人与被保险公司应签署必要文件予保险人及采取保全任何权利的必要行为，包括签署必要文件以使保险人得以该被保险人及/或被保险公司名义行使该同等权利，并对保险人提供其他合理的协助与合作。

5.10 其他保险

除非法律另有规定，本保险合同所承保的任何保险，仅承担以超过任何其他有效且可获理赔的保险赔偿金额以上的损失金额为限。

5.11 通知与授权

关于本保险合同项下各项通知的交付与接收，包括遭受赔偿请求的通知、到期保险费缴付通知、批单的接受与收受、行使或不行使发现期间的权利等，投保人应代表其子公司及所有被保险人。

5.12 转让

本保险合同及其项下的权利，未经保险人书面同意，均不得转让。

5.13 适用法律与管辖法院

本保险合同的解释、效力或履行应依照承保区域内相关国家的法律解释，本保险合同当事人同意因本保险合同所产生的任何诉讼，应由承保区域内诉讼发生地法院管辖。

5.14 标题

本保险合同所使用各标题仅出于便利目的，并无法律意义。

5.15 保险合同内容的合法性

本保险合同内容若与中华人民共和国法律强制规定有所抵触，则以该强制规定为准。

本保险合同条款若有违反强制规定或无法执行者，在违反范围内或无法执行范围内无效，但不影响其他条款的效力。

若有任何法规规定对董事或高级管理人员的不当行为责任给予补偿或给付的约定或协议为无效时，保险人亦不得仅因此解除本保险合同。

5.16 隐私资料

被保险人同意，任何由保险人收集或持有的有关其个人的信息，保险人可持有与使用，保险人亦可因本保险合同投保作业及之后提供服务的目的，将上述信息提供或揭露予与保险人有关联的个人或组织或其他被选定的第三人（在被保险人住所地国内或国外）。上述被保险人的同意为保险人承担赔偿责任的前提条件。

就保险人持有的关于被保险人个人的信息，该被保险人有权阅览及要求更正。

9.2.6 责任保险附加条款

和财产保险条款附加条款分类一样，责任险附加条款也分为扩展性附加条款、限制性附加条款和规范性附加条款。通常规定了保险人承担的主保险责任外，还扩展承担的其他保险责任，如交叉责任条款、罢工、暴动或者民众骚乱扩展条款、扩展二十四小时条款等。

第十章　再保险

10.1　再保险概述

再保险最早产生于欧洲海上贸易。1370 年 7 月，第一份再保险在意大利热内亚签订；1688 年，劳合社正式创建形成。当时再保险仅被应用于海上保险中。

18 世纪以后，世界贸易及商品经济高速发展，世界各国对保险业的重视度不断提升。1666 年，伦敦发生火灾，造成巨大损失，这对保险业的发展产生了较大影响，并对保险业提出了保障巨灾损失的要求。

19 世纪中叶，德国、法国、英国等很多国家均开始创建再保险公司，保险业务类型丰富，包括水险、火险等。再保险市场处于高速发展阶段。

在第二次世界大战开始后，很多发展中国家谋求独立，并且民族保险业务面临很多发展机遇，再保险再次进入全新的历史时期。

20 世纪末，很多国家的大保险公司在风险责任认定中，均将大数据法则作为重要依据，在整个保险业中合理分散风险，而再保险可作为十分有效的风险分散机制，在保险总体中逐渐发展成为至关重要的组成部分。

10.1.1　再保险的概念

再保险又称分保，具体指的是在原有保险合同的基础上，保险人再次签订分保合同，将保险人所需承担的风险责任中的一部分责任或者全部责任，转移至其他保险人。在国际保险行业发展中，再保险又称保险的保险，是原保险人为了稳定自身的财务结构、扩大承保能力、获取定价信息支持和技术支持而向再保险人所进行的风险融资、所购买的保单，如同被保险人向保险公司所进行的风险融资、所购买的保单一样。

原保险人指的是将自身所需承担的风险责任进行转移的人，而接受其所转让责任的保险人，则称为再保险人或者分保接受人。原保险人所划分出的部分风险责任所对应的金额，称为分出额；原保险人自身承担的部分风险责任金额，称为自留额。当分保接受人接受再保险业务后，其能够将这部分业务再次分保，所分保的部分，称为转分保；而接受这部分分保的人，称为转分保接收人。对于一个保险人，其不仅可以是分保分出人，同时也可以是分保接受人。

当原保险人将部分保险业务进行转移时，意味着转移风险责任，需要支付一定的保费，这部分保费称为分保费。另外，原保险人在业务转移过程中，需投入一定费用，因此，原保险人在确定再保险人后，应当要求其支付一定的费用以作为补偿，这部分支出费用称为分保手续费。

10.1.2　再保险与原保险

按照业务承保方式进行划分，保险可分为两种类型：原保险和再保险。其中，在原保险中，如果被保险人在事故影响下造成损失，则要求由保险人为其提供赔偿。在再保险中，原保险人将其所承保的风险作为基础，对其他保险人投保，并且共同承担风险。

1. 原保险是再保险的基础，再保险是原保险的延续

再保险需将原保险作为基础，对于保险人所需承担的风险责任，可作为保险标的。原保险人可采用再保险方式对风险进行分散管理。由此可见，原保险和再保险之间密切相关，二者均能够对保险人所承担的风险进行分散管理。在原保险中，投保人通过缴纳保险费，将风险责任转移给保险人，在所有被保险人之间，风险具有分散性；在再保险中，原保险人通过支付一定的保费，将风险责任转移给再保险人。由此可见，再保险是原保险的延续。

2. 再保险是原保险的保障

在当前的保险行业经营管理中，再保险的重要性越来越突出，在促进保险业务发展方面发挥着十分重要的作用。保险行业的部分业务如果没有再保险的支持，则很难顺利完成保险交易。因此，再保险是原保险的重要保障。

3. 再保险是保险人之间的业务类型

再保险可在保险人之间开展，再保险业务的划分要求坚持平等互利的原则。在再保险中，原保险人可成为再保险人，再保险人可转变为原保险人，它们的法律地位可相互转换。需要注意的是，再保险人、投保人及被保险人之间，并不具备业务关系。再保险人不能对投保人收取保险费用，投保人也无法对再保险人提出索赔要求。另外，原保险人不能将再保险人没有对其履行赔偿义务作为借口，拒绝或者延期对被保险人履行赔偿义务。

4. 再保险合同具有独立性

再保险合同要以原保险合同为基础，除了法律规范规定的再保险合同以外，对于是否进行分保及分出多少业务量，原保险人可综合考虑资产状况、经营状况等进行调控。因此，再保险合同具有独立性。

再保险和原保险的区别如下。

（1）合同的当事人不同。

在原保险合同中，当事人为投保人或者保险人；但是，在再保险合同中，当事人为保险人。

（2）合同的标的不同。

在原保险合同中，保险标的类型丰富，包括财产、信用、人的身体等；而在再保险合同中，保险标的指的是原保险人对于被保险人所需承担的所有风险责任，或者风险责任中的一部分。

（3）合同的性质不同。

原保险合同具有补偿性特征及给付性特征：财产保险合同可作为补偿性合同，人身保险合同可作为给付性合同。而再保险合同，无论是在财产保险的基础上进行的再保险，还是在人身保险的基础上进行的再保险，均可作为补偿性合同。因此，再保险合同中约定，当原保险人对被保险人提供赔偿后，再保险人需要承担部分赔偿责任。

10.2 再保险业务的安排形式

10.2.1 临时再保险

临时再保险又称临时分保，属于初级形态的再保险，原保险人和再保险人没有签订合同，但是原保险人对于某些保险业务具有再保险需求，原保险人可与再保险人相互协商，并签订再保险合同，双方共同协商确定保险条件。通常情况下，临时再保险具有选择性特征，如果保险公司所承担的单一风险比较大，并且超过自留额，则其能够根据实际情况选择分保业务及合作对象。另外，保险公司在选择再保险公司后，应当为后者详细介绍风险整体情况及分保条件，通常情况下，保障条件和原保险单应当保持相同。再保险公司可综合考虑业务实际情况及自身的承保能力，选择所能够接受的份额。

临时再保险具有灵活和有针对性等优点，但其缺点也很明显。例如办理过程比较复杂，分出人要求详细列明分保条件，并告知再保险人，如果不能保证分保安排顺利完成，则会对自身业务造成不良影响，并且需要承担更多风险责任。

临时再保险主要应用于高风险业务、新业务及不稳定业务。

10.2.2 合同再保险

合同再保险又称合同分保。原保险人在拆分保险业务时，首先选择再保险人，然后二者相互协商，并共同签订再保险合同。在合同订立过程中，要求确定分保业务所需条件、范围及额度等，同时还应确定合同双方各自的权利及所需履行的义务。在保险合同期限内，对于合同中所约定的业务范围，原保险人必须及时分出这部分业务，同时，再保险人也应当根据合同约定接受这部分业务，不能自主选择分保业务内容。由此可见，再保险人可对保险人提供合同再保险，并且负责承保部分业务，并根据业务范围为保险人提供保障。合同缔约人之间，通过签订再保险合同，即可对双方产生约束力。

合同再保险与临时再保险之间有很多相同之处，也有一定的区别。合同再保险需在业务年度的基础上实施分保；而临时再保险则需逐笔合理安排。在合同再保险中，需确定某一时期内所需实施的业务内容，通过签订合同，能够对缔约人之间的关系进行约束管理。因此，与临时再保险相比，合同再保险协议过程的复杂程度比较高。

合同再保险的特征包括长期性、自动性及连续性。合同再保险需要详细注明具体的分保业务，要求在原保险人和再保险人之间进行自动划分，这样才能够有效提升分保速度。通过采用合同再保险的方式，原保险人可以选择适宜的再保险人，这样二者之间才能够建立稳定的合作关系。一方面，原保险人能及时分散风险，从而增强了原保险人的承保能力；另一方面，合同再保险使再保险人获得了稳定的业务来源。因此，目前国际再保险市场广泛采用这种方式安排再保险。表 10.1 所示为合同再保险和临时再保险对比。

表 10.1 合同再保险和临时再保险对比

项目	合同再保险	临时再保险
约束程度	约束性，再保险人必须接受规定的业务	临时性，再保险人可接受或拒绝
风险程度	大量风险	单个风险
风险告知	不必详细告知风险细节，除非是特殊业务，或按合同规定提供报表	必须告知风险细节
办理手续	手续简单，经济成本相对较低	手续烦琐，经济成本较高
合同安排	合同事先安排，保险人承保的业务将自动分保	每一风险必须单独安排，没有市场承诺的分保保障

10.2.3 预约再保险

预约再保险又称预约分保，在再保险中，预约再保险的应用也比较常见。预约再保险的性质与临时再保险相同，而在形式方面则与合同再保险相同。在确定合同再保险后，可增加预约再保险，将预约再保险作为合同再保险的补充。已经详细列入合同再保险中但由于合同再保险限额不能满足需要的实际业务，则需将溢额另行安排分保，此时，如果应用临时再保险，则办理手续比较复杂，并且风险因素比较多，对此，可应用合同再保险。但是，如果业务量比较少，则合同再保险的适用性也比较低，基于此，可选择预约再保险。在预约再保险的实际应用中，对于已约定的业务，原保险人可选择是否办理分保，当原保险人做出分出决定后，再保险人必须接受，因此，在这一点上具有合同的强制性。很显然，对于原保险人而言，选择预约再保险十分有利，但是，预约再保险对于再保险人而言具有不利之处。

保险公司在办理一类特殊业务时，如果选择临时再保险，并且次数比较多，则为了提升办理速度，可选择应用预约再保险。此时，原保险公司可对合同内容进行分析，对于超过自留部分的业务，可将其纳入预约再保险合同中。与此同时，保险公司无须采用临时再保险的处理方式。在预约再保险合同中，当保险公司为接受人提供合同时，接受人无法对合同中的各项内容进行逐一审查，但是能够从中获得更多业务，进而促进保费收入的增加。通常情况下，保险公司在利用预约再保险分割部分业务时，应当为接手人提供业务报表，需将其纳入预约再保险合同中。

10.3 再保险业务的种类

按照再保险的分保方式进行划分，再保险可分为两种类型：比例再保险和非比例再保险。

10.3.1 比例再保险

1. 比例再保险的定义

在比例再保险中，首先需确定保险金额，然后确定适宜的比例，并据此确定分出公司自留额及分入公司责任额。在确定比例后，保险人及再保险人可据此将保费进行分割，并且分别承担相应的责任。在发生事故后，二者也需根据这一比例分别承担相应的赔款，与此同时，再保险人也应当根据这一比例支付一定金额的手续费。

2. 比例再保险的种类

比例再保险又分为三种类型，具体如下。

(1) 成数再保险。

成数再保险又称成数分保。在比例再保险中，成数再保险是一种十分重要的形式，对于分出公司自留额及分入公司责任额，均要求根据双方事先约定的百分比进行计算。在发生事故后，如果保险公司所需支付的赔款处于合同规定限额范围内，则双方应当根据事先约定的比例各自分担，同时，对于各项风险单位的保险费以及赔款，也应当根据这一比例进行分配。

成数再保险的特征鲜明，主要体现在以下几点。①合同双方的利害关系保持一致。无论是保险人还是再保险人，其对于盈余以及亏损的目标均相同。②手续简单，成本投入量少。③缺乏弹性。在各项保险业务中，无论业务大小和质量，双方均必须根据事先约定的比例进行合理分担，因此，分出公司可能无法获得再保险保障。

由于成数再保险具备上述特点，因此，如果新成立的保险公司在安排分保保障时，一般会采用成数再保险，或者分出公司在开拓新市场、新险种时，在没有充分的经验数据的情况下，较多采用这种方式。在中小型风险保障中，成数再保险的应用优势明显，能够有效避免新业务成绩波动的影响，较充分地扩大分出公司的承保能力，且能收取较高的分保手续费，分保成本相对不高。缺点是分出公司不能根据不同风险类型选择自留额，须支付较大金额的保费。

(2) 溢额再保险。

溢额再保险又称溢额分保。首先，分出公司对各个危险单位进行分析，并确定自留额，而超出的保险金额可作为溢额部分转分给分入公司。在分出人以及再保险人之间，在保费分享方面，需根据每一个危险单位的自留额和分保限额在保险金额中所占比例进行计算，同时还需要据此分摊责任以及赔款。在对溢额再保险关系进行审核时，要求判断保险金额是否已经超过自留额，对于自留额范围内的部分，无须办理再保险，而对于超出部分，即溢额，要求由再保险吸收。每一标保额大小有所不同，因此，自留比例和分保比例也有一定差异。

线数是溢额再保险实务中经常要用到的一个概念。一般把分出公司确定的自留额的一倍称为一线，其整数 X 倍称为 X 线。分出公司确定自留额和分保限额时，可以规定绝对额，也可以根据线数来确定分出公司和分入公司的责任限额，也就是说，分出公司根据风险确定自留额（一般为一线），分入公司按照自留额的倍数（线数）确定合同的最大责任，一般还会规定一个绝对额（合同限额），以便更好地确定分保接受人的责任。

通过将溢额再保险和成数再保险进行对比分析可知，二者之间有较大差异。其中，在溢额再保险中，对于超出分出人自留额的责任，需办理分保，而不是将每一风险的一定比例分出。此外，溢额再保险的手续费比成数再保险的低。对分出公司而言，分出人可以选择风险的自留额，有一定灵活性，但风险的安排比例基本上要逐笔确定，也就增加了管理成本。

溢额再保险对分出公司承保的大量同质风险的保障比较有利，一般适用于各类大中型风险的分保安排。但溢额再保险方式对巨灾中的责任累积的保障有些无能为力。

（3）成数和溢额混合再保险。

在这一混合式再保险中，需将成数再保险和溢额再保险进行有效结合，共同纳入分保合同中。同时，要求将成数再保险作为限额，而对于溢额再保险，则可作为起点。混合式再保险的实际应用主要有两种方式：其一为成数合同之上的溢额合同，其二为溢额合同之内的成数合同。在前者的实际应用中，分出公司首先需订立成数合同，同时还需确定最高限额，保险金额计算完成后，如果超过限额，则超出部分可作为溢额，并再制订溢额合同进行处理。而在后者的实际应用中，分出公司首先制订溢额分保合同，并确定自留额，并据此制订成数合同。混合式再保险合同的实际应用可综合考虑分出公司实际需要以及业务类型实际情况来选择适宜的合同形式。

混合式再保险合同一般仅应用于特殊情况，并且主要是应用于转分保业务以及海上保险业务，在其他业务类型中尚未得到推广。

10.3.2 非比例再保险

1. 非比例再保险的定义

非比例再保险与比例再保险之间为对立关系，在对自留额及分保限额进行计算时，需将赔款金额作为重要基础。在具体的计算过程中，分出人应先确定自行负担的赔款额度，超出部分采用分保的方式提供给接受人，并由接受人承担这部分赔偿责任。因此，在分出人和接手人赔偿责任分割中，没有形成比例关系。

2. 非比例再保险的种类

非比例再保险的形式有很多种，可根据赔款计算的基础进行划分，主要有以下几种类型。

（1）险位超额赔款再保险。

在险位超额赔款再保险中，在计算分出公司和分入公司责任额时，需将每一项风险单位所发生的赔款作为基础，首先由分出公司确定需由其自行负责的限额，并将其作为自配额，超出部分转移给分入公司，并作为分入公司责任额。

在险位超额赔款再保险的实际应用中，分出公司首先对总赔款金额进行计算，如果处于其自负额范围内，则全部损失均要求由分出公司承担；如果总赔款金额超出分出公司的自负额范围，则超出部分应当由分入公司负责赔付。需要注意的是，对于分保责任限额，在分保合同订立过程中也应确定限度标准。

（2）事故超额赔款再保险。

在事故超额赔款再保险的实际应用中，首先需将一次巨大灾害发生后多数风险单位所发生赔款的总额作为基础，据此对分出公司自负额及分入公司分保责任额进行计算。事故超额赔款再保险是在险位超额赔再保险的基础上拓展形成的。分入公司负责当任何一次事故累积的损失超过规定自负责任额以后的赔款。

（3）赔付率超额赔款再保险。

在赔付率超额赔款再保险的实际应用中，分入公司和分出公司首先协定赔款及保费的比例，然后分别确定各自的责任额。具体而言，在双方约定的时间内，在发生事故后，如果分出公司的赔付率已超过二者事先约定的标准，则超出部分应当由分入公司负责。

在这一再保险形式中，对于赔付率，需做出一定的限制；对于赔付金额，也应该做好约定限制。同时，在二者之间，应当选择较低者作为限额，据此对分出公司及分入公司各自的责任额进行划分。因此，在赔付率超额赔款再保险中，必须合理制定限额标准。表 10.2 所示为比例再保险和非比例再保险对比。

表 10.2 比例再保险和非比例再保险对比

比例再保险	非比例再保险
分保条件可以续转	一般只承保 1 年，续转时，条件重新商谈
以保险金额计算保障	以赔款金额计算保障
保费是原保费的一定比例	保费根据赔款的历史记录厘定
赔款按照自留和分保比例分担，一般赔款无须提前告知	赔款按照超赔条件摊付，需摊付的赔款应提前告知

10.4 再保险对于轨道交通运营的重要性

城市轨道交通运营有其自身特殊的风险。根据系统论的理论，人员、设备设施、环境等各类因素均会对城市轨道交通运营的安全性产生较大影响，因此，城市轨道交通运营面临较多的隐患，保险作为转嫁风险的工具，必然伴随着轨道交通运营的整个过程。同时，城市轨道交通运营商及其业主以及各个利益相关者的风险及保障意识日趋强烈，也逐渐形成了运营期交通商业保险旺盛的市场需求。与此相应，能够继续担任承保城市轨道交通运营期保险的商业保险服务公司日益增加：一方面表现为增大了运营期保险的供给规模和服务能力，促进了运营期保险的迅猛发展；另一方面表现为对城市轨道交通运营期保险的再次保障安排有了更多的要求。

如前所述，为了便于统一管理，我国的城市轨道交通运营期保险一般都是采用集中式投保方式，能够保证在城市轨道交通运营过程中以最大优惠获得最为全面、细致的保障。通常情况下，投保金额在几亿元人民币至几百亿元人民币之间，可能超过一个保险公司的最大支付能力。对此，保险公司可选择应用分保或者再保险的方式，将原保险公司所承担的风险进行分散处理。

保险公司在应用再保险方式后，再保险公司可对分出公司所需承担的责任进行保险，间接地给城市轨道交通建设运营期各种安全风险的防控提供了保障。在我国城市轨道交通运营期的保险尤其是大型工程的风险控制中，再保险均扮演了重要的角色，其重要性和意义主要体现在以下几个方面。一是资源共享，同时承担责任。通过同再保险公司进行资产共享，分出公司可以为大规模风险投资者提供保证，而且把报废率维持到一个相对合理的水平。二是加强城市轨道交通运营期风险管理。再保险公司在风险分析和风险模拟等各个环节以及进行风险管理时都具有丰富的实践经验，能够为被保险人提供一种最优化风险管理的解决方案。三是维护和保障分出公司的稳健运行。保险公司通过再保险进行风险转移，能够有效减少保险公司所承担的风险，同时还可减少资本投入量，在应用再保险后所释放出的资本，能够保证分出公司继续承保其他业务类型，帮助保险公司进一步扩展其业务范围，符合大数据法则要求，经营业绩也就更加平稳。

由于再保险的上述特性，很多城市轨道交通运营项目都需要采取再保险形式来进行风险转移。

10.5 世界主要再保险市场

世界各国均在加快促进再保险市场发展，目前共形成三大再保险市场，包括欧洲再保险市场、美国再保险市场及日本再保险市场，在全世界再保险市场份额中共占90%。对再保险集团进行排行，前十家集团所占的市场份额高达40%。随着国际再保险市场的不断发展，完善的市场主体已逐渐形成。同时，通过加快促进承保技术发展，并创建便捷化交易平台，产品创新能力显著提升，并且健全完善的市场运作机制已初步建立。下文将对国际三大再保险市场进行详细介绍。

10.5.1 欧洲再保险市场

1. 伦敦再保险市场

伦敦再保险市场发展历史已达到300年以上。伦敦再保险市场主要由两部分组成：劳合社市场和保险公司市场。

劳合社是在港口小咖啡馆的基础上发展而来的，其创始人为爱德华·劳埃德。这家咖啡馆开办于1688年，当时伦敦商人将这一咖啡馆作为信息交换的论坛及聚会场所。18世纪晚期，劳合社初次作为保险机构。在随后的200多年发展历史中，劳合社逐渐成为全球著名的交易中心。目前它是英国乃至世界最大的保险和再保险组织。以前，劳合社的显著特点是会员均为个人，故有个体的承保人和集体的劳合社之称。它的特点是本身不直接承保业务，而由承保组合代表社员接受业务。保险责任由会员个人自己负责。现在，有限责任公司也被允许进入劳合社，并提供了大部分的承保能力。

劳合社下面分别成立水险、航空险、非水险等市场。有些精通某些业务的承保人通过一定方法左右伦敦再保险卖方市场。每个会员根据自己的资金实力和社章规定，可承受一定数额的风险责任。劳合社承保人接受业务均需通过劳合社经纪人，而不直接与被保险人来往。劳合社经纪人通过与有关方洽商议定条件后，由一两位对某专业有经验并在市场上有威望的劳合社承保人作为首席承保人，接受一定份额后，多余部分可选择其他承保人负责接受。如果劳合社承保人需要参加再保险，则首先需交付一定的保险金；对于其所能够接受的保险数额，也应提前确定限制范围；当期所承担的保费达到限额后，不可接受其他再保险业务。通过采用上述限制方式，能够切实保障被保险人及分出公司的各项权益。

伦敦再保险市场是一个特殊的共保市场，其中，经纪人发挥主导作用。经纪人的主要作用在于在共保市场中寻找共同分担保险风险的承担者。经纪人和首席承保人之间约定详细且具体的保单订立条件，首席承保人需要自行负担一定份额的风险。经纪人在共保市场中寻找能够承担剩余风险的承担者，在不同承担者之间合理分配风险，在选择“从属承保人”后，要求其严格遵循保单订立条件，同时还需接收一个具体份额。

在伦敦再保险市场，保险公司和再保险公司通常会联系一个经纪人，该经纪人代表客户在伦敦再保险市场安排保险业务。显然，经纪人在伦敦再保险市场中扮演着非常重要的角色。他们的任务是尽可能以最好的条件对客户保险业务进行科学合理的安排。经纪人的作用不仅在于业务安排，在与承保人进行相互交流时，经纪人能够为承保人提供技术指导和帮助，针对再保险提出一系列优化建议，进而促进承保人风险管控水平的提升。作为伦敦再保险经纪人，应当经常走访世界各地，并积极参与各种国际性保险会议，提升自身专业水平。劳合社在经营中，仅在经纪人之间开展交易活动，而国际承保人协会中的一些保险公司也会直接与保险公司或再保险公司进行交易。想要代表劳合社开展业务的经纪人需要得到劳合社的授权。他们还必须是通用保险标准委员会的成员，并接受该委员会的监管，或者（如果不是英国的经纪人）接受一个相当的标准的监管。

在伦敦再保险市场经纪公司可作为需求方的代理人，保险公司可作为供给方。保险保障供应商市场竞争水平比较高，如果风险复杂程度比较高，则为了促进保险公司承保能力的提升，可在伦敦再保险市场中寻求合作者。

在劳合社三百多年的发展历史中，水险业务举足轻重。非水险并不像水险那样拥有悠久的历史，但从业务量来说，它对伦敦市场日趋重要。

2. 德国再保险市场

德国是整个欧洲大陆再保险市场的第一中心。德国再保险市场的经济发展主要由专业的再保险公司负责管控，仅有少部分公司直接开展再保险业务。

1880 年，慕尼黑再保险公司正式创建形成，为世界上第一大再保险公司，共有 60 多家分支机构，其业务范围遍及全世界 150 多个国家。其业务类型主要有两种：其一为非人寿保险，其二为人寿保险。慕尼黑再保险公司的分支遍布全世界，其已成为世界再保险市场的主要力量。慕尼黑再保险公司在国内市场上的地位也相当显赫，与德国国内 200 多家公司有业务往来，其中包括安联保险公司。慕尼黑再保险公司在创建形成后，与各大商业伙伴密切合作，这为其提供了财保服务。慕尼黑再保险公司服务优质，专业水平高，因而驰名世界。

近年来，慕尼黑再保险公司逐渐朝国际化方向发展，并不断拓展国际业务，成为国际再保险市场上的主要力量。

3. 瑞士再保险市场

瑞士是整个欧洲大陆再保险市场的第二中心。瑞士社会经济稳定，法律环境自由，并且金融业发展成熟。与此同时，瑞士拥有苏黎世金融机构，在资金交换和流动方面不会受到限制。通过将瑞士再保险市场和德国再保险市场进行对比分析可知，二者均将专业的再保险公司作为主导，而后者的专业再保险公司数量比较多。瑞士再保险公司创立于 1864 年，总部设在苏黎世。瑞士再保险公司将国际业务作为其经营发展的重点。同时，在很多发展中国家，瑞士再保险公司的影响比较大。除此以外，在整个国际市场中，瑞士再保险公司的信息中心（提供 SIGMA 研究报告）十分有名。

1983 年，瑞士再保险公司与中国人民保险公司签订合同，之后，二者之间的合作不断深入。我国积极推进保险市场对外开放，1996 年和 1997 年，瑞士再保险公司在北京和上海分别设置代表处；1999 年，瑞士再保险公司向原中国保监会递交经营性分公司申请函，并成功在华创建首个再保险公司；2002 年，瑞士再保险公司获得中国经营许可，业务范围不断拓展，主要业务类型包括产险和寿险。

10.5.2 美国再保险市场

在全世界再保险市场中，美国再保险市场为最发达市场之一，全世界对于美国再保险市场的关注度均比较高，并且将纽约再保险市场作为全世界再保险市场的重要窗口。通过这个窗口，可以观察到世界再保险市场的行情。虽然纽约再保险市场发展的时间并不是很长，但是它已跻身世界再保险市场前列。一部分原因是美国保险业发达，使其可以自留相当多的保费，这比欧洲保险公司的自留额高很多；还有一部分原因是美国法律与欧洲法律相比有利于再保险的发展。

纽约再保险市场主要是由两部分组成的：国内再保险公司和国外再保险公司。纽约各大再保险公司规模差异比较大，并且组织结构形式多样化，经营发展迅速，业务范围不断拓展，在国际再保险市场中的影响日益增强。

美国再保险公司的经营注意力放在本国。美国幅员辽阔，这给再保险公司提供了相当广阔的业务经营领域。尽管美国再保险市场已打入国外，但美国仍是再保险的净进口国，尤其是美国的责任保险对再保险需求很大，这也使得欧洲再保险公司得以在美国再保险市场站稳脚跟。

10.5.3 日本再保险市场

日本再保险市场选择与部分保险集团合作，并通过应用成数再保险以及业务交换的方式，保证市场稳定发展。日本仅有两家专业的再保险公司，其余公司不仅开展再保险业务，同时还开展直接保险业务。在两大专业再保险公司中，东亚再保险公司所承保的业务主要为非寿险，而日本地震再保险株式会社所承保的业务主要为国内地震再保险业务。日本国内再保险市场在促进日本非寿险公司经营发展中发挥着十分重要的作用，能够有效促进各大再保险公司承保能力的提升。

20 世纪 70 年代，日本多家保险公司开始逐步进入国际市场，并且国际市场竞争力逐渐提升，如东京海上日动火灾保险公司、日产保险、安田火灾海上保险株式会社等，无论是国内再保险还是国际再保险，业绩都很好。20 世纪 80 年代，和国际市场趋势一样，日本再保险公司的国际再保险业务有很大亏损，不得不采取紧缩措施。1989 年开始，日本再保险公司重整旗鼓，恢复活力，首先，向东欧开辟窗口建立机构，如安田火灾海上保险株式会社在柏林建立机构，东京海上日动火灾保险公司恢复与俄、匈、波、捷等国保险公司的联系。然而，受 20 世纪 90 年代开始的经济不景气，以及在之前接受的大量的美国责任险后遗症、巨灾损失等的影响，日本的保险业发展并不顺利。自从 1996 年修订保险法以来，日本的非寿险市场迅速进入了一个大的变革期，保险公司纷纷重组。同时，由于国际再保险市场环境的变化，交换业务的萎缩，日本的保险公司都大幅度收缩了再保险业务。2002 年，安田火灾海上保险株式会社、日产保险和大成合并成日本财产保险公司。合并后的日本财产保险公司大幅提高了自留额，并试图削减分出的再保险费以改善运行开支比率，并且提高了对分保接受人的资信要求。目前国际环境的变化对日本保险行业及再保险行业的影响深远。

10.6 中国再保险市场

20 世纪 30 年代，我国再保险市场开始逐渐发展。但是，当时的再保险业务一般由外商直接垄断。上海是我国保险业的中心。同时，外资公司也将上海作为再保险市场的重要基地。1929 年，我国四家保险公司（上海联保、阳泰、肇泰、羊城）合作创建四行联合总经理处。1930 年，在四行联合总经理处的基础上，逐渐加入太平、华安等，并将名称调整为中国联合保险总经理处。参与中国联合保险总经理处的各大公司，均被要求签订联合分保协定，并可负责承保巨额分保业务。由此，中国国内首个具有独立性质的，并且是由民族保险所构成的再保险经营机构正式创建形成。1932 年，在抗日战争结束后，由 12 家华商组成的华商联合保险公会逐渐发展成为三家负责经营再保险业务的公司，包括中央信托局、中国再保险公司及华商联合保险公司。

在抗日战争时期，重庆国民政府财政部为中央信托局赋予集中办理再保险业务的权利。在抗日战争取得最终胜利后，中央信托局再次返回上海，并且负责接受资源委员会保险事务所及各大机构的临时再保险业务、合同再保险业务。1946 年，中国再保险公司正式创建，在公司经营中，中信局参股控制，主要负责再保险业务经营。

这一时期上海的民族保险公司不断发展，各大保险公司在经营发展中，普遍面临风险分散难度较大的问题。对此，为促进保险公司承保能力的提升，我国分别创建形成多个华商分保集团，包括太平、大沪、久联等。但是，民族保险机构在经营发展中，资金并不充足，同时再保险专业技术有所欠缺，自留额的设定标准比较低，因此，在这一时期，我国再保险业务依然受到外资公司控制，进而导致大量分保费用外流。

1949 年，民联分保交换处在上海创建形成，其能够对华商私营保险公司分保业务进行集中办理。除久联分保集团的大华、光华等公司以及华商联合保险公司外，共有 47 家华商私营保险公司参与民联分保交换处。同年，华北民联交换处在天津创办。

1949 年，在获得政务院批准后，中国人民保险公司正式开业，国际再保险市场业务均实行国家垄断，中国人民保险公司总公司负责统一经营管理。1951 年，中国保险公司迁移至北京，并且在经过调整后，转变为中国人民保险公司领导下的专业公司。

1956 年，中国人民保险公司制定形成新型再保险政策，根据政策规范，公司在经营过程中，不仅要求加强分出业务管理，同时还应吸收分入再保险业务。尤其需要注意的是，公司应当与其他发展中国家及区域开展再保险业务合作。中国人民保险公司不断发展，与伦敦保险市场及其他国际保险市场加强合作，并逐渐形成稳定的再保险业务合作关系，成为国内首个负责经营再保险业务的保险公司。另外，中国保险公司转变为主要负责海外机构管理的管理处。

1959 年，第七次全国保险工作会议要求停止办理国内保险业务，随后，国外业务均转移给中国人民银行国外业务局，但是依然保留中国人民保险公司，负责办理涉外保险业务及再保险业务。1969 年，我国再保险公司逐渐恢复与西方国家的合作，并且积极拓展与发展中国家的合作。

1980 年，中国人民保险公司正式恢复国内所有保险业务，同时，再次恢复对再保险业务的经营管理。与此同时，中国人民保险公司险种不断增多，在国际再保险市场中承担很多大项目分保业务。

我国积极推进保险体制改革调整，中保再保险公司于1996年创建，成为国内首个专业再保险公司。1999年，其正式更名为中国再保险公司，并且发展成为具有独立性质的一级法人，主要负责对再保险业务进行经营管理。2003年，中国再保险公司开始推进股份制改革调整，并且正式更名为中国再保险（集团）公司。

在我国加入WTO后，保险市场发展迅速，同时，很多外资保险公司开始进入国内市场。2003年，中国再保险慕尼黑再保险公司、瑞士再保险公司、通用科隆再保险公司均分别顺利拿到原中国保监会颁发的设立分公司许可证，并且顺利开业。随后，各大公司在国内设立的分公司分别开业，中国再保险（集团）公司垄断国内再保险市场的形势被正式打破。

第十一章　城市轨道交通运营期保险费率研究

11.1　保险费率及其厘定

11.1.1　保险费和保险费率

1. 定义

保险合同订立过程中所约定的保险人应当向投保人收取的费用，即为保险费。投保人或被保险人为获得风险保障，需以向保险人提供保险费作为前提，在发生保险责任事故后，保险人需根据合同约定为投保人或被保险人提供经济补偿，在此过程中，保险费是保险人十分重要的经济来源。保险费主要由两部分组成：第一部分为纯保费，第二部分为附加保费。其中，当保险人为被保险人或者其受益人提供赔偿时，纯保费可发挥保险金的作用，因此，在整个保险费组成中，纯保费为最低额。附加保费指的是保险人可支配的费用，可被应用于保险业务各项营业支出方面。附加保费组成比较复杂，包括营业税、工资、固定资产折旧、管理费、手续费等。

保险费和保险金额之间的比率即保险费率，具体指的是被保险人为了能够获得保险保障，需要向保险人支付的费用，一般以每百元或者每千元表示。保险费率可根据以下公式进行计算。

$$保险费率=保险费/保险金额\times 100\%$$

保险费的影响因素比较多，包括保险金额、保险费率及保险期限。如果保险金额比较大，则保险费率比较高；如果保险期限比较长，则保险费支出也比较多。三者之中的任何因素发生变化，均要求对保险费进行调整。

2. 保险费率的构成及特点

保险费率和保险费之间相互对应，其由两部分组成：第一部分为纯费率，第二部分为附加费率。二者相加，即可得出毛费率。纯保费和保险金额之间的比率即纯费率，又称净费率，当发生保险事故后，据此即可计算赔偿金和给付保险金。财产保险中的纯费率计算，需将保险损失率作为依据。附加保费和保险金额之间的比率即为附加比率。在附加比率的具体计算过程中，需将保险人营业费用作为基础。附加比率主要应用于手续费支出、部分保险利润等，可采用在纯费率中所占比例表示。附加费率由三部分组成：费用率、营业税率及利润率。

保险商品的价格即为保险费率，与一般商品价格相比，保险费率主要有以下特点。

（1）一般商品的价格要求在成本发生后再确定，而保险费率可在实际成本发生前确定。保险人在和被保险人签订保险合同时，需向被保险人收取保费。由于在合同签订时，双方无法对未来保险赔款进行精准的计算分析，仅能够对保险损失进行预测分析。因此，在保险费率计算中，保险人一般会对以往的赔付数据及可能发生的损失进行计算，据此对保险费率进行预估。

（2）一般商品交换都遵循等价交换原则，但在保险费率和未来保险人的赔付额之间，无法形成正比关系。通过对单个保险合同进行分析可知，保险费率和未来所赔付的金额之间，并没有形成对等关系。在同一类保险业务中，保险费率的制订需与保险标的的风险情况相对应，如果风险比较大，则保险费率也比较高。保险人向被保险人所收取的总纯保费，可作为保险金的支出总额。但是需要注意，保险活动的射幸性特征明显，在同一类保险业务中，投保人缴纳保险费用后，最终可获得的赔付额主要按照保险事故是否发生以及事故所造成的损失进行计算。因此，保险人仅能够对所有保险业务进行分析，据此对保险金额损失率进行计算，最终合理预测保险费率。

（3）一般商品的价格根据市场供求情况确定，而保险费率则由政府负责管制。保险的技术类型较多、复杂程度比较高，在社会经济发展中发挥着十分重要的作用。现如今，很多国家保险监管部门对保险费率的计算方法均有明确规定，并要求对保险费率进行严格审查。

11.1.2 保险费率厘定原则

保险险种比较多，在不同保险类型中，费率厘定程序及所需应用的方法也有较大差异。但是无论何种保险，保险费率的厘定均要求能够反映出保险标的的风险情况、保障赔付能力，能促进防灾防损，且在一定的时间内能维系基本稳定。总体来讲，保险人在厘定保险费率时要做到权责对等，不能随意确定。

具体来讲，在保险费率厘定过程中，应当严格遵守以下几项原则。

1. 充分性原则

保险人向被保险人收取的保险费可应用于赔款支付、营业费用支付及税款支付，且在以上支付后保证有所结余，即充分性原则。根据充分性原则确定保险费率，能够确保保险人发挥偿付能力。如果保险费率比较低，则会对保险人的偿付能力造成不良影响，不利于保险公司稳定经营和发展。目前，保险市场竞争形势激烈，为获得更多业务，部分保险公司盲目降低保险费率，进而形成恶性竞争。基于此，国家不断强化对各大保险公司保险费率的管制，以确保所有保险公司都能够具备偿付能力。

2. 稳定灵活原则

在一定时间内，保险费率应当保持稳定状态，便于为保险公司业务核算提供可靠依据，同时还可保证被保险人保费支出的稳定性。如果保险费率处于不断调整变化中，则会对保险公司的经营发展造成不良影响。因此，在保险费率厘定中，必须严格遵循稳定原则。但是应当注意，不能始终保持保险费率稳定不变，而应根据风险实际情况、保险责任变化情况及保险市场需求进行灵活调整，进而体现出保险费率厘定的灵活性原则。

3. 公平合理原则

为保证保险费率的公平性：对于保险人而言，其向被保险人所收取的保险费应当与其所承担的风险相适应；对于被保险人而言，其向保险人所支出的保险费应当与其所受到的风险保障相适应。另外，在保险费率厘定中，应当尽量保证科学性和合理性，保险费率与承保险种、保险期限等密切相关，保险费率应当坚持合理性原则，避免订立过高保险费率，进而导致保险费过高。

4. 促进防灾防损原则

在保险费率厘定中，应当发挥防灾防损的功能。如果被保险人对于防灾防损的重视度比较高，则保险人可适当降低保险费率。根据防灾防损原则确定保险费率，有利于促进被保险人加强防灾防损管理，同时还可有效减少保险人赔款支出，避免社会财富受到损害。

11.1.3　保险费率厘定方法

保险费率的厘定方法主要有以下几种。

1. 损失率法

在应用损失率法厘定保险费率时，需以现有的费率水平作为基础，对实际损失率和期望损失率进行计算，并对二者之间的差值进行分析，据此对保险费率进行调整。它一般是在统计资料比较完善且有足够的经验数据的情况下应用的。国内城市轨道交通运营期保险历史并不长，这一方法显得并不适用。

2. 参照法

在实际应用参照法时，可选择技术水平高、保险费率稳定、经营时间长的保险公司进行参照，将与这类公司同类保险的保险费率厘定标准作为依据。在参照法的实际应用中，应当综合考虑标的各风险要素并进行适当调整，禁止盲目照搬其他保险公司的保险费率标准。

3. 判断法

在厘定保险费率时，可邀请专业水平高、经验丰富的风险管理专家，对标的风险及其他资料进行搜集、整理和分析，据此进行风险评估，同时根据以往类似项目的索赔记录以及保险人实际赔付情况确定保险费率。在保险费率厘定中，判断法的应用比较常见。

4. 分类法

在应用分类法厘定保险费率时，需要选择多个重要标志，并且据此将保险标的划分为多个类型，再分别确定不同类型的保险费率水平，据此即可准确反映出某一类风险的平均损失情况。在火灾保险业务及企业财产保险业务保险费率厘定中，分类法的应用比较常见。

5. 增减法

增减法又称修正法，增减法的实际应用要以分类法作为重要基础，首先确定已规定的同类基本费率，然后根据经验对保险费率进行调整。这种方法灵活便捷，并且符合客观实际情况，可有效提升保险费率的公平性。

通过上述分析可见，保险费率的厘定并无统一的方法要求，各个保险公司所适用的费率厘定方法也不尽一致，但随着城市轨道交通建设的发展及运营期保险相关数据的不断完善，运营期保险经营经验不断丰富，增减法在对同类风险标准定价基础上尽可能减少了人为主观判断的影响，该方法的应用成为趋势。

11.2 保险费率厘定的影响因素

保险费率厘定的影响因素包括保险标的、保险人、被保险人、保险条件、保险采购方式等。科学厘定城市轨道交通运营期保险费率，需要对其面临的风险因素进行全方位的评估。

11.2.1 保险标的对保险费率的影响

在保险合同中，保险标的指的是保险的对象，其能够直接决定保险类型，保险标的的风险程度也会对保险人所需承担的义务产生较大影响，因此，其对保险费率的影响比较大。

1. 城市轨道交通设备本身特性和运营系统设计的科学性

城市轨道交通设备本身设计得越安全，运营系统设计得越科学，运营风险相对就越小，费率就越低；反之则越高。

2. 运行区间

费率与运行区间一般成正比，运行区间越大，风险出现的概率就越高，费率就越高；反之则越低。

3. 周边环境

周边环境与运营涉及区域大小、周边第三者数量和靠近程度等有关。一般情况下，周边环境对第三者责任险费率的影响比较大。

11.2.2 保险人对保险费率的影响

1. 保险人品牌影响力

如果保险公司经营效益比较好，并且在保险市场中的信誉度比较高，则会引起客户的广泛关注。保险人在各项业务中，可积累丰富的责任准备金。因此，保险人可在满足纯风险损失率的前提下通过降低费率的方式来吸引更多的客户，形成一种良性循环。

2. 保险技术人员的判断

在城市轨道交通运营期保险费率计算中，保险技术人员能够根据自身工作经验，对保险标的风险进行评估，据此对风险发生频率及损失率进行计算分析，并将费率基础作为标准，确定在特定情况下的个别费率。技术人员专业技术水平及工作经验对费率计算的影响比较大。如果在风险预估中出现偏差，则会造成城市轨道交通运营过程中保险费率过高或者过低。

3. 附加费用

附加费用的影响因素比较多，包括工作效率、管理水平等。如果工作效率比较高，并且成本投入量少，则能够显著降低费率。另外，如果保险金额比较大，则保险公司可选择对外分保。若选择对外分保，则应当先对分保市场进行调查分析，据此确定附加费用。

4. 危险系数

为了能够有效应对巨大损失，在纯费率厘定完成后，还应设定危险系数。危险系数一般可控制在纯费率的20%左右。危险系数属于附加费用，是保证保险人财务稳定性的关键。如果危险系数比较高，则保险费率一般也比较高。

5. 保险人资金运用能力

保险人在经营管理中，如果能够提高保险资金利用率水平，则可充分发挥保险资金的增值作用，促进保险人经济实力的提升，并有利于费率的降低。因此，如果保险人的资金利用率比较高，投资效益好，则所厘定的保险费率一般也比较低。

11.2.3　被保险人对保险费率的影响

1. 运营商的风险管理水平和经营管理经验

保险费率的厘定受运营商的风险管理水平及经营管理经验的影响较大。城市轨道交通的运营过程复杂程度比较高，要求经营商能够应用专业知识加强风险管理。保险费率的厘定要求综合考虑各项影响因素，包括经营商对城市轨道交通运营风险管理的重视度、风险管理制度的完善性、管理人员的风险管理经验等。因此，如果经营商风险管理能力比较强，则保险费率比较低。

2. 投保人的防灾防损能力

保险的经营有利于推进和谐社会的建设进程，同时还可发挥稳定财产、防灾防损等重要作用。如果投保人的防灾防损能力比较强，则保险人在保险费率厘定时可提供优惠费率或者提供奖励措施；而如果投保人的防灾防损能力比较弱，损失发生频繁，则保险人在保险费率厘定时可适当增加保险费率。

3. 运营商背景

运营商背景与保险费率并无直接关系，但有经验的运营商往往能对城市轨道交通运营的风险监控和管理发挥重要作用。

4. 保险经纪人的市场能力

如果保险经纪人的专业知识水平丰富，并且已在长期工作中积累了较多经验，可对市场发展情况进行合理分析，则其在保险安排方面，能够为投保人提供优质服务，使投保人占据主动地位，帮助投保人获得更多利益。另外，保险经纪人需对保险市场进行调查分析，为投保人争取优惠价格。

11.2.4 保险条件对保险费率的影响

1. 保险保障范围的大小

如果保险合同承保风险比较大，保险人所需承担的责任比较多，则发生保险事故后，投保人易于获得赔付，相应地，保险费率会比较高；而如果保险合同承保风险比较小，则保险费率比较低。

2. 免赔额

免赔额的主要作用在于可有效提高被保险人的防灾防损意识、降低道德风险，同时避免低免赔额所带来的大量营业费用。一般情况下，免赔额越高，保险费率越低，但并不完全成反比。因为当免赔额达到一定高度时，道德风险的降低、营业费用的减少以及防灾防损意识的提高便不再那么明显。严格来说，免赔额与保险费率成负相关关系。

3. 扩展性附加条款

基础性条款往往难以满足投保人和保险人之间个性化风险转移的需要，越来越多的投保人和保险人聘用第三方经纪人设计含大量附加条款的保险方案。扩展性附加条款实质上是对保险责任的延展，扩大了保险人的承保风险，所以针对扩展性附加条款必须单独定价。此外，由于受国内城市轨道交通运营期保险费率厘定水平的限制，在实践中仍有很多保险人参照市场行情或凭借经验厘定费率，而这一费率是针对整个保险方案制订的，很多时候会为维系业务而随行就市。扩展性附加条款的添加实质上是投保人多支出了一笔费用。投保人在决定风险自留还是转移之前，需要了解风险转移成本。

11.2.5 保险采购方式对保险费率的影响

保险采购主要有以下三种方式。

1. 保险询价

在保险采购中，投保人或者保险经纪人与保险人沟通交流，并直接询问具体价格，即保险询价。这种形式一般用于标的金额较小的项目或续保等。

2. 保险招标

如果保险标的金额比较高，或者为政府采购项目，则可采用保险招标形式。保险招标分为两种类型：邀请招标和公开招标。邀请招标又称选择性招标，是指招标人对已掌握的信息进行分析，并结合自身经验，对选择具备完成交易活动能力的特定法人发出邀请书，使其能够参与交易活动投标竞争中的招标方式。公开招标又称无限竞争性招标，是指在招标过程中，可利用多媒体向社会公开发布招标信息，并邀请不特定法人参与投标活动和竞争的招标方式。

3. 竞争性谈判

投保人或者保险经纪人在选择特定的保险人后开展竞争性谈判，据此进行保险采购，希望通过谈判获得符合招标方实际需要的保险服务。

三种保险采购方式各有优劣，对比情况详见表 11.1。

表 11.1　保险采购方式对比

采购方式 比较项目	保险询价	保险招标		竞争性谈判
		邀请招标	公开招标	
发布信息方式	询价文件	投标邀请书	公告	谈判邀请书
选择范围	针对的是已经有所了解的保险公司，知道报价者的数量及对象	针对的是已经有所了解的保险公司，知道投标者的数量及对象	针对的是一切潜在的对招标项目感兴趣的保险公司，招标人事先不知道投标者的数量	针对的是已经有所了解的保险公司，知道参与谈判者的数量及对象
公开程度	不公开、不透明	程序公开，透明度低，保险公司间信息屏蔽	程序公开，透明度高	程序公开，透明度低，保险公司间信息屏蔽
报价次数	保险公司一次性报价	保险公司一次性报价	保险公司一次性报价	保险公司可反复报价，进而取得优惠条件；但也有可能由于信息未封锁好而带来后期抬价等现象
流程	环节不多，较简单随意	程序相对复杂，操作环节相对较多；出现废标和再次招标的情况，需按流程再次进行，历时较长	程序复杂，操作环节多，容易受外界因素干扰；一旦出现废标和再次招标的情况，需按程序再次进行，历时较长	环节较少，工作效率高，保密情况好，可与保险公司反复磋商
对保险公司的控制力	控制力较小	招标者主动权较小、中标公司一次性确定，控制力较弱	投标者的数量和背景均无法预料，招标者的主动权小，中标公司一次性确定，控制力弱	招标者主动权大，有谈判约束，控制力较强
保险方案/服务条件	方案可获得优化，服务条件主要基于询价文件	主要基于招标方案的水平，能取得一部分优化	主要基于招标方案的水平，能取得一部分优化	可通过谈判获得较好条件，中和多方保险公司的优势

通过以上对比可知，不同的采购方式因为对保险公司的谈判能力及控制力程度不同，进而会影响保险费率的水平。一般来说，对保险公司的控制力越强，谈判中越有优势，可通过谈判获得更加优惠的费率水平和更好的保险条件，争取更多的保险利益。

第十二章　运营期保险索赔实务

12.1　运营期保险索赔概述

12.1.1　保险索赔的含义

城市轨道交通运营期保险索赔是指在履行运营期保险合同的过程中，发生保险责任事故后，被保险人依照保险合同的条款约定，就事故所导致的经济损失或者其他人身伤亡提出索赔，保险人为此进行理赔的过程。

城市轨道交通运营期保险索赔可从以下几个方面详细说明。

1. 保险索赔权

保险索赔权是城市轨道交通运营期保险合同履行过程中被保险人的一项基本权利，但是否行使保险索赔权，取决于是否发生保险责任事故。如果作为被保险人的运营商在运营过程中管理到位，安全措施做得好，未发生保险责任事故，就不会行使该项索赔权。

2. 保险索赔的依据

保险索赔需以保险合同作为重要依据。一旦发生保险责任事故，则被保险人可以依据保险合同中规定的相关条款向保险人报案并向其进行索赔，提供相关支持文件；保险人依据保险合同中相应的保险赔偿处理办法计算保险赔款的具体金额并补偿被保险人。

3. 保险索赔的目的

当被保险人发生保险责任事故后，通过保险索赔，能够及时获得相应的赔偿，进而对被保险人所造成的经济损失进行有效控制，从而保障城市轨道交通正常运营。因此，对于运营商来说，依法和依约进行足额投保，及时行使保险索赔权，对有效转移运营期的可保风险具有十分重要的意义。

4. 索赔与理赔

索赔是从被保险人的角度来说的，理赔是从保险人的角度来说的。索赔与理赔是一个问题的两个方面，索赔所期望的结果与所达到的理赔结果有时并非完全一致。站在不同的立场上，被保险人希望所有的损失都能够得到补偿，而保险人则需要根据实际损失情况，依据保险条款中约定的可以赔偿的损失和费用，以及最高赔偿限额来确定最终的理赔金额。

12.1.2 保险索赔原则

1. 及时性

及时迅速报案和举报，可以有效保障广大被保险人的安全和合法权益，使专业保险公司能在第一时间到达现场，还有可能监督、协助现场施救。保险法第二十二条规定，投保人、被保险人或受益人知道保险事故发生后，应当及时通知保险人。如果故意未通知保险人，或者由于重大过失而没有及时通知保险人，则无法对保险事故的性质、原因及损失进行确定，对于保险人无法确定的部分，保险人无须为被保险人或其受益人提供赔付金。需要注意，保险人通过其他方式了解到保险事故发生的情况除外。

2. 真实性

保险合同的订立过程和执行过程均要求遵循最大诚信原则。保险事故发生后，被保险人可对保险人提出索赔要求，此时，被保险人应当保证所提出的事故发生原因、时间、地点、经过、损失数量及金额、施救抢险措施等内容真实，避免出现试图通过保险获得额外利益的事件，与保险人建立互信合作关系，被保险人诚实守信，则保险人相应的理赔态度会友好务实，并严格遵守保险合同，不故意对保险条款做出不利解释，理赔时间短、预付赔款等。对于不真实的索赔，保险人很难认定责任方，容易造成保险人和被保险人之间产生分歧。保险法第二十条对于这一情况已做出明确规定，被保险人或者受益人在未发生保险事故的情况下，谎称发生了保险事故，向保险人提出赔偿或者给付保险金的请求的，保险人有权解除保险合同，并不退还保险费。投保人、被保险人或者受益人故意制造保险事故的，保险人有权解除保险合同，不承担赔偿或者给付保险金的责任，除本法第六十五条第一款另有规定外，也不退还保险费。保险事故发生后，投保人、被保险人或者受益人以伪造、变造的有关证明、资料或者其他证据，编造虚假的事故原因或者夸大损失程度的，保险人对其虚报的部分不承担赔偿或者给付保险金的责任。投保人、被保险人或者受益人有前三款所列行为之一，致使保险人支付保险金或者支出费用的，应当退回或者赔偿。

在保险责任事故发生后，如果投保人、被保险人或保险受益人，利用不正当方式伪造相关证明材料，编造不符合实际情况的损害保险责任事故认定理由或者故意夸大其经济损失程度的，保险人不再对其所保人虚报的全部或少数损失予以经济赔偿或者向其本人给付全部保险金。

3. 持续性

索赔人应和投保人就索赔问题实时沟通，询问进展及需要配合的事项。如果保险人拒赔，则应当要求保险人出具《拒赔通知书》，并阐述拒赔原因。而对于属于保险责任的事故，索赔人应积极向保险人解释原因。

12.2 运营期保险索赔流程

12.2.1 紧急施救减损及保护事故现场

风险事故发生后，运营商应当立即组织相关工作人员前往事故现场，对事故现场进行勘查分析，调查事故的发生原因，同时还应当组织人力，应用机械设备对事故现场进行控制，避免损失不断扩大，对风险进行有效控制，尽量降低各项损失。当保险公司工作人员进入现场进行勘查后，运营商应当组织工作人员保护事故现场，并提供实物证据。

12.2.2 及时报案

运营商在获悉风险事故已经发生后，应当及时向保险公司报案。如果运营商已聘请专业的保险经纪人，则可首先与保险经纪人取得联系，并在保险经纪人的协助下施救及报案。

1. 书面报案

在以书面形式通知保险公司出险情况前，运营商可以先进行电话报案，以最快速度通知保险公司，但接着应向保险公司递交书面形式的出险通知单。出险通知单的递交可用多种方式，但要注意保留出险通知单相关底稿。同时，运营商应以书面形式询问保险人是否查勘现场及何时到达现场查勘。如果超过保险合同约定或保险人承诺回复的时间，则被保险人可自行处理现场，但应保留相应证据。

2. 及时告知保险人施救措施

出险通知单应当详细注明事故的发生地点、发生时间、发生原因以及运营商为了降低损失所采取的各项措施，包括人员力量投入、机械设备投入等，同时还应包含预计损失规模等内容，避免日后因施救费用举证困难而难以获得赔付。

12.2.3 拍摄影像资料

风险事故发生后，运营商需立即组织相关工作人员前往事故现场，并拍摄现场影像资料、照片等，确保能够反映出事故现场的实际情况。对于关键证据，可对其细节部分拍摄特写。

12.2.4 积极配合保险理赔查勘人员/公估人员查勘现场

运营商应积极配合保险理赔查勘人员或公估人员查勘现场。查勘现场时应注意以下问题。

1. 翔实地了解案情经过，避免提供错误信息

保险公司理赔查勘人员在进入事故现场后，可与运营商现场工作人员沟通交流，并进行现场勘查，以全面了解事故发生情况。在此过程中，运营商应当注意如实描述，避免盲目回答。

2. 审核清楚再签字

保险理赔查勘人员在查勘现场后会出具查勘记录。查勘记录应详细记录事故发生原因、经过和受损物资，运营商应逐字逐句阅读清楚，尤其是受损物资情况，应确保已完全记录无误再签字确认。

12.2.5 准备索赔材料

索赔材料是保险公司保险赔付的直接依据之一，运营商提交的材料应是必需的、对事故原因和损失证明有帮助的。索赔材料分为定性材料和定量材料。

1. 定性材料

定性材料是指对事故的原因、性质给予证明的材料。定性材料清单详见表12.1。

表12.1　定性材料清单

序号	单证名称	备　　注
1	出险通知单	事故发生时间、地点、过程、情况等说明
2	保险单	—
3	出险证明书	—
4	索赔申请报告	出险原因、经过、损失程度、施救情况、请求预付、赔付金额
5	反映运营事故受灾损失程度、范围、内容情况及施救情况等的影像资料	拍摄应全面、细致
6	设备损失原因、损失程度的损失鉴定书	运营事故原因、损失程度的鉴定意见或支持性文件
7	损失清单	—
8	根据不同保险事故提供相应部门的权威证明	如公安、消防、气象等
9	法院判决/仲裁裁决、权益转让书、赔款收据、向第三方提出索赔的文件	损失涉及第三方时
10	诉讼材料	诉讼发生时
11	住院费、医药费、交通费、医药处方笺、误工费用证明等	发生保险责任的人员伤残或死亡事故时，提供相关部门出具的伤残证明、死亡证明、有关的费用凭证

2. 定量材料

定量材料指反映事故发生后重置所需的全部费用清单，应将重建计划和措施详细告知保险公司。除有形财产的复原费用外，施救费用也应单独列支。根据保险合同的约定，定量材料有可能包括现场清理费用、专业费用（如咨询费等）、灭火费用等衍生费用，这些衍生费用通过附加条款进行扩展，应在投保时充分考虑并将其写入合同。这些费用通常会有自身单独的赔偿限额。

被保险人在准备材料时应熟悉保险合同条款，知悉哪些能赔，哪些不能赔。例如，发生火灾时，消防部门灭火时对第三者财产造成的损失是否应赔付，需根据保险单事前的约定来判断。定量材料清单详见表12.2。

表 12.2 定量材料清单

序号	单证名称	备　注
1	受损项目清单	包括损失量和费用
2	应急施救费用增加清单	包括施救、减损措施中所增加的人工费及材料费等各项费用
3	运营事故现场清理费用	—
4	恢复运营过程中的其他有关费用凭证	—

12.2.6 关于第三者责任

以下两种情况会涉及第三者。在涉及第三者时，应依照合同规定妥善处理与第三者之间的索赔或赔付关系，与保险人取得联系，并协调处理。

1. 被保险人承担第三者责任

在风险事故中，如果由于被保险人自身原因导致第三者财产损失或人身伤亡，则往往不能很快达成一致的赔付意见，通常会经历一个漫长的谈判过程。对于此类情况，被保险人应及时告知保险人每一时间点的进展，不轻易答应第三方的赔付要求。在和第三方谈判时，被保险人应邀请保险公司一并参与，因保险人只会承担被保险人依法应承担的部分，对被保险人与第三者的“协商价格”保险人未必认同。邀请保险人全程参与谈判过程，被保险人可向保险人咨询专业的处理意见，使保险赔付和自身对第三方的赔付尽可能相匹配。

2. 第三者造成被保险人损失

当此类事故发生后，被保险人应当及时通知保险公司，并向第三者提出索赔要求。第三者可能无法及时提供赔偿，或者无法对赔偿额进行认定，则被保险人可向保险公司申请赔偿。此时，被保险人依然可向第三者提出索赔，一般可采用书面形式提出索赔要求。保险公司向被保险人提供赔偿后，通过对赔偿数额进行计算分析，保险公司可享有代位追偿权，此时，保险公司可与第三者进行协商，而被保险人应当协助保险公司，并向第三者提出索赔要求。

当被保险人已经获得保险人所提供的赔偿金后，不能放弃向第三方提出索赔的权利。保险法第六十一条明确规定，被保险人故意或者由于重大过失致使保险人不能行使代位请求赔偿的权利的，保险人可以扣减或者要求返还相应的保险金。

城市轨道交通运营期保险索赔流程如图 12.1 所示。

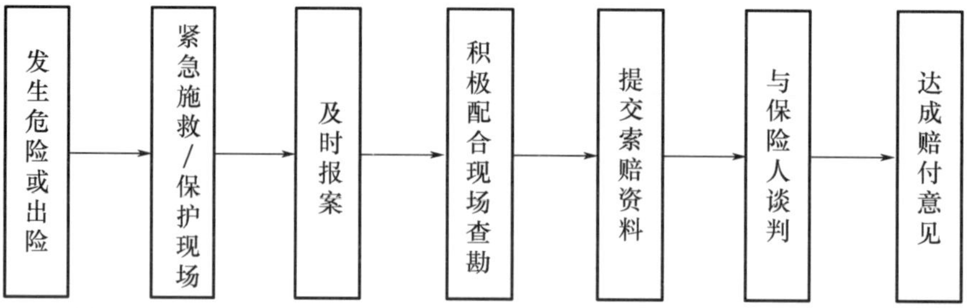

图 12.1 城市轨道交通运营期保险索赔流程

12.3 保险的理赔原则及理赔流程

当保险标的已发生风险事故后，被保险人可对保险人提出索赔要求，而保险人在受理被保险人的索赔要求后，即可进行理赔。投保人进行投保的主要目的就是使自己在发生有关保险事故的情况下能够得到更好的保障，城市轨道交通运营期保险的特点决定了运营期保险合同具有一定的特殊性，标准化条款后面往往会有许多附加条款，如果涉及财产损失和第三者责任，则理赔难度较大，复杂程度较高。

12.3.1 运营期保险的理赔原则

保险理赔的政策性比较强，为了促进保险理赔效率和质量的提升，杜绝“错赔、惜赔、滥赔”的现象，保险理赔应遵循以下原则。

1. 恪守信用原则

保险合同作为一种经济性合同，明确规定了当事人与其他被保险人之间的权利和义务，保险合同中的任何一方或者当事人均应依法恪守信用，遵守合同法有关原则，严格履行合同中约定的各项义务。保险人应根据保险合同履行自身义务，据保险合同受理理赔案，并合理确定损失。补偿金额的计算，要求具备完善的证据作为依据，拒赔时则更应如此。

2. 实事求是原则

实事求是体现在条款解释的公正性和尊重事实两个方面。被保险人提出的索赔案件多种多样，理赔过程中难免会发生对条款的理解不一致。保险人作为条款的制订者，应本着公正、真实的态度解释条款，不曲解条款。事故发生后，保险人与被保险人对事故原因界定、赔偿方式、赔款金额等很有可能会产生分歧，保险人应本着尊重事实的原则进行理赔，调查取证、损失理算应全面细致。

此外，实事求是的原则也充分体现为保险人通融赔付。当然，通融赔付不是无原则的随意赔付，而是针对保险损失补偿原则的灵活使用。具体来说，保险人在进行通融性的赔付服务时应熟练掌握以下几个要求：第一，通融赔付可促进保险行业可持续发展；第二，通融赔付可有效维护投资者的信誉，促进其市场竞争力的提升；第三，通融赔付有利于推进和谐社会建设。

3. 及时且合理补偿原则

保险的特性决定了其最核心的意义为损失补偿，所以及时且合理补偿是保险合同执行和理赔工作的一项重要原则。在保险理赔中，严格遵循及时且合理补偿原则，有利于促进保险公司服务水平的提升，使保险公司逐渐获得更多客户。

保险法第二十三条规定，保险人收到被保险人或者受益人的赔偿或者给付保险金的请求后，应当及时做出核定；情形复杂的，应当在三十日内做出核定，但合同另有约定的除外。保险人应当将核定结果通知被保险人或者受益人；对属于保险责任的，在与被保险人或者受益人达成赔偿或者给付保险金的协议后十日内，履行赔偿或者给付保险金义务。保险合同对赔偿或者给付保险金的期限有约定的，保险人应当按照约定履行赔偿或者给付保险金义务。保险人未及时履行前款规定义务的，除支付保险金外，应当赔偿被保险人或者受益人因此受到的损失。任何单位和个人不得非法干预保险人履行赔偿或者给付保险金的义务，也不得限制被保险人或者受益人取得保险金的权利。

保险法第二十五条规定，保险人自收到赔偿或者给付保险金的请求和有关证明、资料之日起六十日内，对其赔偿或者给付保险金的数额不能确定的，应当根据已有证明和资料可以确定的数额先予支付；保险人最终确定赔偿或者给付保险金的数额后，应当支付相应的差额。

4. 充分沟通、协商一致原则

保险人应站在互信、理解的角度和被保险人充分沟通和协商，尽量不采用法律手段解决分歧。昂贵的法律费用和时间成本会使双方都得不偿失。

12.3.2 运营期保险的理赔流程

运营期保险的理赔流程包含多个环节，详细说明如下。

1. 接收损失通知书

当发生保险事故后，被保险人或受益人应当立即与保险人取得联系，并告知事故的发生时间、地点、原因等，并对其提出索赔要求。在此过程中，被保险人必须在一定的时限内对保险人发出损失通知书。险种不同，损失通知书发出的时限要求也有所不同。比如，被保险人的保险财产被盗窃，要求在 24 小时内与保险人取得联系。如果超过 24 小时，则保险人无须承担赔偿责任。有的险种则没有明确的时限规定，只要求被保险人在其可能做到的情况下，尽快通知保险人。

风险事故发生后被保险人可采用口头或者电函的形式向保险人发出损失通知书，后续及时补发正式的书面通知书，同时还应当提供索赔单证。风险事故如与第三者有一定关联，则被保险人应当向保险人提供权益转让书，并由保险人行使代位追偿权利。

保险人接收损失通知书，即说明保险人已受理案件。此时，保险人需对保险单和索赔内容进行核对分析，并正式立案，安排工作人员对事故现场进行勘查分析，妥善处理定损等相关工作。

2. 审核保险责任

保险人收到被保险人出具的损失通知书后，应当对索赔案件进行审核分析，判断是否属于其赔偿责任范围，具体应当注意以下几点：判断保险单是否具备效力；判断损失是否由保险责任引发；判断损失财产是否属于保险财产；判断索赔行为是否存在欺诈情况；判断损失是否包含在保险单有效期范围内等。

3. 查勘定损

保险人在完成对保险责任的审核后，应该立即组织工作人员前往事故现场进行勘查和定损，详细了解事故的实际情况，并确定造成损失的原因及损失情况。

（1）现场施救。督促并协助被保险人清理现场，及时辅助施救，对损失进行有效控制。

（2）查阅有关资料。现场查勘时应及时查阅有关资料，这时的资料更具“第一手”的特性，更真实。

（3）查明出险原因。在对出险标的进行查验后，保险人应与被保险人及目击者进行沟通交流，了解事故发生经过，初步确定出险原因。保险人应与消防部门、公安部门等协调配合进行事故鉴定，如果有条件，则可选择专门部门及专业技术人员参与事故鉴定。如果事故发生原因并不明确，或者保险人对被保险人所提出的说明有疑虑，则保险人应与相关部门配合，保护事故现场，并组织相关部门及专家对事故的发生原因进行详细调查，并对相关记录进行封存管理。在发生风险事故后，保险人积极参与事故调查，确定事故原因有利于确定保险人的赔偿范围，同时还可保障被保险人的切身利益。

（4）现场拍照。保险事故发生后，现场照片可作为事故认定的重要依据。现场照片的拍摄应当保证完整性及准确性，充分体现出事故发生的地点、出险标的的损失情况等。如果有需要，还应当绘制事故现场草图，并配以文字说明。

（5）如果无法确定出险标的损失原因，或者确定出险标的损失的技术要求比较高，则保险人可与被保险人协定，聘请公估机构、技术专家等，对出险标的损失进行准确核定。

（6）如果风险事故损失由第三方造成，则保险人应当提示被保险人，要求其保留向第三方索赔的权利。

4. 责任认定

在责任认定过程中，保险公司理赔人员对事故现场进行勘查分析，收集整理事故证明及相关材料，同时对保单中的保险责任、责任免除条款进行分析，据此对发生事故的原因进行全面细致的分析，根据最终结果判断是否属于保险责任范畴。

责任认定主要包括以下几个环节。

（1）损失发生时间。认定损失发生时间是否在保险期限内。

（2）损失项目。如果是选择性投保，则查勘损失项目是否为投保项目。

（3）损失原因。运营期保险损失原因的鉴定应本着近因原则，实事求是地进行分析。认定时还应对保险标的风险是否发生变更、被保险人是否履行告知义务等进行审核。

5. 损失理算

保险责任认定完成后，即可开展损失理算，此时，保险人应当将事故现场勘查结果作为依据，并对被保险人提供的损失清单、费用清单进行审查分析，判断是否属于保险财产范畴，同时还应当判断施救费用支出的合理性等，据此确定理赔范围。

理赔人员综合考虑已收集整理的各项资料及保险单中的约定，合理编制损失清单。清单包括受损财产的名称、类型、损失金额、残值等。损失清单编制完成后，即可初步确定赔偿金额。

理算环节需注意以下问题。

（1）被保险财产在修复或者重置过程中，如果发生变更、性能增加，则在此过程中所产生的额外费用支出，不应纳入赔付范围。

（2）残值部分优先考虑折归被保险人，因为被保险人更懂得残值部分的处理。

（3）第三者的财产损失涉及折旧因素，应按实际价值理算。

（4）施救费用仅针对保险财产，以受损保险财产保额为限，并按照保险金额和保险价值的比例核算。

(5) 如果不根据一定的比例对受损保险财产赔款进行分摊计算，则残值也无须根据一定的比例进行分摊计算；反之，则应当根据下列公式计算：

应扣残值＝残值×(保险金额/保险价值)

(6) 如果发生重复保险或者保险竞合，则根据标准条款规定，首先需确定保险金额和所有保单保险金额总和的比例，据此分摊赔偿金额，计算公式如下。

本保单项下应付赔款＝总赔付金额×本保单项下的保险金额/各保单保险金额之和

(7) 如果灾害事故处于保险责任范围内，并且根据国家相关法律规定，要求由第三者负责，则保险人应当提示被保险人，对第三者提出索赔要求。如果被保险人要求保险人赔付，则保险人应当及时赔付，并要求被保险人填写《权益转让书》，并为保险人提供相应的证明资料，再由保险人代位，对第三者提出索赔要求。

6. 赔偿保险金

当发生保险事故后，保险人对事故现场进行勘查分析，并综合考虑标的价格、标的损失、保险金额等，对赔偿金额进行计算。赔偿金计算完成后，保险人应当根据合同约定，及时为被保险人提供赔偿。如果在保险合同中，据此没有做出约定，则应当根据国家法律规定及时对被保险人赔付。赔偿方式通常以货币居多，另外，保险人也可与被保险人协定，采取其他赔偿方式，包括恢复原状、重置等。

7. 损余处理

通常情况下，财产保险标的在受到损害后，依然具有残值。保险人向被保险人赔偿时，可为其提供全部损失金额赔偿，而财产残值则归属于保险人。保险人也可与被保险人协定，在赔偿金额的基础上扣除财产残值。另外，还可根据部分损失进行赔偿，此时，对于参与财产，保险人可采用折价的方式提供给被保险人，以此冲抵赔偿额。

8. 代位追偿

在发生保险事故后，根据现场勘查分析，如果发现是由于第三者过失或者第三者的非法行为造成的，则被保险人可对第三者提出索赔要求。另外，被保险人还可对保险人提出索赔要求，根据保险合同及相关法律规定，保险人可先赔付给被保险人，与此同时，被保险人应当将其对于第三者的追偿权利转移给保险人，同时与保险人加强协作，由保险人对第三者提出索赔要求。如果被保险人已经通过第三者获得一定的赔偿，则在保险人向被保险人提供的赔偿额的基础上，可扣除这部分。

12.4 财产险事故定责

定责的主要作用是判断事故是否属于保险责任范围。在定责过程中，需对事故现场勘查结果、事故证明及相关资料进行综合分析，同时参考保单中的保险责任条款、责任免除条款，对事故发生的主观原因和客观原因进行分析。

12.4.1 财产险责任认定步骤

实际操作中，客观情况错综复杂，在分析保险责任时要本着实事求是的原则，具体情况具体分析，注意以下几点。

（1）将事故调查结果与保险条款进行对比，判断是否属于保险条款责任约定范围。

（2）对事故发生的近因进行分析，判断是否为保单约定的除外责任。

（3）对事故勘查结果进行分析，判断被保险人是否根据合同规定履行自身义务。

通常情况下，在保险责任认定中，要求综合考虑上述三个因素。

很多险种均详细列明保险责任，包括财产基本险、机器损坏险等。首先要看造成事故的近因是否在列明范围之内：不在范围内即不属于保险责任，如在列明范围内需要看是否符合责任免除有关规定。如果符合责任免除规定，则不属于保险责任；反之，则属于保险责任。

财产一切险属于列明除外责任的险种。为了判断险种是否为保险责任，在对保险事故进行调查分析后，应当判断近因是否属于责任免除约定范围内。如果事故近因不属于责任免除约定范围内，则可作为保险责任，在此过程中，应当判断是否达到条款约定的程度，包括暴雪、暴雨等。

对于投保人、被保险人的义务，前文已有详细论述。如果将被保险人没有履行义务作为理由，拒绝为被保险人提供赔偿，则难度较大。因此，要求对条款中的各项规定进行全面细致的分析，同时综合考虑事故现场的实际情况，采用灵活性处理方式。

12.4.2　认定财产保险责任需要的基本材料

认定财产保险责任时一般需要提供以下基本材料。

（1）索赔企业基本情况。

（2）事故经过。

（3）被保险人向上级机关上报的事故原因分析报告或安监部门出具的事故鉴定书。

（4）生产、交接班、运行等相关的原始记录。

（5）受损机器及设备的维修记录。

（6）受损设备的各项技术资料及工艺流程、购置合同等。

（7）气象、消防等部门出具的灾害证明，国家权威部门出具的受损机器设备的检测报告等。

12.4.3　部分出险原因认定举例

1. 火灾

火灾事故的认定，应当根据公安消防部门关于火灾原因的调查结果及保险条款来进行，重点考虑以下问题。

（1）在火灾事故中，被保险人是否存在重大过失。

（2）被保险人是否出现违规操作行为，是否无证上岗，是否做出故意行为。

（3）火灾发生时间、原因等。

2. 水灾

按事故的认定应重点考虑以下问题。

（1）根据当地水文资料判断是否达到灾害水位限定。

（2）当地的气象资料是否达到保单规定标准。

（3）有无报纸等资料证明发生损失的原因，如果有，注意收集。

3. 机器损坏险

机器损坏险的认定应重点考虑以下问题。

（1）是否属于突然的、意外发生的并造成财产损失的事故。

（2）是正常抢修出险，还是因事故停机（如果是正常抢修，则属于被保险人义务）。

（3）损失原因证明，要求提供技术分析报告。

（4）设备的正常维护保养是否履行，有无记录。

（5）断裂等引起重大事故，应有分析报告。

4. 被盗

被盗事故的认定应重点考虑以下问题。

（1）是否发生被盗事件。

（2）有无明显被盗痕迹。

（3）是否有内盗之疑。

（4）防盗设施制度是否健全。

盗窃案件需由公安部门出具相关证明。

12.5 财产险事故定损

在定损过程中，需对事故发生现场进行勘查分析，确定保险财产的损失数量、损失程度和范围等。

12.5.1 保险标的认定

在定损过程中，第一步是确认保险标的，其认定的基本原则如下。

（1）按账面投保，关键看受损财产是否在账册中，如相关账册中没有，就不属于保险标的。但同时要注意以下几点：①流动资产，不含增值税；②账外财产问题；③代保管财产问题。

（2）估价投保，应视为投保项目全部投保，应注意保额确定时将该项目全部纳入，计算保额。

（3）按清单投保，即在清单上列明的全部是保险标的，未在清单上列明的均不属于保险标的。按清单投保应注意投保清单是否经被保险人确认。

（4）对固定资产投保，可以查阅固定资产的明细账，严格区分账内、账外、未入账、在建工程等项目，据此确定保险标的；对流动资产投保，可根据存货科目投保，应包含低值易耗品。

对产成品、半成品、原材料科目投保，通常并不包含低值易耗品及工具；原材料一般只指消耗其价值转化到半成品中去、多次往返使用的，要注意区分。

（5）对模具一般单独投保，未单独投保的不属于标的。

确定保险标的时应注意施救费用和清理费用的区别。

12.5.2　保险金额是否为足额的核定

有账企业，如果账务资料真实，依据相关账表科目确定是否足额，无账企业或账目不真实企业，可按以下方式确定：①被保险人申报库存及账务资料，主要应用于损失量比较小、申报金额和估算金额比较小的企业；②实物盘点，主要应用于加工企业，损失较大、申报金额和实际估算金额出入较大、估计保额大大低于实际价值的企业。

流动资产应注意外来加工、委托加工等企业性质不同所造成的账目资料和金额不一致等问题。

列明清单投保的应清楚保额来源及细分保额的构成。

12.5.3　定损所需基本资料

定损一般需要以下资料。

（1）固定资产清单及账面原值和净值、流动资产总账、流动资产仓库账、流动资产会计账。

（2）车间台账、出入库单据、盘点表，投保时的资产负债表，出险时的资产负债表。

（3）房屋预算、结算和施工验收图纸和资料、建筑物维修预算报价。

（4）生产厂家的产品和原材料发票，进出库单。

（5）报损清单。

（6）生产和销售合同以及受损设备和存货的发票。

（7）投保清单。

12.5.4　定损方法简介

1. 火灾损失

火灾损失主要通过以下几种方法进行核对。

（1）收集整理账册资料，确定在火灾事故发生前的各类数据，具体包括仓管账目、进出库记录等，同时还需检查是否有计算机数据保存记录等。

（2）对火灾事故现场进行勘查分析，并拍照取证，反映当时堆放的是什么物品，并据残值测量确定数量。

（3）对库存数量进行测算。

（4）对正常库存量进行财务审核，控制正常财务数据。

结合以上四种方法对损失的数量、价值进行确定。

2. 水灾损失

水灾造成的损失可经过盘点进行确认。水灾发生后，施救措施对受损结果的影响比较大。部分保险标的易发霉和变质，容易导致损失不断扩大，对此，应当尽快制订核损方案，其主要内容如下。

（1）对进水高度进行确定。

（2）分区分类确定湿损情况。

（3）立即制订施救方案和数量确定方法，同时查阅库存记录，与现场情况相比照，确定损失数量。

3. 某些特殊赔案

针对某些特殊赔案，可以采取抽样方法确定损失数量，但应注意以下几点。

（1）抽样样品应具有代表性。

（2）样品应切实按各代表受损部分的比例相应抽取。

（3）尽力将抽样资产降到最低点。

12.5.5 定损的主要内容

1. 标的损失的确定

（1）房屋及装修。

对所承保房屋建筑工程的平面面积、层高等进行测量，如果被保险人有原建筑工程平面图或者结构图，应当提供给保险人。

对建筑工程中已经损坏的结构面积进行测量，包括屋顶、地面、墙壁等。

对建筑工程材料等级和数量进行计算。

对已损毁建筑工程、装修项目在恢复原状施工中所需投入的费用进行计算。

对房屋原始建筑结构和装修项目施工完成日期进行核查，被保险人应向保险人提供造价单、发票及其他凭证，便于对折旧率进行计算。

如果保险双方就部分问题存在异议，可邀请专业机构对房屋建筑损失情况、修复方案及所需投入的费用进行评估。

（2）机器设备。

对机器设备损毁数量进行清点，对于没有损毁的机器设备，需要详细记录名称和编号；对于受到损毁的机器设备，应当采用绘图方式确定放置地点，并做好记录。

对受损机器设备进行检查：如果受损问题并不严重，则保险人可要求被保险人及时采取保养维护措施，避免损失扩大；如果损坏的机器设备需外送修理，则保险人可要求被保险人及时联系修理厂，并制订修复方案，估算资金投入量。

对机器设备原始购置价格、结构组成、安装时间、投入使用时间进行核查，要求被保险人提供机器设备说明书、购置凭证等，并据此对折旧率进行计算。

（3）存货。

保险人可向被保险人索要账册、出入库凭证等各项资料，对存货实际情况进行核查，并与保单进行对比，对所有存货进行全面清点。

对于存货，根据原材料、半成品、辅料等进行分类和清点，确定各类产品的原始放置地点，并采用绘图方式做好记录，详细注明存货的数量、类型、残余存货、烧毁存货等。

存货清点完成后，应拍照记录。未受损存货应当转交给被保险人，并要求被保险人检查后签字确认；对于部分损毁存货，保险人需对损失程度进行估算，与被保险人取得一致意见后，由被保险人签字确认，并商定价值认定方式及赔付方式。

如果存货全部被烧毁，则保险人可要求被保险人提供完善的账目、进货发票、销售发票等资料，对现场进行勘查分析，对存储空间进行测量，确定事故现场存货的最大数量。

2．施救费用

当发生保险事故后，被保险人有责任立即采取有效措施，对损失进行有效控制，施救是被保险人应当履行的义务。施救过程中的费用应当根据以下原则进行计算。

（1）以保险责任范围内所发生的灾害事故作为基础。

（2）施救措施的主要作用是对保险财产损失进行有效控制。

（3）以保险事故发生时支出的费用为界限。

（4）以费用支出是否“必要”和“合理”为标准。

12.5.6　定损注意事项

定损时需要注意以下几点。

火灾事故毗邻周边建筑工程时，应综合考虑保险财产的可燃性，事故发生时的风力、风向，火灾与建筑工程距离等。如果判断火灾事故可能会波及建筑工程，则由此在抢运保险财产中的费用支出及火灾事故后将保险财产搬运至原位的费用支出，可负责。

在火灾事故发生后，被保险人及时施救，因此造成施救工具损坏或者发生物质消耗，可负责。但是需要注意，此部分并不包含各类施救器材的折旧费用，也不包括公安消防队在火灾抢险时所消耗的、损坏的消防器材及灭火剂等。

在火灾事故发生后，公安消防队在火灾扑救中所产生的费用，无须负责。

当发生洪水灾害时，为了对保险财产损失进行有效控制，应采取各项应急措施，包括排洪、堵口等。在各项救援措施中所投入的物资及费用，可负责。

当发生洪水灾害时，为了对保险财产损失进行有效控制，并对事故现场进行施救，在消除淤泥方面的费用投入，可根据实际情况部分负责；但是，在保险财产存放车间、建筑工程内及仓库内淤泥清理方面的费用支出、改善现场交通条件和环境卫生方面的费用支出，无须负责。

在保险财产抢救中，将保险财产转移至安全场所进行堆放、整理、监护时的费用支出以及临时搭建保险财产存放货棚的工时费，可负责；但是，在危险状况解除后，如果没有及时将保险财产搬运至原位，并且延期存放保险财产，则对于这部分费用支出，无须负责。

当出险单位对事故现场进行整理和救援时，如果其工作内容属于应尽义务，则对于其工资，无须负责；但是，在施救过程中所产生的餐饮费、加班费及临时雇佣抢险人员的工资，可负责。

12.5.7　残值处理

对残值的处理要求严格依据国家财税政策规范，对残值的可利用程度进行分析，并尽快采取有效的处理措施，避免造成损失扩大。残值处理可采用以下几种措施。

1．议价

保险双方相互交流，对残余物保险金额、价值、损失情况等进行分析，据此确定残值，然后采用折旧的方式转移给被保险人，残值可在赔款中扣除。

2．评估

如果保险双方对于残值的计算结果没有达成一致意见，则可选择第三方进行评估。如果评估结果高于被保险人的要求，则可将残余物资出售给第三方，所得收入可在赔款中扣除。

3. 标售

对残余物资进行详细登记，然后转交给第三方进行处理。第三方可选择公开竞拍的方式确定价格，要求保证标售公开、合理，残余物资回收后所得资金可在赔款中扣除。

12.6 运营期保险索赔相关问题探讨

保险承保的是不同行业的风险，因此既具有极强的保险专业性，又具有不同行业各自的专业性，由此造成了保险人和被保险人的信息严重不对称，加上保险人和被保险人经济利益的对立，使得保险索赔与理赔比较容易产生分歧。

近年来，随着全国城市轨道交通运营线路及里程的增多，加上社会对保险的认识逐渐提高，各大具有影响力的城市轨道交通项目纷纷通过购买保险来转移运营期的风险，人们的保险意识及维护保险权益的意识稳步提高。但在目前国内轨道交通运营期保险索赔中，仍存在一些问题，需要被保险人注意，主要有以下几点。

1. 报案不及时

在实践中，由于人员配备不足或者对保险索赔流程不清楚导致部分被保险人未能充分认识及时报案的重要性。尤其对于一些非紧急的运营期事故，有时在事故发生几天后甚至更长时间后才报案，被保险人基于自身对案情的掌握，认为能够获得保险公司所提供的赔付，但是结果可能并不理想。

如果被保险人没有及时报案，则保险公司很难对事故原因及保险财产损失情况进行评估分析，保险公司对于无法确定的部分，无须赔付。保险法第二十一条规定，投保人、被保险人或者受益人知道保险事故发生后，应当及时通知保险人。故意或者因重大过失未及时通知，致使保险事故的性质、原因、损失程度等难以确定的，保险人对无法确定的部分，不承担赔偿或者给付保险金的责任，但保险人通过其他途径已经及时知道或者应当及时知道保险事故发生的除外。

2. 利用专业优势，试图谋取额外保险金的侥幸心理

城市轨道交通运营的专业性和技术性极强，部分被保险人会试图利用自身的专业和技术优势，对出险经过进行部分隐瞒或者谎报出险原因，试图制造假赔案以使赔案属于保险责任，或者扩大保险责任谋取保险金，违背最大诚信原则，进而影响保险人和被保险人的合作和相互信任。

实务中也经常出现报损金额与实际赔付金额相差巨大的情况。原因之一是许多运营单位在报损时会故意提高单价或者是虚构、夸大损失程度，抬高报损金额，试图与保险人讨价还价，进而抬高最终赔付金额。这样的心态往往会造成保险人对此种报损产生不信任和抵触情绪，进而在核损时异常谨慎，对于某些证据不足、难以确认损失金额的部分做出拒赔或少赔决定，造成保险人与被保险人双方博弈的恶性循环。

另外，在实践中还经常存在由于保险条款界定不严谨，导致被保险人和保险人对条款理解不一致，进而产生保险索赔争议的情况。

第十三章　城市轨道交通运营期典型案例

13.1　财产险典型案例

案例：暴雨致北京某地铁钢弹簧隔振器水损案

1. 事故概况

2016年7月20日北京市突降暴雨，地铁4号线某区间站点上下行间铁轨被雨水浸泡，最大积水深度超出道床60cm，并造成此区间地铁停运。被保险人立即组织人员进行抢险施救，经过连续的排水作业，线路积水基本被排除。后经技术人员检查，发现该段线路的钢弹簧隔振器因水浸造成内部的阻尼液污染受损。事故发生后，地铁方立即向保险人报案并提出索赔申请。

2. 事故原因

经了解，钢弹簧浮置板安装在铁轨下方，其是由混凝土道床板及钢弹簧隔振器等多个结构组成的，主要作用为减轻列车经过时传递到隧道结构的振动。在我国地铁工程项目中，钢弹簧浮置板在北京地铁10号线中首次应用，随后，在北京地铁4号线和深圳地铁5号线建设中得到推广应用，解决了小空间高级别的隔振技术难题，从而控制了地铁沿线周边环境振动的影响，带来了直接的经济效益与社会效益。钢弹簧隔振器主要由外套筒及隔振内筒构成，其中，隔振内筒中含有螺旋压缩钢弹簧、液体阻尼液。本次事故主要是因雨水进入了隔振内筒，造成隔振内筒内部的液体阻尼液污染受损。此种情况会对钢弹簧浮置板的减震效果产生影响，导致地面敏感点振动超标，存在危险隐患。

3. 事故处理

保险公司接报案后立即组织人员进行现场查勘工作。

保险公司经与厂家人员协商沟通并查阅相关资料得知，因线路最低点的积水最深，被淹时间最长，能体现此次钢弹簧浮置板被淹情况下的最不利工况，故选取了上下行最低点附近各一个进行开筒检查。通过抽查发现，其中一个隔振器的隔振内筒确已经进水，水积存在隔振器的隔振内筒底部（水量约200毫升），内筒阻尼液也被污染。

事后，钢弹簧浮置板生产商出具了初步维修方案和报价。为保证地铁的正常运营，故许可的作业时间段只能在凌晨00：30至03：30，每月工作时间只有20天至22天。另外，受损钢弹簧隔振器位于轨道下方，检查必须移动钢轨，并且必须与更换内筒阻尼液一同进行。被保险人、经纪人、保险人、施工单位等各方多次查阅相关技术资料和施工图纸，多次开会面谈及邮件沟通施工方案和工程报价等问题，最终达成一致，共同确定了工程方案。

从 2017 年 8 月 20 日凌晨 01：00，查勘和检查维修工作正式开始。每天的工作时间在凌晨 00：30 至 03：30，开筒检查和更换阻尼液的施工人员分别为某地铁代表 1 名、施工方工程师 1 名、施工人员 5 至 6 名不等。截至 2018 年 9 月 19 日凌晨 00：40，总计检查维修 230 个工日，开筒检查 1194 个，更换阻尼液的筒 865 个，最终全部完成被水浸线路的检查维修工作。每日检查及阻尼液更换明细记录于“工务工程配合外部单位施工记录表”和“某地铁线路钢弹簧浮置板隔振器开筒检查及阻尼液更换工程”等施工记录。保险公司根据最终的实际维修情况，结合前期与施工方达成一致的维修报价，对被保险人的损失进行了汇总统计，本案的最终理算金额为人民币 3710108.37 元。

13.2 责任险典型案例

案例一：沈阳有轨电车碰撞行人案

1. 事故概况

2015 年 7 月 31 日上午 8：46，被保险人金某驾驶有轨电车由西向东行驶至沈阳市浑南区创新路尚盈丽景小区北门处时，发现行人赵某穿越有轨电车轨行区，金某立即采取紧急制动操作并不断鸣笛警示，但因有轨电车车辆与赵某距离较短，故发生碰撞，造成赵某头部受伤，当场昏迷。后赵某被送至沈阳市苏家屯区中心医院救治，经抢救无效于 2015 年 8 月 1 日 21：31 死亡。

2. 事故原因

本案涉及死亡案件，保险公司启动重点案件调查方案，派公估人员迅速展开查勘工作。

经公估人员调查走访，本次事故真实，属于保单的责任范畴。沈阳市公安局交通警察支队浑南大队出具了道路交通事故认定书：赵某在没有过街设施的路段横过道路，其在没有确定安全的情况下通行，不符合《中华人民共和国道路交通安全法》第六十二条的规定。根据《中华人民共和国道路交通安全法实施条例》第九十一条及《道路交通事故处理程序规定》第四十六条规定，赵某在此次事故中负有主要责任。

3. 事故处理

保险公司核赔人员根据查勘员的调查及沈阳市公安局交通警察支队浑南大队出具的交通事故认定书，协助被保险人沈阳浑南现代有轨电车运营有限公司与死者赵某家属协谈，根据交通事故认定书，被保险人负次要责任，本次事故的所有费用应按比例承担责任，但死者家属态度强硬，不同意按比例赔偿，要求浑南现代有轨电车公司承担全部费用。

双方就本次事故多次进行沟通协商，但一直未达成协议，为尽快推进该案件进展，保险公司核赔人员发起会商，经会商，建议走法律诉讼程序解决。

4. 法院调解

本案死者家属诉讼至沈阳市浑南区人民法院，提请法院判令被告沈阳浑南现代有轨电车运营有限公司赔偿医疗费 12629.99 元、住院伙食补助费 200.00 元、死亡赔偿金 342386.00 元、被抚养人生活费（待鉴定后明确具体数额）、丧葬费 26729.00 元、护理费 200.00 元、交通费 2000.00 元、精神损害抚慰金 50000.00 元、衣物损失费 2000.00 元、手机损失费 2000.00 元，由被告承担案件受理费用。

沈阳浑南现代有轨电车运营有限公司投保的公众责任险，死亡赔偿限额为 60 万元/人。

本案焦点问题主要集中在：

（1）是否适用交强险：原告提出，应当依据公安部制定的《GA 802—2008 机动车类型 术语和定义》的规定，机动车类型丰富，而有轨电车属于机动车，故有轨电车属于机动车，依据交强险条例及道路安全法规定，机动车应当承保交强险，在此次案件中，公众责任险的承保责任均属于被保险人。

（2）被抚养人生活费主张：原告死者家属就死者女儿的精神状态要求进行司法鉴定，且依据其提供的证据可以证明，死者女儿于 2009 年、2011 年、2015 年多次因精神疾病到医院就诊。

开庭后保险公司代理人积极与主审法官沟通，通过法官与原告沟通，了解到法院在确定保险公司赔偿比例时普遍给予同情弱者的角度，判决次责承担 40%～50%。经保险公司多方努力，最终在主审法官的组织下，与原告达成调解，原告同意放弃交强险和被扶养人生活费的主张，同意按照 40%对其合理合法的部分在保险限额内予以赔偿。赔偿明细如下：

医疗费：12629.99 元×40%＝5051.99 元；

住院伙食费：200.00 元×40%＝80.00 元（辽宁省住院伙食补助费标准为 100.00 元/天，死者共住院 2 天）；

死亡赔偿金：342386.00 元×40%＝136954.40 元（辽宁省城镇常住居民人均可支配收入 31126.00 元，死者死亡时年龄 69 周岁）；

丧葬费：26729.00 元×40%＝10691.60 元（辽宁省丧葬费赔偿标准为 26729.00 元）；

精神损害抚慰金：50000.00 元×40%＝20000.00 元。

合计：172777.99 元。

案例二：北京地铁运营一分公司乘客沈某意外摔伤案

1. 事故概况

2017 年 9 月 19 日 13∶30，沈某到某地铁线路北海北站乘坐地铁，在下楼梯时，不慎踩到楼梯上的矿泉水瓶摔倒，致右脚骨折，后地铁工作人员拨打 120 急救电话，救护车将其送往北京市积水潭医院治疗，做了内固定手术，花费 7 万元左右，一年后还需做二次手术。

2. 案件调查

报案后保险公司第一时间委派中明保险公估公司人员前往调查，协助地铁运营一分公司工作人员做好后期协谈工作。

（1）事故现场了解：出险地点位于北京某地铁线路北海北站，通过走访地铁工作人员得知，对 2017 年 9 月 19 日乘客沈某摔伤均知情，并提供伤者摔伤照片，情况属实。

（2）医院走访：患者不慎踩到楼梯上的矿泉水瓶摔倒，伤及右踝部，伤后患者右踝肿胀、活动受限。诊断：胫骨 Pilon 骨折（右），外踝骨折（右），行内固定术，情况属实，面访主治医生核实，患者沈某一年半后需二次手术，费用约 25000 元。

（3）陪同鉴定：2018 年 6 月 13 日，保险公司公估人员前往北京中衡司法鉴定所，陪同伤者沈某做伤残及三期的鉴定。

中衡司法鉴定所〔2018〕临床鉴字第 2299 号司法鉴定意见书结论为：右踝关节内固定术后创伤性关节炎，踝关节活动受限，依据《劳动能力鉴定 职工工伤与职业病致残等级》GB/T 16180—2014 标准，导致八级伤残，因此，建议将误工期定为 180 日，护理期定为 60 日，营养期定为 90 日，情况属实。

（4）后期协谈：伤者沈某要求赔偿，其中，医疗费 69437.39 元、矫形器 880.00 元；护理费 170.00 元/天乘以 60 日为 10200.00 元、营养费 50.00 元/天乘以 90 日为 4500.00 元、伙食补助费 100.00 元/天乘以住院 8 天为 800.00 元、误工费 3200.00 元/月乘以 6 个月为 19200.00 元、交通费 1000.00 元、伤残赔偿金 150000.00 元、精神损失费 10000.00 元、后续治疗费约 20000.00 元、鉴定费 4550.00 元，共计 290567.39 元。客户所提金额及费用均有依据，经保险公司理赔员与公估人员的共同努力，多次与客户协商沟通，最终同意赔偿 22 万元一次性结案。

第十四章　保险中介服务介绍

人类在社会生活中面临着各种各样的风险因素，保险作为一种趋利避害、转嫁风险的有效手段，越来越受到人们的重视。由于风险的识别与评估、投保方案的设计与安排、保险单的使用与解读等具有专业性和复杂性，普通民众与保险公司之间存在着明显的信息不对称，在一定程度上影响了普通民众对保险的认识和运用。保险中介的出现很好地解决了这一问题，它使保险更加走近普通民众，为普通民众的工作和生活解除后顾之忧。

14.1　保险中介服务概述

保险中介是指介于保险经营机构之间或保险经营机构和投保人之间，专门从事保险业务咨询与销售、风险管理与安排、价值衡量与评估、损失鉴定与理算等中介服务活动，并从中依法获取佣金或手续费的单位或个人。

14.1.1　保险中介的特点

1. 保险中介具有“中介”的特征

保险公司和投保人之间为卖方和买方的关系，保险中介则是他们之间的一座桥梁或纽带，作为“居间人”介绍买卖双方进行交易，并从中收取佣金。

2. 与其他中介相比，保险中介的专业特性有所不同

保险公司和投保人之间，往往存在信息不对称问题，比如，投保人对于保险市场、保险条款的了解程度比较低，而保险公司对于投保人所处行业的认知程度比较低，这为拥有保险及相关行业专业知识的中介机构提供了发挥作用的舞台。

3. 保险中介具有明显的服务性特点

保险中介机构依据自身专业技术优势、信息优势、人脉优势等，为投保人或保险人以及其他相关方提供服务，这种服务虽然不能为委托人带来直接的利润和效益，但是可以辅助委托人做出正确的选择和判断，另外，还可帮助委托人获得理想的保险利益。

14.1.2　保险中介与保险公司的区别

保险中介在保险公司和投保人之间发挥着桥梁的作用，保险业能够为社会发展提供服

务，而保险中介则可作为服务的窗口。随着保险中介市场的不断发展，其已逐渐成为保险产品的主要销售渠道，同时也是保险产业链中至关重要的组成部分。通过对保险市场的发展情况进行分析可知，如果保险中介市场发达，则保险业比较完善。

保险中介与保险公司存在一定的区别，主要体现在以下几个方面。

（1）二者在保险关系中的地位不同。保险公司可作为保险人与投保人签订保险合同，在合同签订完成后，双方均必须根据合同规定履行自身职责和义务，因此，在保险合同中，保险人和投保人均为最重要的权利和义务主体。保险中介机构则是为保险人、投保人提供相关服务的第三方，其在保险关系中的地位要次于保险公司。

（2）二者的功能作用不同。保险公司是保险产品的“生产方”和“卖方”，通过设计开发产品来体现保险的功能；保险中介机构不生产保险产品，其通过“撮合”促成保险购买关系或为这种保险关系提供相关服务来体现自身作用。在“产销分离”的政策导向下，我国保险业的分工逐步深入，保险公司“产”、保险中介“销”的趋势越发明显。

（3）二者所处的立场和角度不同。保险公司的销售大多是站在产品的角度上，以产品为导向；而保险中介则从客户角度出发，要求尽量保障客户的实际需求。另外，保险公司在产品销售中，只能销售保险公司自家产品，而保险中介则可销售多家保险公司的产品，让客户有更多选择。

中国银行保险监督管理委员会明确指出，在保险中介和保险公司开展合作时，保险公司应当积极转变理念，充分利用保险中介进行保险产品分销，同时加强保险中介渠道管理。另外，保险公司与保险中介应当扩大合作领域，共同参与产品研发创新，加强市场营销管理等。

14.1.3 保险中介的表现形式

从理论层面进行分析，保险中介的表现形式有狭义和广义两种。狭义的保险中介由三方组成，包括保险经纪人、保险代理人及保险公估人；广义的保险中介不仅包括上述三方，还包括与保险中介密切相关的单位或者个人，如保险咨询服务人员、保险技术服务人员、保险中介考试机构等。在本书中，保险中介指的是狭义的保险中介。

1. 保险经纪人

保险经纪人是指代表被保险人在保险市场上选择保险人或保险人组合，同保险方洽谈保险合同条款并代办保险手续以及提供相关服务的中间人。保险经纪人应当维护被保险人的利益，在保险人和被保险人签订保险合同时，为被保险人提供中介服务，并根据法律规定收取佣金。保险经纪人专业知识丰富，对于保险市场的了解程度比较高，因此，在为被保险人提供服务时，可帮助被保险人合理安排保险，加强风险管理，同时还可协助办理理赔，能够有效解决被保险人和保险人之间信息不对称的问题。保险经纪人的主要收入来源是向保险公司收取的佣金以及提供风险管理咨询收取的服务费。

2. 保险代理人

保险代理人是指根据保险人的委托，在保险人授权的范围内代为办理保险业务，并依法收取代理手续费的单位或者个人。保险代理人有三种类型：专业代理人、兼业代理人和个人代理人。在我国保险市场的分散性险种中，保险代理人发挥着十分重要的作用。

3. 保险公估人

随着保险行业的不断发展，保险公司理赔事务逐渐增多，并且很多事务处理难度较大，对保险公司专业技术的要求比较高，由此逐渐产生保险公估。保险公估人在我国被称为保险公估机构，是指依照保险法等有关法律、行政法规以及《保险公估机构管理规定》，经中国银保监会批准设立的，接受保险当事人委托专门从事保险标的的评估、勘验、鉴定、估损、理算等业务的单位。保险公估站在独立的立场上，协助保险理赔的独立第三人，接受保险公司和被保险人的委托为其提供保险事故评估、鉴定服务。保险公估人通常不代表任何一方当事人的利益，仅从公正的角度进行公估活动。保险公估人的收入来源是委托人提供的服务费。

14.1.4　各类保险中介的区别

保险经纪人、保险代理人和保险公估人之间的区别具体体现在以下几点。

1. 从利益关系上

保险经纪人可代表被保险人的利益，可作为被保险人的“同盟”；保险代理人可代表保险人，负责办理各项保险业务，因此，其可作为保险公司自营机构的延伸；保险公估人不代表保险人和被保险人中任何一方的利益，其在保险赔偿处理中秉持公平、公正的原则。

2. 从基本职能上

保险经纪人所负责的业务类型包括对保险业务进行咨询、合理安排并管理风险因素、对市场询价和报价、对损失进行索赔和追偿等；保险代理人可负责帮助保险公司招揽业务并收取保费，部分保险代理人在获得保险公司授权的情况下，能够代其签订保险合同，同时，在发生风险事故后，其能够协助保险人对事故现场进行勘查，并做好防灾防损处理；保险公估人的作用是对保险标的的价格进行估算和检验，同时，在发生风险事故后，对损失进行勘查和理算等。

3. 从佣金来源上

当被保险人选择保险经纪人后，保险经纪人可代替被保险人与保险公司签订保险合同，保险人可在保险费的基础上，按照一定比例给付佣金，如果需帮助客户进行风险评估、办理索赔手续等，则被保险人需要为保险经纪人提供咨询费或者佣金。保险代理人可与保险人签订合同，并据此收取代理手续费。保险公估人在为委托人提供服务时，由委托人为其提供佣金。

4. 从法律地位上

保险经纪人采用自己的名义参与各项经纪活动，各项活动产生的法律责任，由保险经纪人自行承担，当客户委托保险经纪人办理保险业务时，双方应当签订合同，此时，保险经纪人可作为客户的代理人，代理事务中所产生的法律后果，由客户自行承担。保险代理人采用保险人的名义从事各项活动，保险人应当为保险代理人授予一定的权利，在活动过程中产生的法律后果由保险人负责承担。保险公估人的法律地位具有独立性特征，对于各项活动中的法律责任，均要求由其自行承担。

14.1.5 国内外保险中介市场发展概况

保险中介是从保险业的经营活动链条中分离出来的新兴产业，保险中介的产生和发展均需以保险业作为重要依托。

1. 国外保险中介的发展概况

英国保险经纪行业历史悠久，监管完善，劳合社商业习惯的延续使保险经纪成为保险销售的绝对主力，2017 年贡献寿险新单保费的 73%、贡献非寿险业务的 52%。保险代理人受“两极化原则”制约，发展不及保险经纪人。

美国市场经过四个阶段的发展演变，形成了以独立代理人和专属代理人为营销主渠道的格局，个人寿险的销售渠道以独立代理为主，近十年来的保费收入占比维持在 50%左右，专属代理人渠道保费收入占比不到 40%；财险业务中，专属代理人在个人业务中占主要地位，独立代理人在商业业务中占主导地位。

法国由于银保渠道的突出地位以及销售产品的特点，中介渠道并不突出，寿险以银保渠道为主，非寿险以直销为主、代理人和经纪人为辅。

2. 国内保险中介发展概况

在我国保险行业中，保险中介市场的起步比较晚，经历了多个历史发展阶段。

(1) 中介制度初创阶段（1980—1991 年）。

1980 年，中国人民保险公司逐渐恢复保险业务经营活动；1984 年，中国人民保险公司从中国人民银行内部分离，并选择行业代理业务以及农村代理业务作为主要业务类型，保险行业开始逐渐朝向市场化方向发展；1988 年，中国平安保险公司创建；1991 年，中国太平洋保险公司正式成立。中国平安保险公司和中国太平洋保险公司的经营和发展，采用兼业代理人代理的方式，逐渐提高市场竞争力。在这一阶段，保险中介制度初步形成，其中，保险代理人主要作为保险公司的附属机构。这一阶段的保险公司经营模式粗放。

(2) 兼业代理发展阶段（1992—1995 年）。

1992 年，美国友邦保险公司获得批准，在上海成功开业，我国保险市场开启了对外开放进程。与此同时，个人营销机制介入保险代理发展中，个人代理开始不断发展。1992 年颁布的《中国人民银行保险代理机构管理暂行办法》及 1995 年颁布的保险法对于保险代理人的发展均已做出详细规定，保险代理人开始朝规范化方向发展。

(3) 专业化发展阶段（1996—1999 年）。

在这一阶段，我国保险行业中国内外保险公司并存，市场竞争越来越激烈。保险监督管理部门制定了《保险代理人管理规定（试行）》《保险经纪人管理规定（试行）》，将其落实到保险行业发展中，并明确指出，保险代理人及保险经纪人必须参加资格考试认定。中国保险监督管理委员会为我国保险专业中介制度发展提供保障。

(4) 中介体系完善阶段（2000—2008 年）。

在这一阶段，我国保险行业发展迅速，并且逐渐产生保险经纪人及保险公估人，保险中介体系初步创建形成，国家加快制定保险中介入市退出机制；与此同时，国家加快制定相关法律规范，要求对保险中介加强监督管理。2001 年广东方中、深圳弘正达等 5 家国内首批保险公估公司正式创立，中国保险中介体系初步形成。2002 年后，各大银行开始负责代理保险业务，并且在保险中介市场中发挥着十分重要的作用。2006 年，江泰、东方、长城等多家保险经纪公司开始营业。经过十余年发展，保险中介机构主体急剧增长，行业地位不断提高，业务规模逐年扩大，专业能力全面加强，在国内保险产业链中的功能越来越突出。

14.1.6　保险中介监管情况

保险中介机构是保险行业中十分重要的主体。保险中介机构的经营过程由中国银行保险监督管理委员会及其派出机构负责监督管理。

为积极推进我国金融监管体制改革调整，需对现行体制进行调整。现行体制在实际应用中暴露出很多不足，比如监管职责不明确、存在交叉管理问题等。为了提升监管水平，对监管活动中的各项资源进行优化配置等，要综合考虑现代金融行业发展的实际情况，创建完善的现代金融监管框架，避免出现系统性金融风险。第十三届全国人民代表大会顺利通过国务院机构改革方案，根据改革方案要求，对中国银行业监督管理委员会及中国保险监督管理委员会的职责进行整合，创建了中国银行保险监督管理委员会。

监管部门通过研究制定相应的监管政策和法规，并根据国家法律规定对保险市场进行监督管理，维护被保险人的合法权益，确保保险市场能够朝公平、公正的方向发展。监管过程可采用多种监管方式，包括市场准入监管及市场退出监管及业务运营接管等。

14.2　保险经纪人

14.2.1　保险经纪人的特点

1. 保险经纪人的业务范围广、服务专业性强

近年来，保险公司的客户对于自身风险保障的要求不断提高，保险经纪人的重要作用逐渐突出，其能够为客户提供风险咨询服务、损失评估服务、索赔处理服务、保险方案优化设计服务等，还可对保险市场进行调查分析，根据投保人实际情况选择最适宜合作的保险公司。

2. 保险经纪人要独立承担法律责任

保险经纪人可代表被保险人的利益，也能够代表投保人的利益，与保险公司共同协定保险相关事项，并负责帮助投保人办理保险手续，为投保人提供风险咨询和管理服务等。国家相关法律规定，保险经纪人在各项活动中，均需对投保人负责，并充分利用自身专业知识及经验，帮助客户选择最佳保险。在为客户提供服务时，如果由于保险经纪人自身原因导致客户利益受损，则保险经纪人应当独立承担相应的法律责任。

3. 保险经纪人必须基于投保人的委托，按照投保人的要求进行业务活动

在保险合同订立过程中，保险经纪人并非当事人，其主要作用是为保险合同双方创造良好条件，并为客户提供中介服务。因此，通常情况下，保险经纪人不能直接代替保险人

签订合同，其工作内容也不能超过客户对其委托的范围。

4. 保险经纪人获取报酬的方式多样化

当投保人选择保险经纪人后，保险经纪人可代替投保人，与保险公司签订保险合同，保险人可在保险费的基础上，按照一定比例给付佣金。如果需帮助客户进行风险评估、办理索赔手续等，则被保险人需要为保险经纪人提供咨询费或者佣金。

5. 对保险经纪人的市场准入条件及监管要求较高

保险经纪人需要代表客户的利益，因此，与保险代理人相比，其专业性更强，并且所需承担的法律责任也比较大。在我国保险市场发展中，对保险经纪公司市场准入所提出的条件比较高，同时，对保险经纪公司的监管要求也更高。

14.2.2 保险经纪人的主要作用

1. 从宏观层面来看

(1) 有利于促进保险市场的发展。

保险市场的分工模式逐渐朝精细化方向发展，由此产生保险中介，其在促进保险业发展方面发挥着十分重要的作用，能够保证保险供需双方快速结合，满足被保险人的实际需求，降低保险企业的经营成本。投保人缺乏专业知识和投保经验，而保险中介能够为其提供服务和所需的保险商品类型。近年来，保险经纪人积极参与保险产品开发设计，不断开拓保险市场。

(2) 有利于保险市场机制的完善。

保险活动的复杂程度比较高，投保人和保险人之间普遍存在信息不对称问题，导致交易成本增加，甚至违约风险也比较高。保险经纪人在二者之间发挥中介作用，能够有效解决二者之间的信息不对称问题。保险经纪人对各大保险公司险种设计、理赔服务、索赔程序、资金应用等情况的了解程度比较高，并且掌握专业的保险技术，具备丰富的市场关系，因此，投保人选择保险经纪人为其服务，可以有效提升投保行为的科学性和合理性，同时还可对保险费用进行有效控制。另外，保险经纪人对于被保险人的风险了解程度比较高，可根据被保险人的实际情况为其提供咨询服务，还可帮助保险公司掌握被保险人的各项信息，亦可参与防灾防损，进而对被保险人的风险进行有效控制。现如今，保险市场已逐渐朝向多元化方向发展，市场竞争激烈，通过积极推进保险经纪人发挥作用，能够有效提升保险市场机制的完善性和科学性。

(3) 有利于规范保险市场竞争。

我国保险公司数量众多，竞争激烈。对于投保人而言，保险经纪人可作为其保险顾问，通过选择各项技术指标，帮助投保人对各大保险公司进行全面细致的评估和对比分析，进而帮助投保人做出合理选择。因此，保险经纪人在促进保险公司稳定发展方面发挥着十分重要的作用，有利于营造规范化竞争的保险市场。

(4) 有利于我国保险业与国际接轨。

保险经纪人在保险市场及再保险市场中均占有重要地位，其作用不容忽视。自加入WTO后，我国保险市场已逐渐朝着开放化和国际化方向发展。为促进国外保险公司进入国内市场，同时推进国内保险机构加快进入国际市场，我们应当根据国际惯例创建适宜的保险行业经营体制及管理模式。另外，在当前的国际保险市场中，保险经纪人的作用日渐突出，并且发展较为完善，因此，在我国保险业发展中，也应当加快创建完善的保险经纪制度。

2. 从微观层面来看

(1) 对投保人和被保险人的作用。

① 保障投保人和被保险人的利益。保险经纪人代表投保人和被保险人的利益，能够帮助其克服缺乏保险专业知识、信息不对称等劣势，解决投保不完全、保费偏高、理赔难、理赔慢等问题，为投保人和被保险人的切身利益提供保障。

② 可作为投保人及被保险人“不在编的风险管理和保险部门”。保险经纪人应当秉持客户立场，对投保过程中的各类风险进行准确识别，并做出评估，采取有效的风险管理方式，保障客户权益。另外，保险经纪人还可参与保险方案优化设计、安排投保活动、协助办理索赔事务，在保险期限范围内提供咨询服务、培训服务等，承担了风险管理顾问的职能。

③ 在不额外增加投保人负担的基础上获得最大保障。保险经纪人掌握丰富的专业知识，对保险条款的理解程度比较高，熟练掌握理赔手续，了解各大保险市场的经济实力、信誉及专业化水平等，可综合考虑客户实际情况及需求，与保险公司谈判，对保险合同条款、承保条件等进行调整，为投保人和被保险人争取到最大的优惠，同时还可提供全面的后期服务。

④ 提供保险经纪增值服务。部分客户可能具有特殊需求，在与保险经纪人合作后，保险经纪人可为这类客户提供风险转让、转包及担保服务等，同时还能创建完善的索赔机制，制订应急方案，创建设备、车辆管控系统。另外，还可综合应用金融工程技术及资本市场帮助客户转移风险。除此以外，保险经纪人还能够为具有特殊需求的客户提供经纪咨询服务、法律服务、财务审计服务等，使投保人得到更广泛、更周到的服务。

保险经纪人根据投保人的投保需求量体裁衣，设计个性化的保障方案，对保险公司进行全面调查，根据调查结果对保险公司的实际承保能力、理赔服务、服务质量、财务稳定性、市场声誉等进行全面的评估和比较，从而选择出最适合投保人的保险公司，通过谈判降低投保人的保费成本。同时，买保险就是买服务，保险经纪人在保险期内，会对企业提供最优质的服务。

(2) 对保险人的作用。

当保险市场发展到比较完善的程度时，保险公司和保险经纪人之间逐渐形成紧密的合作关系，这样有利于推动保险市场向专业化方向发展。虽然保险经纪人主要代表投保人的利益，但是也能够为保险人提供各项业务服务，因此，对于保险人而言，保险经纪人是其十分重要的业务来源。

(3) 对政府部门的作用。

我国政府部门越来越重视运用保险等商业化手段解决社会管理问题，对于政府推动的保险项目，保险经纪人以政府的风险管理与保险顾问的身份，为政府部门出谋划策，按照和谐社会的建设要求，设计一系列有效机制，使保险成为政府部门进行社会管埋的有效工具。按照市场化运作的模式，既能保障投保人的合理利益，又能平衡保险公司、投保人及政府部门之间的关系，实现多方的和谐共赢。

14.2.3 保险经纪的运作方式和业务开展情况

保险经纪的运作包括以下几个环节。

（1）保险经纪人向客户介绍保险经纪，告知重要事项。

（2）保险经纪人与客户签订授权委托合同，正式获得客户授权。

（3）保险经纪人在为客户提供服务时，能够充分利用专业知识和技术，帮助客户对风险因素进行准确识别和评估分析，同时为客户介绍风险评估的结果，根据客户实际需要提出风险管控方案，为保险方案优化设计提供可靠依据。

（4）对客户的风险状况及对风险保障的实际需求进行分析，为客户提供切实可行的保险建议，同时制订符合客户实际情况的保险方案。

（5）与客户沟通交流，并确定最终保险方案，然后联合应用询价、商务谈判、招标等方式，对保险市场中各大保险公司的承保能力、专业技术、投资效益、保险范围等进行全面细致的分析，为客户选择价格合理、风险保障完善、信誉度高的保险公司。

（6）协助客户完成各项保险手续的办理，在正式投保前，向客户告知重要的保险事项，出单后对保单进行审核，确保保单准确无误。

（7）保险经纪人接到客户的报案后，应当尽快与保险公司取得联系；另外，保险经纪人也可指导客户尽快与保险公司取得联系，迅速完成报案，并协助客户办理索赔手续，尽量帮助客户获得最有利的赔付条件。

（8）在保险服务期范围内，保险公司应当为客户提供全面、细致的服务。保险经纪人应综合考虑客户实际情况并制订完善的服务计划，帮助客户完成投保，并为客户答疑解惑，开展保单维护服务等，对保险公司的服务情况进行监督，并做出合理评价。

（9）服务项目完成后，保险经纪人对服务计划的完成情况进行总结和反思，并为客户提供报告。

另外，服务项目完成后，保险经纪人还可与客户协商，根据客户的要求为其提供个性化后续服务。总的来说，保险经纪的运作方式可以用图 14.1 来表示。

近年来，保险经纪机构在财产损失保险、工程保险、责任保险等业务领域中表现出较强的技术实力和风险管理能力，许多保险经纪公司都能够充分发挥专业优势，并且广泛参与到社会管理中，在促进社会各界各类责任保险方面发挥着十分重要的作用，包括医疗责任保险、旅行社责任保险等，有效化解了社会矛盾与摩擦，减轻了政府压力，切实保障了人民群众的切身利益，得到了政府和社会公众的充分肯定；同时，为多项国家重点科研项目、重点工程以及大型社会活动提供风险评估和管理服务，有效维护了社会和谐健康发展，有力推进了重大科技项目。

14.2.4 保险经纪人作用发挥的案例

国内由政府推动的大型保险统保项目大多有保险经纪人的参与，尤其是在公共服务、公共安全等涉及百姓民生的领域，保险经纪人作为政府的风险和保险顾问的成功案例已比较常见，并发挥了十分重要的作用。

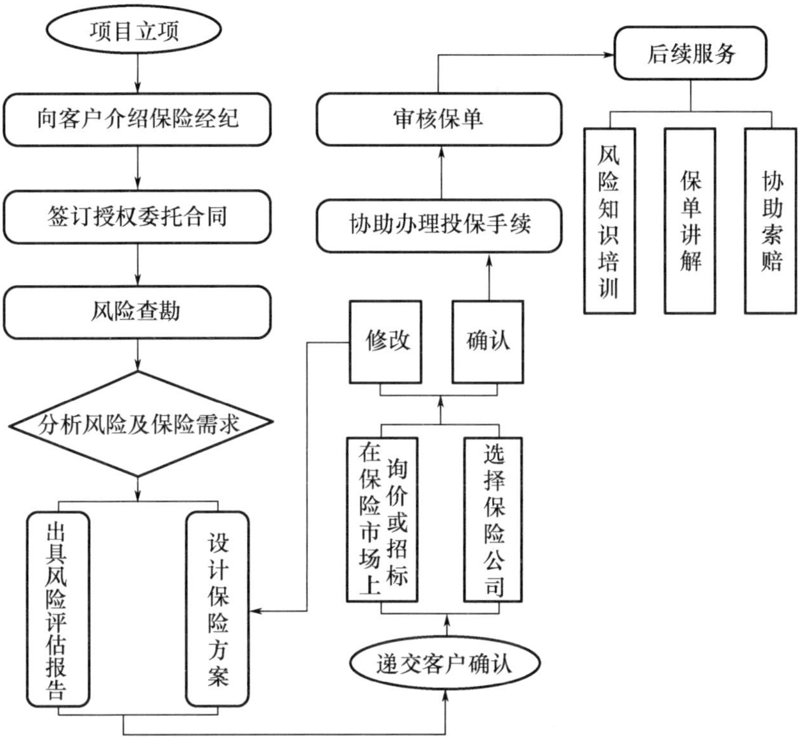

图 14.1　保险经纪的运作方式

1. 环境污染责任保险案例

环境污染责任保险又称绿色保险，我国环保部门通过应用这一保险，转移和化解了环境污染损害赔偿侵权责任风险，维护了社会的安定和谐。2010 年，环境保护部选择与某家保险经纪公司合作，将其作为我国重金属及其他领域部门环境污染责任保险经纪的试点单位，其主要作用是与环境保护部及保监会合作，承担环境污染责任保险。我国环境污染责任保险工作正式启动。

该公司自运作环境污染责任保险以来，广泛开展环境污染责任风险调研，针对试点省市的风险状况和企业的实际情况，量身设计不同内容的保险方案和服务方案，并且科学合理地设计了投保、理赔、风险评估的各项机制。由环保部门划定投保范围、行业及企业名录，通过保险经纪公司公开、公平、公正的招投标组建了共保体，围绕风险防范和事故赔偿，以风险评估和污染损害鉴定为依托，搭建环境风险管理服务网络平台，采用强制、鼓励与自愿相结合的方式，确保在不额外增加企业负担的情况下，创新性地设计一系列长效服务机制。与环保部门建立了密切的专业合作，主动协助企业开展环境风险防控宣传与教育，制定了环境事故突发、应急、救援预案和专项资金制度，有效化解了企业面临的环境污染责任风险，减轻了政府的财政支出压力，取得了积极的社会反响。各地的试点工作稳步推进，根据各地实际情况开发设计的环境污染责任保险产品，被推广应用于保险市场中，为推进环境污染强制责任保险制度的制定和完善奠定了基础。

【案例点评】环境问题一直备受国内外各界的高度关注，而环境污染责任保险更是具有一定的复杂性和特殊性。保险经纪公司立足服务政府和风险防范，把环境污染责任保险从传统的保险业务销售行为转变为环境风险管理的保险经纪服务，通过对共保体及再保险进行科学合理的安排，能够帮助保险公司对承保风险进行适当转移和控制，也让投保人享受到更加实惠的全过程保险服务，使政府部门能够毫无后顾之忧地推进环境污染责任保险制度，实现多方参与的利益平衡和共赢局面，更好地服务于社会管理需求和推动保险模式创新，保险经纪人真正成为政府实施环境管理的协助者。环境污染涉及的行业十分广泛，政府管理需求和市场发展潜力空间相对较大。环境风险管理服务网的建设，既有益于对全国环境污染责任保险市场的指导，更有益于环境风险数据的积累，可以为环境管理政策的制定提供决策依据。

2. 北京某区政府机构公众责任保险案例

2011 年 9 月，北京市某区通过保险经纪公司开始试点政府机构公众责任保险。试点的政府机构公众责任保险主要有以下特点：一是由区财政出资，统一将全区 112 家政府机构、行政事业单位（除学校、幼儿园、医院外）作为被保险人，被保险人范围广；二是设定了累计 2200 万元、财产损失事故每次 600 万元、人身伤亡事故每人每次 70 万元的赔偿限额，保险保障程度较高；三是被保险人在从事管理活动或者在履行自身职责时，如果发生意外事故，进而导致第三者财产损失或者人身伤亡，则保险人需为被保险人承担经济赔偿责任，进而体现出保险责任，要求将公众责任保险作为基础，并进行产品创新及技术创新；四是针对政府部门日常工作的特点增设了“无责赔付”条款，用于赔偿政府部门管理活动中无具体责任但从“维护社会稳定”的工作大局出发需要先行垫付的应急及善后处理费用。

截至 2013 年 5 月，保险经纪公司协助该区政府共处理公众责任险赔案一百余起，通过重点单位风险查勘、出险单位回访调查、发送风险提示短信等风险管理服务为该区初步建立起城市公共风险管理工作体系，受到了辖区相关政府部门及事业单位的一致好评。

【案例点评】该案例是保险经纪人发挥核心作用的生动实践，保险经纪人贴近客户需求的先天优势和技术创新的专业能力得到了充分体现。保险经纪人充当了政府部门与当事群众之间的“润滑剂”和“防火墙”，为迅速、高效、妥善地处理好矛盾提供了可能性，解决了政府机构日常履职工作中的后顾之忧，充分实现了保险“以小博大”的资金放大效应，提高了财政资金的使用效率。同时，保险经纪人的参与使得保险公司能够克服信息不对称、不了解客户需求、专业技术不足等困难，按照保险经纪人设计的方案提供为政府部门量身定做的保险服务，进而充分发挥保险参与社会管理的作用。

3. 城市供暖责任保险案例

某保险经纪公司依托电力行业的股东背景，在为电力供热企业提供财产险、机损险等险种服务的同时，积极推广供热责任保险，已覆盖北京、沈阳、石家庄、哈尔滨、佳木斯、牡丹江、潍坊、章丘等地的十几家大中型发电供热企业，取得了良好的经济和社会效益。

供暖责任保险的保险责任如下：在保险期限范围内，被保险人在供热管网建设中所提供的各类取暖设备、管道、附属设备等，在发生渗漏、爆炸、爆裂等事故后，如果导致第三者人身损害或财产损失，则被保险人应当承担相应的经济赔偿责任，如果这一责任处于保险单责任范围，则保险公司应当负责赔偿。当发生保险事故后，被保险人为对损失进行有效控制，可采取一系列必要措施，在此过程中需支付一定的费用，保险公司应当根据合同中的约定进行赔偿。如果在保险事故处理中，被保险人参与仲裁或者诉讼，并支付诉讼费、法律费等，保险公司应当根据合同中的约定进行赔偿。该保险经纪公司通过扩展附加责任条款，针对以下原因所导致的第三者人身损害或者财产损失，拓展保险人的赔偿责任：火灾，爆炸，供气设施发生渗漏、断裂，遭恶意破坏等意外事故；飞行物体或者高空坠物对设备造成损坏；由于被保险人所属工作人员操纵不当、恶意破坏行为等造成设备损坏；被保险人施工管控不当，进而导致设备损坏，或者供热管网中断；其他除责任免除事项范围以外的各项事故。

供暖责任保险的具体操作方式有三种。一是直接为供暖企业、物业管理企业安排供暖责任保险投保。由于此种方式的赔付率较高、险种分项保额较低，因此供暖单位单纯从商业利益角度出发缺乏积极性。二是在供暖企业投保的公众责任险中增加扩展条款，覆盖供暖责任。这种方式简化了投保手续，同时与其他险种结合为企业提供一揽子保险服务，增强了保险保障效果，总体保险成本也更为实惠。三是由政府主导、保险经纪机构参与，多方助推实现。这种方式有利于迅速推广供热责任保险，充分保护居民利益，充分发挥保险行业的社会管理功能。目前，北方部分城市已进行了成功实践。

【案例点评】专业的人做专业的事。各个保险经纪公司都有着各自不同的专业性和特色化优势，政府部门在专业化保险经纪公司的协助下开展保险业务，既省心、省时、省力，又可以取得预期效果。城市供暖管理涉及百姓民生，特别是在冬季，供暖与我国北方地区城市居民的生活息息相关。在推广城市供暖责任保险方面，保险经纪公司打破保险公司的格式化条款，根据供热管理和客户服务需求重新设计了保险内容，扩展了保险责任，满足了客户的保险需求。统一运作的保险模式，增强了规模优势，降低了投保成本，提高了政府部门的服务水平。

4. 北京地铁保险经纪服务案例

北京市轨道交通建设工程为民生工程，项目建设投资量庞大，并且存在很多风险因素。如果无法对风险采取有效的防控措施，则会对社会安全构成严重危害。对此，轨道交通建设及管理部门选择与华泰保险经纪有限公司（以下简称华泰经纪）合作，由后者为其提供风险管理服务，并且针对北京地铁各条线路实际情况制订完善的保险方案，提供全方位、全过程、专家式的服务。华泰经纪为北京轨道交通建设项目全面开展风险管理和保险安排工作，通过深入的风险分析和市场调查，借鉴国际先进经验，经过多轮务实谈判，对北京轨道交通建设工程保险进行合理安排。

在北京轨道交通工程的保险采购、风险管理、理赔管理等方面，华泰经纪均发挥了突出的作用，通过其工程专业知识、技能及对保险行业的深刻认知，为被保险人制订更加科学和完善的保险方案，创造性地制订适合北京轨道交通建设工程所需要的保险附加条款和特别约定，满足被保险人的保险需求，从而被保险人可以用最合理的代价获得最大的保障，同时，为被保险人提供专业的风险管理技术来有效地控制风险，提高地铁建设工程抵御风险的能力。在保险理赔过程中，华泰经纪通过过硬的专业技术、娴熟的谈判经验和良好的沟通方式，得到了各方的赞许和认可，通过保险理赔加深了保险双方的互信，实现了各方共赢的良好局面。

【案例点评】保险经纪公司越来越多地参与到大型工程建设项目中，正如北京轨道交通建设工程，有了保险经纪公司的事前防范、事中控制、事后补偿的全方位服务，项目风险才能够全面转嫁，保险服务才能够贯穿始终，事故索赔才能够专业维权，切实做到了“让保险更保险”。目前，这种保险服务模式已广泛应用于国内其他重要城市的轨道交通建设项目，保险经纪人的整体素质和快速反应能力在业内赢得了良好的口碑。

5. 保险集中管理案例

某石油企业主要从事油气勘查、油气资源开发、炼油加工、石油贸易、石油装备制造等等，属于综合性能源公司，同时也是我国最大的油气生产商和销售商。该石油企业自2005年起就聘请保险经纪公司协助其进行保险集中管理，针对此类大型集团企业资产规模大、分布广、风险种类多、因素复杂的特点，保险经纪公司提出：一是要对企业的资产、风险及其保险状况进行充分的调研和分析，并在此基础上进行必要的风险与保险的统一管理；二是保险市场上现有的格式化产品难以充分满足大型集团企业的保险需求并充分保障大型集团企业的利益，必须有精心设计和定制的适合自己的保险。在保险经纪公司的参与和协助下，该石油企业已逐步建立起以“政策、制度与操作规范”“机构、岗位与职责”“集中采购”“后续服务”“多维考核”“管理信息系统与数据积累维护”六大体系为核心的一整套行之有效的保险集中管理体系。几年来，在该石油企业和保险经纪公司的共同努力下，通过对保险集中管理体系的实践和完善，该石油企业保险保障范围和条件有了大幅改善，保险成本有了明显下降，风险管理水平和风险管控意识得到了显著增强，内部保险管理人员和操作人员的知识和技能得到了提高。

【案例点评】保险集中管理是一种复杂的、精密的保险管理形态，它不仅是保险采购的集中，还是信息的集中、决策的集中和服务的集中。这种集中管理对保险专业知识、保险和再保险的运用能力、风险和保险的历史数据、保险市场的了解程度、各种情况的处置经验、内外部沟通能力等都有着非常高的要求。保险经纪人能够发挥技术和经验的优势，通过专业的服务协助大型集团企业构建和实施保险集约化管理。

14.3 保险公估人

14.3.1 保险公估人的基本概念

保险公估人指的是通过中国银保监会审批、符合资格认定条件进而获得经营保险公估业务许可证的单位。在受到保险当事人委托后，保险公估人需针对保险标的进行评估、勘查、鉴定、估损等。

在保险合同双方中，保险公估人不代表任何一方的利益，其在保险赔偿处理中必须秉持公平、公正的原则。

保险公估人可以是合伙企业、有限责任公司或者股份有限公司，其收入来源主要是委托人提供的服务费。

1. 保险公估人需具备特许资格

保险公估人所负责的业务类型比较特殊，因此，要求具备多种特许资格认定条件。在我国保险行业中，保险公估人必须符合银保监会的资格认定条件，获得经营保险公估业务许可证。另外，无论是保险公估机构的工作人员还是其分支机构的工作人员，都必须确保能够符合银保监会制订的各项条件，同时持有银保监会颁发的资格证书，保证持证上岗。

2. 保险公估人的服务对象较为广泛

保险公估人的作用是对保险标的的价格进行估算和检验，同时，当发生风险事故后，对损失进行勘查和理算等，其能够为保险合同中的任一方当事人提供服务。

3. 保险公估人提供的服务产品是具有公信力的、独立的第三方公估报告

保险公估人的法律地位具有独立性特征，对于各项活动中的法律责任，均要求由其自行承担。保险公估人所提供的服务，可作为保险中介服务类型，其各项服务均必须符合国家法律及银保监会的各项规定，并坚持公平、公正和独立的原则，应用专业技术对客观事实进行调查，并将其作为重要依据，对委托业务进行科学、合理的评估。通常情况下，保险公估人为客户提供的最终服务产品为公估报告，委托方在承保或者理赔中，可充分参考公估报告中的公估结论或公估意见，但是，最终结论及意见并不具备法律效力，保险当事人仍可以通过法律途径解决分歧。

4. 保险公估人的职能更加偏重评估职能和公证职能

保险公估人的业务范围广泛，无论是在承保前还是在承保后，均可为客户提供检验、估价和风险评估服务：当发生风险事故，保险标的出险后，可对事故现场进行勘查，并对保险标的损失情况进行检验，估算理赔额，处理残值；为客户提供风险咨询服务；从事经过银保监会批准的各项业务。因此，保险公估人的工作职责和保险经纪人、保险代理人的工作责任有所不同，这也决定了保险公估人的职能更偏重评估职能和公证职能，同时也体现出一定的中介职能和调整职能。

14.3.2　保险公估人的起源与发展

17 至 18 世纪，英国已开始发展保险公估业。保险事故的理赔，对于现场勘查、理赔计算等方面均要求具备丰富的专业知识。而保险公司内部工作人员普遍缺乏相关知识或者工作经验，保险公司对此会选择专业人员或专业机构予以协助。19 世纪中叶，英国防火保险委员会提出，应由独立的、具有相应法律地位的估价人负责各种赔案损失的调查，使保险赔偿的结果更具客观公正性。随着保险业的不断发展，聘请独立公估人已经成为保险行业的惯例，保险公估业逐渐成为保险市场的重要组成部分。

中华人民共和国成立前，中国保险公估业主要由外商公证行垄断。20 世纪 50 至 80 年代，在国内保险行业中，保险公估人基本消失。20 世纪 90 年代后，各大保险公司为了能够提高市场竞争力，对保险服务的重视度不断提升，并且高度重视理赔服务。对于部分复杂程度比较高的理赔案件，保险公司开始选择相关专家、律师等，共同参与保险理赔的勘查、鉴定，有效提升了理赔结果的公平性和公正性，提高了客户对保险公司的信任度。部分被保险人也开始寻求专业的理赔中介机构来获取公正、公平的保险赔付，维护自身正当的权益。2001 年起，中国保监会开始陆续批复保险公估公司筹建，我国保险公估业逐渐树立起公平、公正的形象，在各类案件办理中，能够应用专业技术为客户提供高质量服

务，受到社会各界的广泛关注。

14.3.3 保险公估人的业务特点

保险公估人的业务特点主要体现在以下几个方面。

1. 地位的独立性

公估是由“公”和“估”组成的，其中，“公”要求保证各项行为的公正性、公平性；“估”指的是行为的作用，包括估价、估量。保险公估人在日常工作中，必须严格依据国家法律规定及技术标准，联合应用多种专业设备和技术，对客观事实进行调查分析，并掌握有效证据，保证估测的公平性、公正性和严谨性。

2. 立场的中立性

通常情况下，保险公估人不会代表保险合同中的任何当事人的切身利益，在开展公估活动时，必须坚持中立性原则。保险公估人掌握丰富的专业知识和技能，在公估工作中，必须严格依据保险法以及保险合同中的各项条款，同时还应综合考虑保险合同双方的正当权益，协调二者之间的关系，积极推进保险承保活动及理赔案件处理的高效开展。

3. 业务的广泛性

保险公估业务涵盖了保险业务承保以及保险期间的服务、理赔、追偿的整个过程。保险公估涉及土建工程、石油化工、机械制造、电力、汽车、通信、电子、能源、国际贸易等各类行业，涉及的损失类型包括直接经济损失、间接利润损失、赔偿责任类损失等，保险公估人的业务范围是非常广泛的。

4. 技能的专业性

保险公估人所面临的委托人比较多，所需处理的业务类型也具有多样化特征，因此，对于保险公估机构工作人员，必须掌握丰富的专业知识，并且要求对各项保险业务的了解程度均比较深，确保可以为保险双方提供专业的公估服务。

5. 结论的客观性

在保险公估业务中，需开展现场调查，收集整理大量数据和资料，将其作为理算的重要依据，对于所得结果，必须保证客观性，符合现场实际情况。因此，保险公估人必须坚持实事求是的原则对现场进行勘查和鉴定，充分保障公估报告的公信力。

14.3.4 保险公估人的主要作用

1. 保险公估业的发展有利于建立健全保险市场体系

保险公估人可促进保险承保技术及理赔技术水平的提升。在各项业务中，保险双方通过引入保险公估，可有效解决二者之间信息不对称问题，使保险承保和理赔过程在一定程度上透明化，有利于保险业务的开展，形成合理水平的保险费率，能有效地维护保险双方的利益。

2. 保险公估人是减少理赔过程中当事人之间矛盾的润滑剂

保险公估人能够显著降低保险人及被保险人之间的纠纷发生率。在保险事故发生后，被保险人可提出理赔要求，而在理赔公估中，保险公估人可发挥协调作用，促进保险双方相互沟通交流。保险公估人掌握专业技术，并且秉持客观公正的职业操守，在保险双方之间积极沟通调解，为保险双方达成理赔协议提供专业的公估服务，有利于提高保险理赔的效率，充分发挥保险的经济补偿职能。

3. 保险公估人能够降低保险市场的运营成本和社会成本

对于被保险人而言，借助保险公估结果，可获得合理的赔偿；而对于保险公司而言，借助保险公估结果，也可保证赔付合理性。除此以外，保险公估通过风险评估和防灾防损工作，使保险公司充分识别和估测承保风险，有利于保险双方达成公平合理的保险协议。同时，被保险人可以据此强化安全管理，有效地防范和减少事故的发生，有利于社会财产的整体安全和效能的最大化。

14.3.5　保险公估人的运作方式和业务开展情况

1. 保险公估服务的基本流程

保险公估人业务服务流程如图 14.2 所示。

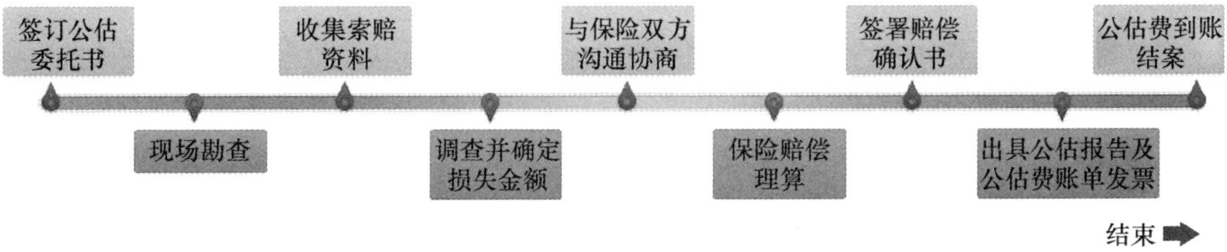

图 14.2　保险公估人业务服务流程

2. 保险公估业务开展情况

公估业务可分为两种类型：其一为承保公估，其二为理赔公估。二者均是最基本的公估服务项目。另外，在获得保监部门批准后，公估机构还可开展其他业务类型，包括监装监卸、残值处理、业务培训等。

（1）承保公估。

保险标的在承保前，保险公估人可对其进行全面细致的检验，并根据检验结果进行估价，同时做好风险评估。上述工作内容均可作为承保公估。这一工作的重要作用在于：在承保前，对承保标的的性质、风险情况等进行科学合理的评估；在承保公估完成后，即可制订风险评估报告。

（2）理赔公估。

当保险标的出险后，保险公估人对事故现场进行勘查、检验、估算等。上述工作内容为理赔公估。在保险公估人的各项业务中，理赔公估为核心业务类型，其所涉及的程序比较复杂，包括签订委托协议、对事故现场进行勘查、对损失进行核定、出具报告等。理赔公估又可分为多种类型，包括工程保险公估、机动车辆保险公估、财产保险公估等。

（3）防灾防损。

保险人在承保后，加强防灾防损管控十分重要。被保险人也应当意识到，在事故发生前采取有效的预防措施十分关键。在对保险标的进行承保公估及理赔公估后，保险公估人可针对保险标的的实际情况，在防灾防损方面提出科学建议，降低保险双方的经营风险，同时还能够充分发挥保险在社会管理方面的重要职能。

（4）残值处理及代位追偿。

在理赔公估过程中，保险公估人可针对实际情况提出残值处理相关意见；同时，在受到委托方的委托后，还可选择应用拍卖、租赁等方式处理损失残余；另外，还可采取代位追偿的方式进行追偿。

（5）监装监卸。

在利用运输工具装载标的物时，公估人应当发挥监装监卸的作用。保险公估人可以接受与其没有利益冲突的货方、运输方或保险人的委托开展监装监卸工作。

（6）信息咨询。

保险公估人掌握的专业技术知识丰富，并且专家网络丰富，因此能够为保险各方提供风险管理意见、防灾防损建议、定损服务等；同时，如果保险双方产生争议，保险公估人也可发挥协调作用。

14.3.6 保险公估人发挥作用的典型案例

1.“7·21”特大自然灾害保险理赔公估服务

2012 年，北京发生强暴雨天气，并且造成特大自然灾害，导致直接经济损失超过 100 亿元，保险行业的理赔服务能力经历了前所未有的考验。灾害发生后，北京公估机构连续数周在事故现场进行勘查，并从全国各地调集公估师和服务团队来京进行支援，满足突发的大量赔案的公估服务现场查勘的服务需求。他们在救灾理赔的各个环节全力以赴、积极应对，从报案受理到快速响应和救援，从启动预案到系统作战，从发挥专业技能到担当社会责任，承担了大量的理赔公估任务，圆满地完成了查勘定损工作，在较短的时间内促成保险双方就保险赔偿达成共识，尽快完成保险赔付。

【案例点评】在面临大面积灾害所带来的集中事故紧急处理过程中，保险公估作为可快速集结的社会服务资源，在协助政府进行灾害善后处理，尤其是在维护社会稳定、恢复建设和生产秩序等方面发挥了突出作用。

2. 公估业在保障首都实体经济发展及良好投资环境的案例

某合资汽车配件公司涂装车间的工人在清洗空调机组时，由于静电火花引燃周边可燃蒸气导致火灾事故，直接经济损失数千万元。该企业向某外资保险公司投保了财产一切险，保险双方共同委托某公估公司对此次火灾进行理赔公估，公估公司组织了包括建筑专家、设备专家在内的公估团队，在出险后连续不间断地在现场实施了近 40 天的公估工作，协助被保险人确定恢复方案，收集与定责、定损相关的资料，在出险后两个月内公估公司即出具中英文版公估报告，对损失进行了全面核定和最终理算，保险双方均同意公估报告的定责、定损意见，并就保险赔偿达成一致意见。保险人在约定的时限内完成保险赔付，有力地支持了被保险人的灾后恢复工作；保险人也通过公估报告从再保险人处顺利摊回相应的赔款，实现了各方共赢的有利局面。

【案例点评】由于公估工作及时到位，定损定责客观公正，符合国际保险理赔惯例，保险公估人在保险人与被保险人之间架起了有效沟通的桥梁，在为北京的实体经济保驾护航的同时，也体现了保险业为营造北京良好的投资环境所做出的应有贡献。

3. 公估业在大型工程项目保险中的典型案例

由于市政单位在某地铁工地邻近地段进行恢复管线施工时，挖掘机不慎碰到自来水管线，造成管线破裂跑水，自来水涌出并连同淤泥流入地铁车站内，导致站内过水面积数千平方米，积水高度达十多厘米，车站内部分土建和设备遭受损坏。保险双方共同委托北京某保险公估公司对本次事故进行公估，公估人积极配合和参与抢险、灾后减损、维修更换等工作。经综合分析，认定此次事故属于意外事故，保险赔偿责任成立。最终，保险双方依据公估人意见达成一致，双方均对公估人客观公正的公估服务表示满意。

【案例点评】保险公估人凭借其专业水平和公正态度，对事故原因进行综合分析、阐述和论证，做出符合保险理赔原则的公估定责和定损结论，有利于加速理赔进程，保障重点市政工程的顺利推进。

4. 公估业为大型企业承建海外工程提供公估服务的典型案例

某大型国企在西非某国承建 BOT（建设-经营-转让）项目，该项目在前期运输、后续建设及正常生产阶段均发生大量索赔。在海外工程运输阶段，从中国运往海外的工程项目所需货物到达目的地后，收货人在开箱验收过程中发现部分货物存在碰撞、变形、锈蚀、短少等现象，保险双方共同委托的公估人对货物运输涉及的集港、海运、转驳、内陆运输等环节进行调查，最终确认了事故发生的大致区间及原因，较好地维护了保险双方的利益。在海外工程建设安装阶段，由于施工环节复杂，施工机械及施工队伍较多，易发生意外事故，该海外项目在施工过程中发生起重设备倾覆事故，事故发生后公估人配合被保险人将工作重点放在施救及善后处理上，在出险后尽量将损失减少到最低限度，同时公估人对事故涉及的各方进行了深入调查，收集了大量基础资料，最终确认了事故原因、受损程度及保险责任，保险双方均对赔偿结果表示满意。在海外工程运营阶段，随着我国能源企业大量走出海外，被保险人在海外资产因意外事故受损的情况多有发生。在运营期的采矿作业过程中，由于巷道塌方致大型掘进设备被埋，被保险人在施救成功后向保险人报案，公估人介入后对事故过程进行了调查，对相关技术文件及记录进行取证，对受损设备进行了维修咨询，最终确认本次事故为意外事故，保险责任成立，受损设备可进行维修，公估理算结果最终得到了保险双方的一致认可，较好地维护了各方利益。

【案例点评】海外工程投资巨大，技术水平和复杂程度较高，建设周期长，涉及的参与方和利益方较多，不确定性因素多，风险大。国际工程项目是跨多个学科、对人才素质有很高要求的复杂的系统工程，公估业通过多年来积累的实务经验，积极参与到海外工程的风险管理、理赔服务等服务中。此类案件的工作重点在于了解项目所在国的法律环境和政治、经济、文化背景，公估人通过深入的调查取得扎实有效的证据文件，进行客观公正的定责、定损等公估工作，积极协调各方利益关系，赢得国内外业主、承保商和保险人的一致认可，满足国内企业日益增长的海外工程项目风险管理的全流程服务。

5. 公估业为重点大型国有企业提供风险评估服务的案例

公估人根据某保险人的委托，对保险人所承保的某大型机械制造企业进行了风险评估，该企业建厂已有 50 多年的历史，系国家大型一类企业，占地面积 30 余万平方米，建筑面积 18 余万平方米。该企业产品类型丰富，包括发电机、汽轮机、电站辅机等，同时公司内部设有技术研发中心，工艺技术和设计水平均比较高，所生产制造的设备质量好，检测手段完备，为国内四大电站设备制造基地之一。公估人对被保险人的汽轮机制造部、辅机制造部、风电制造部、大电机制造部的各生产车间以及成品库、原材料库、高压配电站、液氧站等辅助车间进行了风险查勘，风险评估的主要依据为消防、安全、防灾相关法律法规，重点放在关键的电气设施、消防设施、防雷设施、防汛防洪、安全检测等主要风险点。公估人根据各个标的的风险状况做出相应的调整，力求使风险评估及风险建议更为具体和有针对性。保险标的的风险情况存在一定的同质性，但各个保险标的的地理位置、周边环境、建筑及设施状况、管理水平、人员素质不同，公估采取“以点代面，深入细致，分步进行”的方法，通过对风险评估涉及的风险标的进行深入的查勘与调查，找到具有共性的风险问题，同时针对每个标的的特殊性，提出具体的风控或改进意见，以便提高被保险人的风险防范水平，有效降低损失发生的可能性。通过风险评估服务，被保险人从管理的角度出发，加强各项管理工作，如安全生产管理、消防安全管理、治安保卫管理、风险管理等，从风险的源头将风险控制在最小范围内。被保险人无论在生产安全管理还是在消防安全管理乃至风险管理方面，都高标准、严要求、常抓不懈，在预防的角度上将风险控制在最小的范围内。近几年，该企业做到了消防、治安无事故，受到上级部门的表彰。

【案例点评】做好风险管控工作，是保险双方实现长期成功合作共赢的关键，公估业通过多年积累的风险评估和理赔公估经验，积极参与到风险管控工作中，有利于保险双方有效控制风险，确保企业长期持续稳健发展。企业面临的大多数损失是可以预防的，实现保险标的的本质安全、最大限度地防控风险，需要保险双方的共同努力以及被保险人的全员重视和全员参与。大量的保险事故表明，最大的风险因素是人，态度决定一切，细节决定成败，被保险人的任何一个管理或者操作链条出了疏漏都有可能导致不可挽回的灾难性后果。公估人通过风险评估服务，让委托方客观真实地了解风险暴露状况，提出防灾防损方案与措施，切实提高了风险防范水平，减少了风险损失，赢得了委托方的一致好评。

第十五章　我国城市轨道交通运营保险的问题与对策

15.1　我国城市轨道交通运营保险的问题

随着社会经济的不断发展，我国城市轨道交通工程项目建设数量和规模均不断增加，因其属于民生工程，轨道交通运营方的风险意识逐步增强。但是，安全事故仍时有发生，其中不乏一些重特大事故。在城市轨道交通运营过程中，存在很多风险因素，主要体现在以下几点。

1. 风险管理责任机制不健全

为保证各项管理措施能够落到实处并充分发挥作用，必须制订完善的责任机制，将责任进行划分，并落实到责任人。但是，通过对我国各大城市轨道交通项目运营情况进行分析，发现在很多城市轨道交通运营管理中，没有组建形成专业的风险管理团队。另外，项目风险管理职能被划分为多个组成部分，并由不同管理人员负责，但各个管理人员之间缺乏沟通交流，导致在城市轨道交通运营风险管理方面存在盲区。城市轨道交通运营环节一旦出现风险事故，则很难确定责任人，事故发生率比较高，很难预防管控。

2. 信息监测体系不完善

新时期，互联网技术、大数据技术、云计算技术等不断创新，并被推广应用于各行各业。在城市轨道交通运营风险管理中，也可推广应用信息技术。现如今，很多省市虽然利用高新技术创建了城市轨道交通运营风险监控管理平台，但是平台的功能并不完善，很难满足实际需要。除此以外，很多地市的城市轨道交通运营风险管理依然采用传统的人工管理方式，在风险识别、预防控制等方面，无法获得完善的数据作为支撑，而且普遍存在沟通交流不畅的问题，无法保证城市轨道交通运营风险管理效果。

3. 相关领域法律法规不够健全

城市轨道交通发展的历史并不是很久，因此无论是对于建设期的风险管理，还是对于运营期的风险管理，管理者的法律意识都还比较薄弱，法律法规还不够健全。而且，现有的法律法规和文件在制定时彼此缺乏参照，尚未形成严谨的法律体系，导致在一些问题发生时出现管理空白和制度空白。

此外，实务中我国城市轨道交通投保险种主要集中在工程建设领域，运营期保险险种设置相对单一，运营期保险保障有限。同时，国内对运营期风险与保险保障的研究也相对较少。

15.2 我国城市轨道交通运营期创新型保险建议

由于现阶段我国城市轨道交通运营风险管理依然存在很多不足，因此，对城市轨道交通运营期风险与保险进行研究，加大运营保障力度，创新运营期保险经营管理模式，以进一步适应和保障城市轨道交通行业的快速发展，就显得很必要。

1. 创新城市轨道交通运营期保险模式，构建“保险＋服务＋科技”安全生产责任保险新模式

从安全生产责任保险制度建立的本意来讲，企业与保险公司开展合作，能够充分利用保险公司风险管理专业技术和方式，提升企业风险预防和评估水平，进而显著降低风险事故发生率，提高对突发事故的应急处理能力。但是现如今，安全生产责任保险依然很难充分发挥金融杠杆的作用，同时所创建的风险管控技术支撑体系并不完善。对此，应当积极创建“保险＋服务＋科技”的新型模式。

该模式下，承保和理赔方式更加创新。就城市轨道交通领域而言，一方面，当业主或者运营商购置安全生产责任保险后，不仅可将其作为事故理赔及风险保障金，同时还可获得综合性服务，包括安全隐患排查、安全管理辅导、应急救援费用等，一企一策制订承保方案；另一方面，保险公司的业务更加灵活，在保险工作中，不仅可应用共保方式，还可综合考虑投保单位事故等级评估结果、安全生产管理水平等创建科学合理的费率动态调控机制，并针对不同投保单位确定差异化定价方案；同时，保险公司通过应用费率杠杆，能够帮助企业对风险因素进行有效控制。除承保和理赔方面的创新外，新型安全生产责任保险模式的建立，也是完善保险服务全过程的重要举措，引入第三方专业服务机构，可帮助企业找出风险因素，并为企业提供风险评级、安全巡视检查、安全培训等各项服务，最终提出完善的风险管理方案，促进企业转型优化。新型安全生产责任模式能够提供专业服务，可促进保险公司转变职能，丰富保险内涵，充分发挥保险的重要作用。另外，当第三方专业服务机构接入后，政府相关部门可对专业人员制订的风险报告进行评估，详细了解企业生产风险管控实际情况，并制订针对性管控服务方案。

2. 树立全生命周期运营风险管理理念，创新城市轨道交通保险服务模式

如果城市轨道交通的设计和施工存在质量隐患，则会直接导致城市轨道交通运营阶段风险事故发生率增加，且整改难度较大。对此，在城市轨道交通运营管理中，应当坚持全生命周期管理理念；在城市轨道交通项目规划、设计、施工等环节，应根据城市轨道交通运营实际需要对风险因素进行识别、分析和评估，并制订风险管控方案，在项目建设全过程中妥善解决各类风险因素。除此以外，在城市轨道交通运营过程中，应当检查各项风险应对措施的落实情况及效果，并根据实际情况进行优化调整。

3. 创新城市轨道交通运营风险管理手段，优化运营期保险经营管理模式

（1）建立被保险人、保险人、保险经纪人三方台账制度。

城市轨道交通项目被保险人、保险人和保险经纪人之间有时存在业务与台账不一致的

情形。为避免相互之间推诿责任，实现对业务的精细化管理，建议建立被保险人、保险人、保险经纪人三方台账制度，做到动态更新、定期对账。

（2）进一步推动保险经营的数字化和标的化。

近年来，随着“互联网＋”、大数据、移动互联等高新技术的发展，数字化在保险行业逐渐深化，保险行业正逐渐朝数字化方向发展。这不仅要求充分利用互联网技术，同时还应广泛收集整理各项数据，并绘制图表资料，准确反映出经营实际情况。除此以外，还应当树立数据引导决策的思维模式，在运营过程中利用数字化技术进行优化，促进客户服务质量的提升。不仅如此，下一步，还应在数字化经营的基础上，透过数据看经营，识别哪些标的风险高、出险率高，哪些标的风险低、效益好，从而推动保险公司承保、理赔由项目制向数字化转型，并进一步借助大数据的优势，推动经营由数字化向标的化转型，通过大数据分析，自动按照风险等级、出险概率等要素对标的进行分类识别。

4. 进一步发挥保险经纪人在保险双方当事人之间的桥梁作用

保险经纪人应当维护投保人的切身利益。在投保人和保险人签订保险合同时，保险经纪人应提供中介服务。在为客户提供服务时，保险经纪人应能够充分利用专业知识和技术，帮助客户对风险因素进行准确识别和评估分析，同时为客户介绍风险评估结果，根据客户的实际需求提出风险管控方案，为保险方案优化设计提供可靠依据。另外，保险经纪人的业务需通过保险公司投保，这样可促进保险经纪人业务量的增加，进而促进保险行业稳定发展。另外，被保险人缺乏专业的保险知识，在发生风险事故后的索赔过程中，纠纷发生率往往比较高。保险经纪人代理各类保险事务时，可在保险人和被保险人之间发挥协调作用，降低纠纷发生率，促进索赔案件办理效率的提升。综上不难看出，对于城市轨道交通这种专业性和技术性极强的领域，引入并进一步发挥保险经纪人在保险双方之间的桥梁和纽带作用，发挥其专业风险管理优势，具有十分重要的意义。而且，保险经纪人的参与，并不会影响被保险人与保险人之间业已存在的合作关系，而是能够利用保险经纪人的保险专业知识和行业经验帮助被保险人维护其正当权益，保证合作的公平性和合理性。图 15.1所示为保险经纪人与投保人、保险公司之间的关系。

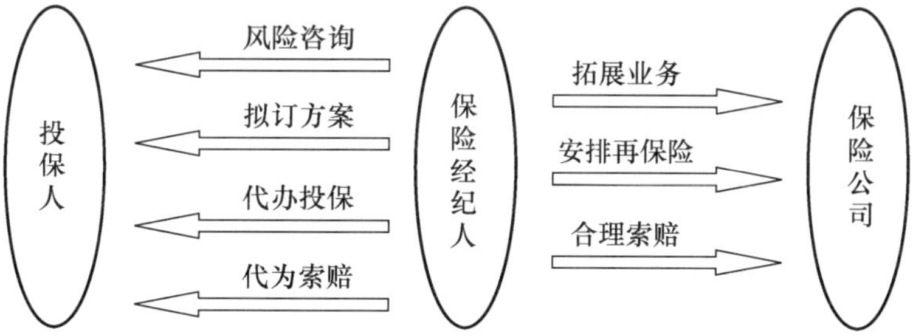

图 15.1　保险经纪人与投保人、保险公司之间的关系

表 15.1 所示为客户直接向保险公司投保与通过保险经纪人安排投保的对比。

表 15.1 客户直接向保险公司投保与通过保险经纪人安排投保的对比

服务流程		客户直接向保险公司投保	通过保险经纪人安排投保
投保前	风险评估、制作保险建议书	保险公司站在自身立场上进行风险评估、制作保险建议书及报价	保险经纪人接受客户委托，站在客户立场上进行风险评估、制作保险建议书；通过公开、公平、公正的保险询价体系为客户选择合适的保险公司
投保中	办理投保手续	保险公司根据最大诚信原则，指导客户填写投保单，主动向客户说明保险责任、除外责任、索赔规定、特别约定等保单相关内容	保险经纪人协助客户填写投保单，使客户避免因未尽如实告知义务而导致保单无效；代表客户审核保单各项内容并向客户做出明确解释，确保客户利益
投保后	续保	保险公司根据一般工作流程办理续保手续	保险经纪人分析上一保单年度的事故及索赔数据，结合当前的市场状况，向客户提交《续保报告》，根据需要对保险方案进行合理调整后再为客户安排续保
	索赔	保险公司站在自身立场上处理客户索赔事宜	保险经纪人代表客户利益处理索赔事宜
其　他	企业风险管理	保险公司只能提供保险这一种风险管理方法	保险经纪人可根据事故的损失频率及损失幅度建议客户分别采用不同的风险管理方法，包括但不仅限于采用保险手段
	自保管理	一般情况下，保险公司无法为客户提供自保管理服务	对于大型企业集团或行业性组织，保险经纪人可为客户提供自保管理服务，而无须向保险公司投保
	共保安排	缺乏公正的协调人，难以达成共保协议	在保险经纪人的主导下，共保协议易于达成

5. 引入保险公估人

保险公估人的作用是对保险标的的价格进行估算和检验，同时，在发生风险事故后，对损失进行勘查和理算等。保险公估人所提供的服务，可作为保险中介服务类型，其各项服务均必须符合国家法律规定及银保监会的各项规定，并坚持公平、公正和独立的原则，应用专业技术对客观事实进行调查，并将其作为重要依据对委托业务进行科学、合理的评估。在国际保险市场发展中，保险公司委托保险公估人参与理赔已经是十分重要的发展趋势。保险公估人是由各行各业专家学者组成的，具备丰富的专业知识，在理赔案件处理中，可灵活应用各类高新技术。在保险标的出险后，保险公估人可对事故现场进行勘查、检验、估算等。

在城市轨道交通运营保险中，保险人和被保险人的利益要求有所不同，一旦发生理赔案件，二者之间可能会产生纠纷，此时，可充分发挥保险公估人的重要作用。保险公估人具有独立性，无须代表保险合同中的任何一方，在提供专业服务后，能够出具客观、公正的公估报告。在保险事故调查中，保险公估人可坚持公平、公正和中立的原则进行勘查、鉴定、估损等，并且公估结果的公信力比较强，易于被保险双方接受，可促进赔付效率的提升。

保险公估人的主要业务类型包括风险评估业务及理赔业务，符合国际保险行业惯例。同时，引入保险公估人还可促进我国保险市场体系的完善，促进保险行业的稳定发展。根据调查，在国外很多发达国家和地区，保险公估人在理赔案件处理方面发挥着十分重要的作用，其所处理的案件占比高达 80%以上，保险公估人介入大额赔案也已成为习惯做法。

参 考 文 献

程钢 . 2011. 深圳地铁罗湖站消防措施分析[J]. 科技信息(35),630－631.

崔惠贤 . 2002. 对我国保险中介制度的探讨[D]. 天津:天津财经学院 .

冯芳 . 2006. 基于我国工程风险评价的工程保险费率的研究[D]. 成都:西南财经大学 .

李丽 . 2006. 中国再保险的市场供求及组织体系探讨[D]. 成都:西南财经大学 .

连鹏飞 . 2016. DC 1500V 接触轨防护安全技术研究[J]. 电气化铁道(05),40－46.

林天祥 . 2010. 城市地铁工程通信信号系统安全性研究[J]. 安全与健康(05),40－42.

刘佳 . 2007. 工程监理职业责任保险研究[D]. 上海:同济大学 .

刘怡,谢洋 . 2009. 中国保险中介制度的历史变迁及其完善发展的对策[J]. 经济研究导刊(01),95－96.

弥宏亮,刘浪,顾呈 . 2012. 城市轨道交通项目工程保险实务与应用研究[J]. 地下空间与工程学报,8(S2),1651－1655。

聂翔 . 2007. 农业再保险法律制度研究[D]. 长沙:湖南大学 .

邱七星 . 2008. 我国再保险市场发展研究[D]. 厦门:厦门大学 .

史小俊 . 2009. 地铁车站应对大客流的组织措施[J]. 城市轨道交通研究,12(10),70－72.

王红光 . 2010. 浅谈地铁信号运营维护管理[J]. 科技风(15),276＋278.

王伟 . 2008. 再保险监管研究[D]. 上海:复旦大学 .

杨琳 . 2010. 地铁车站大客流组织模式研究[J]. 科技信息(28),122－123.

杨燕 . 2012. 保险标的风险特性与免赔额关系研究[D]. 沈阳:沈阳航空航天大学 .

余子华 . 2003. 工程保险费率相关影响因素的分析[J]. 浙江建筑(04),3.

张少夏 . 2006. 隧道工程风险分析方法及工期损失风险研究[D]. 上海:同济大学 .

赵双凌 . 2008. 民族保险经纪业的出路与发展[D]. 成都 . 西南财经大学 .

周倩 . 2015. 浅议我国企业集团统一保险管理模式的构建[J]. 金融经济(10),111－113.